Bernhard Vogel (Hrsg.)

Religion und Politik

Bernhard Vogel (Hrsg.)

Religion und Politik

Ergebnisse und Analysen einer Umfrage

Herausgegeben im Auftrag der Konrad-Adenauer-Stiftung e.V.

HERDER

FREIBURG · BASEL · WIEN

Bildnachweis
1. Umschlagseite: zefa visual media GmbH
4. Umschlagseite: dpa

www.herder.de

Gedruckt auf umweltfreundlichem,
chlorfrei gebleichtem Papier

Originalausgabe

Satz: Barbara Herrmann, Freiburg
Druck und Bindung: fgb · freiburger graphische betriebe 2003
www.fgb.de
Umschlaggestaltung: Media Consulta, Köln
ISBN 3-451-20475-4

Inhalt

Vorwort

Bernhard Vogel

Im hektischen Wechselspiel von aktuellen Geschehnissen, Meldungen und Aufgeregtheiten kann zuweilen der Zusammenhang verloren gehen. Es wird viel geredet, über das Geredete wieder berichtet und am Ende bleibt nur ein diffuser Eindruck haften. So ist es auch mit Umfragen zum Zustand von Glaube, Kirche und Gesellschaft. Die Botschaft ist meist schlicht: Der Glaube nimmt ab, die Kirchenbindung lässt nach, es findet ein Wertewandel statt.

Bevor man sich dieser einfachen Botschaft zuwendet, ist es zunächst angebracht zu fragen, wozu man sich überhaupt mit diesem Themenkreis beschäftigen soll. Sicher ist dies aus Sicht der Kirchen von großer, wenn auch nicht von entscheidender Bedeutung: Zustimmung und Ablehnung sind nicht existentielle Kategorien von Kirche, denn „gelobt zu werden hat den Kirchen Jesus im Neuen Testament nirgends verheißen", wie Manfred Spieker in seinem Beitrag zu diesem Band vermerkt. Nichtsdestotrotz liegt es auf der Hand, dass die Kirchen ein virulentes Interesse an Umfragen haben, die ihr Territorium vermessen.

Die Politik hat einen ganz anderen Zugang zu dieser Frage. Sie geht in Deutschland von der Trennung von Staat und Kirche aus. Mit ihr sind beide Sphären in ihre je eigene Freiheit gesetzt. Doch ist ebenso sinnvoll, sie nicht strikt nebeneinander stehen zu lassen, sondern Wege der gegenseitigen Unterstützung und Förderung anzulegen. Aus Sicht der Politik liegt dafür der Grund in dem, was Ernst-Wolfgang Böckenförde so prägnant formuliert hat und was auch durch häufiges Zitieren nicht weniger sinnfällig wird:

„Der freiheitliche, säkularisierte Staat lebt von Voraussetzungen, die er selbst nicht garantieren kann".

Der weltanschaulich neutrale Staat ist auf den Beitrag der Religionsgemeinschaften, insbesondere der Kirchen angewiesen, weil er von Werten lebt, die u. a. von den Kirchen tradiert, gepflegt und neu formuliert werden. In einer Zeit, in der in vielen westlichen Gesellschaften immer stärkere Bindungsverluste festzustellen sind, haben Glaube und Kirche eine nicht zu unterschätzende Bedeutung für die Kohäsion der Gesellschaft.

Wenn also die Politik nach Glaube, Kirchenbindung und christlichen Werten fragt, tut sie dies in einem wohl verstandenen eigenen Interesse, sie fragt nach den Bedingungen ihrer eigenen Arbeit, nach den Hinweisen auf die Zukunft der Politik und dem Weg, den unser Gemeinwesen einschlagen könnte. Dies gilt besonders für eine Politik, die christlich-demokratischen Grundsätzen folgt.

Im Dezember 2002 hat das Institut für Markt- und Politikforschung *dimap* im Auftrag der Konrad-Adenauer-Stiftung eine repräsentative Telefonumfrage unter 2000 Bundesbürgern über 16 Jahren durchgeführt. Dabei wurden je 1000 Personen in den alten und neuen Ländern befragt. Die überproportionale Zahl der ostdeutschen Befragten war nötig, um für den Osten repräsentative Ergebnisse zu bekommen, die Ergebnisse wurden dann natürlich proportional gewichtet.

Die Umfrage hat zum Ziel, wesentliche Bereiche des Zusammenhangs von Religion und Politik in den Blick zu nehmen. Zunächst einmal ging es um Glaube und Religiosität als den inneren Kern des Themas. Welche Gottesvorstellung haben die Menschen? Wie stehen sie zu den zentralen Aussagen der christlichen Überlieferung? Welchen Rückhalt findet das christliche Menschenbild? In einem zweiten Schritt wurde nach dem Verhältnis der Bürger zu den Kirchen gefragt. Wie steht es um die Kirchenbindung?

Welche Aufgaben sollten die Kirchen aus Sicht der Bevölkerung wahrnehmen? Wie werden kirchliche Stellungnahmen aufgenommen?

Im Mittelpunkt der Umfrage steht die Politik. Wie hoch ist die Akzeptanz christlicher Werte für die Politik? Wie steht die Bevölkerung zu einer wertorientierten Politik und zu den Grundlagen unseres Staat-Kirche-Verhältnisses? Was halten die Befragten von einer Politik, die sich auf das „C" beruft?

Bei alledem darf nicht aus den Augen verloren werden, dass Deutschland mittlerweile ein Land mit vielen Religionen ist. Die Umfrage hat sich daher in einem eigenen Abschnitt mit dem Verhältnis der Bevölkerung zum Islam und zu Muslimen befasst. Wie tolerant begegnet man ihnen, welchen Raum wird der Ausübung ihrer Religion zugestanden?

Im Mai 2003 hat die Konrad-Adenauer-Stiftung der Öffentlichkeit eine erste Auswertung der Umfrage vorgelegt. Sie hat damit eine große Resonanz gefunden, was erneut unter Beweis stellt, wie zwiespältig die veröffentlichte Meinung mit dem Thema umgeht: zwar richtet man sich recht bequem in der Vorstellung eines allgemeinen Bedeutungsverlustes von Glaube und Kirche ein, doch jede Debatte darüber findet größte öffentliche Beachtung.

Mit dem vorliegenden Band sollen die Ergebnisse der Umfrage nun detailliert und in analytischer Form der Öffentlichkeit zugänglich gemacht werden. Die Autoren haben sich jeweils aus der Sicht ihrer Tätigkeit in Kirche, Wissenschaft und Politik mit den Ergebnissen der Umfrage auseinandergesetzt. Dabei entsteht ein facettenreiches Bild, das gar nicht den Eindruck erwecken soll, *die* Sicht der Dinge gefunden zu haben. Je nachdem, in welche Perspektive man sich begibt, erscheint die Umfrage in einem anderen Licht. So verbindet sich Realistisches, Optimistisches und Skeptisches zu einem Ganzen; die Analysen vereinen eine schonungslose Sicht auf die Veränderung des religiösen und kirchlichen Umfeldes mit der hoffnungsvoll stimmenden Erkenntnis, dass unsere Gesellschaft über ein großes Potential an Religiosität, Gemeinsinn und Bürgertugend verfügt.

Zur Unterstützung der Lektüre sind im Anhang die Ergebnisse aller Fragen in Tabellenform aufgeführt.

Eines darf man aber schon vor der Lektüre verraten: Die einfachen Aussagen, mit denen in der Öffentlichkeit operiert wird und die die Beteiligten leider allzu oft übernehmen, werden sich verflüchtigen. Weder haben wir es mit einem Verfall der Werte zu tun, noch ist alles beim Alten geblieben. Politik und Kirchen sollten, statt auf Verlorenes zu starren, ihre Chancen nutzen.

Der politische Anspruch des christlichen Menschenbildes in der säkularisierten Gesellschaft

Christoph Böhr

Die Frage nach dem Verhältnis von Religion und Politik ist alles andere als ein Thema nur der Vergangenheit. Sie stellt sich in jeder Gesellschaft und zu jeder Zeit neu unter jeweils anderen Bedingungen. Deshalb wird es nie eine abschließende Antwort auf diese Frage geben. Und aus eben dem Grund lohnt sich eine Beschäftigung mit ihr, zumal die Beziehung zwischen Religion und Politik zu jenen Kernfragen zählt, die unmittelbar das Selbstverständnis einer Gesellschaft berühren.

Parteien, die das „C" in ihrem Namen führen und damit ausdrücklich eine Selbstverpflichtung eingegangen sind, müssen sich der Frage nach dem Verhältnis von Religion und Politik zudem als einer Gestaltungsaufgabe in ganz besonderer Weise widmen. Vielen erscheint das im 21. Jahrhundert nicht mehr selbstverständlich, ja möglicherweise schon gar nicht mehr verständlich. Was hat, so wird manch einer einwenden, unsere säkulare Welt mit Religion und den Ansprüchen von Religion zu tun? Gehen Staat und Kirchen nicht ihre eigenen, getrennten Wege? Was verbindet beide miteinander? Gibt es überhaupt eine solche Verbindung, und falls es sie gibt: Ist sie im demokratischen Verfassungsstaat überhaupt zulässig? Was verspricht sich die Politik in einer Gesellschaft, deren Entwicklung mit Begriffen wie Entkonfessionalisierung und Säkularisierung zutreffend beschrieben wird, wenn sie sich auf einen christlichen Anspruch hin verpflichtet? Werden hier nicht die Schlachten von vorgestern geschlagen?

Tatsächlich sind die Gründe, den Gestaltungsauftrag der Politik mit dem Anspruch der Religion zu verbinden, heute neu zu bedenken. Denn zu unmissverständlich sind die Befunde, nach denen unsere Gesellschaft einem Sog der Säkularisierung folgt, sich also von religiösen Denk- und Verhaltensweisen zunehmend löst. Ja, selbst die Gleichsetzung von Religion und Christentum, wie sie bis vor kurzem für alle europäischen Gesellschaften selbstverständlich war, gilt heute nicht mehr. Andere, nichtchristliche Bekenntnisse, allen voran der Islam, machen jeden Versuch einer Antwort auf die Frage nach dem Verhältnis von Religion und Politik noch schwieriger. Der Spannungsbogen, unter dem sich ganz unterschiedliche Einstellungen der Menschen zur Religion beschreiben lassen, ist größer und damit auch nuancenreicher geworden. Denn religiöse Einstellungen heute unterscheiden sich nicht nur hinsichtlich der Behauptung oder der Ablehnung des Glaubens an den einen Gott der Juden und der Christen. Hinzugetreten sind andere Glaubensbekenntnisse und Religionsgemeinschaften, ganz zu schweigen von Ersatzreligionen und pseudoreligiösen Angeboten.

Die Lage ist also unübersichtlich, die eingangs aufgeworfene Frage vielschichtig und eine Antwort alles andere als selbstverständlich. Da liegt es nahe, einmal die Gesellschaft selbst zu befragen, wie sie es mit Kirche, Religion und christlichen Grundüberzeugungen hält. Wie denken die Menschen in Deutschland darüber? Welche Schlussfolgerungen lassen sich ziehen? Was bedeutet die vermutete Veränderung in der Einstellung zu Religion und Christentum für die Parteien, die sich bewusst unter den Anspruch des „C" gestellt haben? Wie steht es um die Zukunft einer Politik, die an diesem Anspruch festhält, und auf welche Erwartungen trifft eine solche Politik in der Wählerschaft?

Im Dezember 2002 wurde im Auftrag der Konrad-Adenauer-Stiftung eine demoskopische Untersuchung durchgeführt. Jeweils tausend repräsentativ ausgewählte Bürger ab 16 Jahre wurden in den alten und den neuen Bundesländern befragt. Ihre Einstellungen zu Kirche und Religion, vor allem auch ihre Einschätzung des Verhältnisses von Religion und Politik standen im Mittelpunkt der Umfrage. Die gewonnenen Daten zeichnen Entwicklungslinien unserer Gesellschaft, machen eine Überprüfung bestimmter Grundannahmen gesellschaftlicher Veränderungen möglich und erlauben eine Einschätzung der Erwartungen des Wählers an eine dem christlichen Glauben verpflichtete Politik. So ergeben sich wichtige Hinweise für Politik und Parteien, nicht zuletzt aber auch für die Kirchen – beispielsweise im Blick auf die Frage, welcher Beitrag in der Auseinandersetzung um die Lösung der Probleme unserer Zeit von ihnen gewünscht wird.

Entwicklungslinien in der säkularen Gesellschaft

Schon lange ist zu beobachten, dass die Zahl derjenigen, die keiner der beiden großen christlichen Kirchen angehören, zunimmt. Die Gruppe der Konfessionslosen ist heute mit einem Drittel der Bevölkerung etwa genau so groß wie jeweils die Gruppe, die Mitglied der Katholischen und der Evangelischen Kirche ist. Wer heute im Rahmen einer Straßenbefragung junge Leute – aber nicht nur sie – nach der religiösen Bedeutung des Karfreitages, des Heiligen Abends oder des Festes Christi Himmelfahrt befragt, der wird ein ums andere Mal in zögernde und verunsicherte Gesichter blicken. Angesprochen auf christliche Feiertage oder das Sonntagsgebot, geben immer mehr Menschen Auskunft, dass sich ihnen der ursprüngliche Sinn nicht mehr erschließt. Im Vordergrund steht der Freiraum, die Freizeit, den diese arbeitsfreien Tage bringen. Feiertage wie das Fronleichnamsfest, der Reformationstag oder Allerheiligen haben einen neuen Sinn als Brückentag für ein verlängertes, arbeitsfreies Wochenende. Die religiösen Wurzeln, die den ursprünglichen Sinn dieser arbeitsfreien Tage bestimmten, spielen eine immer geringere Rolle. Die Botschaft des Osterfestes ist, einer jüngeren Umfrage zufolge, heute schon 9 Prozent der 20- bis 29-jährigen gänzlich unbekannt. 15 Prozent sind gar der Überzeugung, dieses Fest gelte der Geburt Jesu. Der Weihnachtsbaum, der früher einmal Christbaum hieß, ist zu einem sichtbaren Zeichen eines Festes der uneingeschränkten Konsumfreude geworden. Eine ähnliche Entwicklung zeigt sich bei der zeitgenössischen Gestaltung des Osterfestes.

Mehr noch: Mit religiösen Symbolen wie etwa dem Kreuz können die Menschen in vielen Fällen – und nicht nur in den neuen Bundesländern – nicht mehr viel anfangen, geschweige denn von sich aus ihren Sinn erklären. Da diesen Symbolen immer auch eine kulturelle Bedeutung zu eigen ist, lässt sich erahnen, wie tiefgreifend und wie schwerwiegend diese allmähliche Ablösung von einer ursprünglich durch und durch religiös geprägten Tradition ist. Eine solche Entwicklung kann nicht ohne Folgen für die zivilreligiöse Einstellung einer Gesellschaft bleiben.

Jede Umfrage, auch die vorliegende, bestätigt mit zahlreichen Ergebnissen diese schon oft beschriebene Entwicklung. Dennoch lohnt eine erneute Beschäftigung mit diesen Ergebnissen. Manches, was die Umfrage an Auskünften bereit hält, ist nicht gerade ermutigend. Insbesondere scheint es, dass die Parteien, für die eine Bindung an christliche Überzeugungen mehr als nur eine Fußnote in ihrem Programm darstellt, in die Abseitsfalle laufen. Denn wem sich der Sinn des Kreuzzeichens nicht erschließt, wie soll der mit dem Anspruch des „C" in der Politik etwas anfangen können?

Zu den wenig erfreulichen, wenn auch nicht ganz überraschenden Ergebnissen zählt, dass sich heute gerade einmal ein Fünftel der Bevölkerung (21 Prozent) noch mit der Kirche emotional stark oder sehr stark verbunden fühlt. Jeder Zweite bezeichnet inzwischen seine Bindung als eher schwach und weitere 30 Prozent empfinden überhaupt keine innere Zugehörigkeit zu einer der beiden Kirchen. Nur wenig besser stellt sich die Situation bei den Anhängern von CDU und CSU dar. Hier sind es insgesamt 29 Prozent – und somit nur wenige mehr, als es dem Durchschnitt entspricht –, die eine solche Bindung bejahen. Entsprechend der Gesamtbevölkerung sagt wiederum jeder Zweite der den Unionsparteien Nahestehenden, seine emotionale Bindung an die Kirche sei nur schwach ausgeprägt. 22 Prozent verneinen sogar jegliches innere Zugehörigkeitsgefühl.

Ähnlich verhält es sich mit der Glaubensüberzeugung der Menschen. Auf die Feststellung „Es gibt einen persönlichen Gott" antworten nur 30 Prozent von allen Befragten und 35 Prozent der Unionsanhänger mit Zustimmung. Immerhin 40 bzw. 44 Prozent glauben zumindest an eine wie auch immer geartete „überirdische Macht". 17 bzw. 12 Prozent lehnen selbst diesen Glauben ausnahmslos ab. Um es auf den Punkt zu bringen: Ein knappes Drittel der Deutschen glaubt an Gott, auch wenn rund zwei Drittel aller Deutschen – noch – Mitglied in einer der beiden christlichen Kirchen sind.

In ihrer großen Mehrheit – mit 56 Prozent – sehen sich die Deutschen nicht als sonderlich religiös an. Für 38 Prozent der Befragten ist Religiosität im Leben eher eine Nebensächlichkeit, 18 Prozent bezeichnen sich als gar nicht religiös. Bei den Unionsanhängern ist die persönliche Religiosität deutlich ausgeprägter: Sie geben mit 51 Prozent mehrheitlich an, sehr oder ziemlich religiös zu sein, während dieser Mehrheit 48 Prozent gegenüberstehen, die sich als weniger oder gar nicht religiös ansehen.

Sind die Deutschen also ein Volk, dem die Voraussetzungen für das Verständnis einer dem Anspruch des Christlichen verpflichteten Politik breitflächig abhanden gekommen sind? Die vorgelegten Ergebnisse sprechen eine eindeutige Sprache; sie belegen, dass die Deutschen sich mehrheitlich aus kirchlichen und religiösen Bindungen gelöst und hinsichtlich ihrer persönlichen Glaubensinhalte von den Kirchen entfernt haben. Das, so ist man versucht zu sagen, beschreibt die eine Seite der Medaille. Es gibt aber auch eine andere Seite: Nämlich eine Vielzahl von Anhaltspunkten, die in eine ganz andere und kaum erwartete Richtung weisen. So sind beispielsweise für fast drei Viertel der Befragten – bei aller Zurückhaltung – Kirche und Religion doch zumindest wichtige Bestandteile des eigenen Lebens. Zwar nimmt die Religion nur für 27 Prozent im eigenen Leben eine herausragende Rolle ein, gleichzeitig wird jedoch von einer übergroßen Mehrheit, nämlich 73 Prozent, der Satz abgelehnt: „Kirche und Religion haben für mich keine Bedeutung." Damit einher geht die Tatsache, dass über zwei Drittel der Befragten es bedauerlich finden, dass alte Glaubenswahrheiten heute zu wenig Beachtung finden. Bei jenen, deren Parteipräferenz der Union zuneigt, sind diese Haltungen jeweils noch etwas stärker ausgeprägt.

Viel deutet demnach darauf hin, dass in Deutschland eine Entwicklung der allmählichen Abkehr von der christlichen Religion stattfindet, diese Entwicklung allerdings von einem wesentlich stärker ausgeprägten Schub der Entkirchlichung und Entkonfessionalisierung überlagert wird. Die Umfrage zeigt, dass deutlich unterschieden wird zwischen der Gewichtung der Kirche als Institution auf der einen Seite. Dieser Institution begegnet man mit Vorbehalten. Auf der anderen Seite werden christliche Wertvorstellungen nach wie vor geschätzt. Ihnen misst man eine ungebrochen hohe Bedeutung zu. Die in Deutschland weit verbreitete Kritik an der kirchlichen Institution geht also Hand in

Hand mit einer nach wie vor gegebenen Beipflichtung zu religiösen Inhalten. Hier hätte es sich gelohnt, tiefer zu graben und nachzufragen: Wie kann man sich vorstellen, dass die Inhalte lebendig bleiben, wenn sie vom Gehäuse der Institution nicht mehr geschützt werden? Kaum vereinbar mit der Kritik an der Institution ist auch der nicht unwichtige Befund, dass zwei Drittel der Befragten es grundsätzlich begrüßen würden, wenn sich die Kirchen im Hinblick auf ethische und moralische Fragestellungen künftig stärker zu Wort meldeten. Andererseits spricht sich die Bevölkerung mit mehr als zwei Drittel der Befragten gegen eine Beeinflussung von Regierungsentscheidungen durch die Kirchen aus und auch nur 33 Prozent wollen einen stärkeren Einfluss der Kirchen auf die politischen Parteien insgesamt. Politische Fragen spielen dementsprechend auch in den Gesprächen mit den Geistlichen vor Ort nur eine untergeordnete Rolle.

Die antiinstitutionelle Ausrichtung der Mehrheit der Befragten findet auch darin Bestätigung, dass durchaus zwischen der Kirche als Institution und der Arbeit ihrer Geistlichen vor Ort unterschieden wird. Zwei Drittel der Befragten kennen ‚ihren' Pfarrer persönlich. Ein über Belanglosigkeiten hinausgehendes Gespräch mit ihm haben immerhin 43 Prozent dieser zwei Drittel geführt und eine Mehrheit von 53 Prozent hegt den Wunsch, dies öfter zu tun.

Es ist nicht ganz einfach, die wenn nicht widersprüchlichen, dann doch zweischneidigen Befunde in einen Zusammenhang zu bringen. Alles in allem lässt sich sagen, dass wir sicher – noch – nicht in einer religionslosen Gesellschaft leben. Doch geht die Bindung an Kirche und Konfession ständig zurück. Damit verbunden ist ein Bedeutungsverlust der Kirchen im Blick auf Fragen der Lebensgestaltung und Lebensentwürfe. Aber nicht nur kirchliche und konfessionelle Bindungen lockern sich. Auch die Bindung an Glaubensinhalte spielt eine immer geringere Rolle. Schließlich verlieren die Glaubensinhalte selbst ihre Konturen, werden unverbindlicher, allgemeiner und verschwommener. Sie fordern den Einzelnen sehr viel weniger als früher, werden nicht mehr als Anspruch verstanden, den man als ungerechtfertigte Zumutung sowieso empört zurückweisen würde, und sind so am Ende kaum mehr als eines von vielen Angeboten auf dem großen Markt der Möglichkeiten bei der Wahl seines Lebensentwurfs. Diese Entwicklung zeigt sich, aus unterschiedlichen Quellen gespeist, auf ähnliche und durchaus vergleichbare Weise in allen west- und mitteleuropäischen Gesellschaften.

Politisches Gewicht der Kirchen

Neben diesen grundsätzlichen Ergebnissen sind für die Union insbesondere die Einstellungen der Bevölkerung hinsichtlich des Einflusses der Kirchen auf die CDU und im Bezug auf deren Bindung an das „C" von Belang. Welches Gewicht sollen nach Meinung der Bürger die Standpunkte der Kirchen in der politischen Arbeit der Union haben, wie stehen sie zum „C" und inwieweit sehen sie christliche Wertvorstellungen durch die Union verwirklicht?

Obwohl eine deutliche Mehrheit einen stärkeren Einfluss der Kirchen auf die Parteienlandschaft als Ganzes ablehnt, ist es gleichwohl verwunderlich, dass dieses Ergebnis ebenso deutlich ausfällt, wenn es um die Union geht. Mit 55 Prozent spricht sich eine breite Mehrheit aller Befragten gegen eine stärkere Gewichtung kirchlicher Standpunkte in der Politik der Union aus. Lediglich 36 Prozent vertreten die gegenteilige Meinung. Bei Männern ist die Ablehnung mit 57 Prozent geringfügig stärker ausgeprägt als bei Frauen mit 54 Prozent.

Ein erhebliches Gefälle zeigt sich bei der Betrachtung der Ergebnisse, wenn man nach den neuen und den alten Bundesländern trennt. Wenngleich auch in den neuen Ländern mit 46 Prozent eine Mehrheit gegen eine stärkere Gewichtung kirchlicher Standpunkte in der Politik der Union votiert, so sind hier doch beachtliche 43 Prozent für eine stärkere Gewichtung. In den alten Ländern hingegen stellt sich der Abstand zwischen Befürwortern und Gegnern wesentlich ausgeprägter dar: Nur 34 Prozent sind für – und 58 Prozent gegen – einen stärkeren Einfluss der Kirchen auf die Politik der Union.

Der Befund kann nicht überraschen, denn er liegt im Trend einer seit Jahrzehnten zu beobachtenden Entwicklung westlicher Gesellschaften. Erstaunlicher ist da zumindest auf den ersten Blick die Haltung der Bevölkerung in den neuen Bundesländern – gehört doch dort, im Gegensatz zum Westen, die überwiegende Mehrzahl der Bürger keiner der christlichen Kirchen mehr an. Nur jeder Vierte bezeichnet sich in den neuen Ländern überhaupt als religiös und 48 Prozent der Menschen sehen sich, der Studie folgend, mit der Kirche „überhaupt nicht verbunden". Im Westen sagen dies von sich nur 26 Prozent.

Die bemerkenswerten Unterschiede, die sich dennoch im Hinblick auf die Gewichtung kirchlicher Standpunkte und deren Einfluss auf die Politik der Union ergeben, dürften mit dem nach wie vor zwischen Ost und West bestehenden Gefälle in den Lebensverhältnissen zusammenhängen. Dabei fällt insbesondere die erheblich höhere Arbeitslosigkeit in den neuen Bundesländern ins Gewicht. So sprechen sich in den neuen Bundesländern mehr Menschen für öffentliche Stellungnahmen der Kirchen aus, wenn es beispielsweise um Themen wie „Arbeitslosigkeit" – 59 Prozent im Osten, 52 Prozent im Westen – und „Gestaltung der Sozialgesetzgebung, etwa der Sozialhilfe, der Renten- oder Gesundheitsgesetzgebung" geht – 50 Prozent im Osten, 40 Prozent im Westen. Offensichtlich erhoffen sich die Bürger in den östlichen Ländern von einem stärkeren Einfluss kirchlicher Stellungnahmen auf die Politik der Union eine stärkere Beachtung ihrer persönlichen Lebensverhältnisse – gerade auch in Fragen, die von den Menschen als existenziell empfunden werden. Der Befund kann nicht anders als zwiespältig gedeutet werden: Einerseits stimmt zuversichtlich, dass im Rückblick auf die schwierige, unübersichtliche Umbruchsituation in den Jahren nach 1989 die Kirchen in einer Zeit, die für viele mit Unsicherheiten und Ängsten verbunden bleibt, bis heute als glaubwürdig eingeschätzt werden, weil sie den Sorgen und Nöten der Menschen eng verbunden sind. Andererseits legt der demoskopische Befund nahe, dass zwischen den Einstellungen der Union gerade auch in Fragen der Arbeitsmarkt-, Wirtschafts- und Sozialpolitik einerseits und dem Denken der Kirchen zu diesen Sachfragen eine Kluft wahrgenommen wird. Offenbar haben viele Menschen in den neuen Ländern, wenn es um Gesellschaftspolitik geht, ein größeres Vertrauen zu den Kirchen als zu den Unionsparteien.

Gliedert man den Befund nach Altersgruppen, dann ist die Ablehnung eines stärkeren Einflusses der Kirchen auf die Union in den mittleren Bereichen (25 bis 34 Jahre und 35 bis 44 Jahre) mit 67 Prozent und 65 Prozent überdurchschnittlich hoch. Mit zunehmendem Alter sinkt auch die Ablehnung. Bei den 45- bis 59-jährigen sind nur noch 48 Prozent dagegen und 43 Prozent dafür. Bei der Altersgruppe 60 Jahre und mehr ergibt sich fast ein Patt. Hier sind 45 Prozent gegen und 44 Prozent für einen stärkeren Einfluss der Kirchen.

Gemessen an Schulabschluss und Einkommen ist die Ablehnung bei den Befragten mit Abitur oder Fachhochschulreife (59 Prozent zu 32 Prozent) und einem Nettoeinkommen ab 3000 Euro (63 Prozent zu 32 Prozent) am größten. Auffällig ist, dass in der untersten Einkommensgruppe unter 1500 Euro Netto eine Mehrheit von 47 Prozent für einen stärkeren Einfluss plädiert, während sich nur 42 Prozent dagegen ausgesprochen haben. Diese relative Mehrheit wandelt sich jedoch schon bei der mittleren Einkommensgruppe, die mit absoluter Mehrheit die gegenteilige Position bezieht: Nur noch 39 Prozent sind dafür, 53 Prozent dagegen. Wiederum legt dies den Schluss nahe, dass die persönlichen Lebensverhältnisse wesentlich mit entscheidend sind für die Einschätzung, ob kirchliche Stellungnahmen von der CDU stärker zu berücksichtigen sind. In die gleiche Richtung deuten die nach beruflicher Tätigkeit gegliederten Ergebnisse: Gibt es bei den Berufstätigen mit 62 Prozent zu 31 Prozent eine klare Ablehnung, ist bei den Arbeitslosen hingegen mit 56 Prozent zu 39 Prozent eine klare Mehrheit für einen stärkeren Einfluss der Kirchen. Bei den Rentnern sprechen sich jeweils 44 Prozent dafür und dagegen aus.

Die berufsspezifische Differenzierung – hier wird unterschieden zwischen Leitenden Angestellten und Beamten, übrigen Angestellten und Beamten, Arbeitern, sowie Selbständigen und freien Berufen – zeigt folgerichtig eine durchgängig klare Ablehnung. Am stärksten ausgeprägt ist diese Ablehnung in der Gruppe der Vertreter der Selbständigen und freien Berufe mit 68 Prozent, gefolgt von den Leitenden Angestellten und Beamten mit 63 Prozent, den übrigen Angestellten und Beamten mit 62 Prozent und den Arbeitern mit 57 Prozent.

Mit Blick auf die Parteipräferenz gibt es nur zwei Gruppen der Befragten, die sich für einen stärkeren Einfluss der Kirche aussprechen. Dies sind erstaunlicherweise die Anhänger der PDS mit 52 Prozent (zu 34 Prozent). Hinzu kommen die „Sonstigen" mit 54 Prozent zu 43 Prozent. Die stärkste Ablehnung zeigt sich bei den Anhängern der FDP, die einen stärkeren Einfluss der Kirchen mit 77 Prozent zu

18 Prozent ablehnen. Schließlich folgen die der Grünen mit 72 Prozent zu 24 Prozent und die der SPD mit 63 Prozent zu 27 Prozent. Auch die Anhänger der CDU sind – wenn auch in geringerem Maße als die den anderen Parteien Nahestehenden – mit 49 Prozent zu 45 Prozent mehrheitlich gegen einen stärkeren Einfluss. Bei jenen, die nicht oder ungültig wählen, dominiert die Ablehnung mit 62 Prozent zu 33 Prozent. Bei den Unentschlossenen findet sich ein Verhältnis von 50 Prozent zu 41 Prozent.

Hinsichtlich der Zugehörigkeit zu einer Konfession zeigen sich mit Blick auf die beiden großen christlichen Kirchen keine bemerkenswerten Unterschiede. 53 Prozent der Katholiken und 54 Prozent der Protestanten sind gegen einen stärkeren Einfluss ihrer Kirche, 39 Prozent bzw. 37 Prozent für einen stärkeren Einfluss. Massiv dagegen sprechen sich mit 72 Prozent zu 21 Prozent jene aus, die aus der Katholischen Kirche ausgetreten sind. Bei denjenigen, die der Evangelischen Kirche den Rücken gekehrt haben, sind es nur 58 Prozent (zu 33 Prozent). Der Wunsch nach stärkerem Einfluss steigt naturgemäß, je mehr sich jemand innerlich seiner Kirche verbunden fühlt, entsprechend der Häufigkeit des Kirchganges, der eigenen Religiösität und der Bedeutung, die Religion und Kirche im Elternhaus hatten. Diejenigen, die sich der Kirche sehr stark oder stark verbunden fühlen, sind mit 64 Prozent zu 26 Prozent bzw. 61 Prozent zu 33 Prozent für einen größeren Einfluss. Die sich nicht verbunden fühlenden Befragten votieren mit 70 Prozent zu 22 Prozent dagegen. Diejenigen, die mehrmals in der Woche oder einmal in der Woche zur Kirche gehen, sind mit 81 Prozent zu 15 Prozent bzw. 68 Prozent zu 22 Prozent für eine Stärkung des kirchlichen Einflusses.

In diesen Aussagen der Befragten spiegelt sich vermutlich zunächst einmal der ganz überwiegende Wunsch der Menschen, an einer klaren Rollenverteilung zwischen den Aufgaben der Kirche auf der einen und den Aufgaben der

Politik auf der anderen Seite festhalten zu wollen. Dies steht in Übereinstimmung mit dem Selbstverständnis von Staat und Kirche in Deutschland im Sinne einer Trennung beider Institutionen. Für sich genommen lässt sich aus dem Befund sicherlich kein Hinweis auf eine zunehmende Entfernung der Menschen von den Kirchen herauslesen. Ordnet man diese Ergebnisse allerdings in den Gesamtzusammenhang aller übrigen Antworten ein, widersprechen sie zumindest nicht der Vermutung einer voranschreitenden Loslösung von kirchlichen Überzeugungen.

Stellt man die Frage nach dem gewünschten Einfluss nicht im Blick auf die Kirchen als Institution, und fragt stattdessen, welche Rolle zukünftig christliche Werte in der Politik spielen sollen, zeigen sich andere Ergebnisse: Dann nämlich sprechen sich lediglich 20 Prozent der Befragten für einen geringeren Einfluss aus, während 33 Prozent einen stärkeren Einfluss wünschen und 44 Prozent sagen, dass sie mit der gegenwärtigen Situation zufrieden sind.

Missbrauch des „C" durch die Union?

Mit besonderer Aufmerksamkeit wird die Union alle Antworten bedenken müssen, die auf die Frage gegeben wurden, ob es sich bei der programmatischen Bindung der Partei an das „C" um einen Missbrauch handelt, oder ob damit ein begründeter Anspruch erhoben wird, an dem sich CDU und CSU messen lassen müssen. Ebenso große Aufmerksamkeit verdient die sich daran anschließende Frage nach der Zufriedenheit mit den Unionsparteien bei der Umsetzung christlicher Wertvorstellungen. Beide Fragen stehen in einem engen Zusammenhang und sind kaum zu lösen von den Debatten, in denen der Union, von dieser oder jener Seite, regelmäßig angeraten wird, auf das „C" in ihrem

Namen zu verzichten. Aus vielen Gründen wurde von der Union dieses Ansinnen immer wieder und bis heute zurückgewiesen. In den Augen der Bevölkerung tut sie gut daran. Jedenfalls meinen die Befragten in ihrer überwiegenden Mehrheit bei geringfügigen Abweichungen in Ost und West, die Bezugnahme auf das Christliche sei ein selbst gewählter Anspruch, an dem sich die Partei messen lassen müsse. Dieser Meinung stimmen 60 Prozent zu. Lediglich 29 Prozent halten die Inanspruchnahme des „C" für einen Missbrauch, wobei Männer dies mit 31 Prozent eher meinen als Frauen mit 27 Prozent.

Die Einschätzung einer missbräuchlichen Vereinnahmung nimmt von der jüngsten Altersgruppe mit 31 Prozent bis zur ältesten Altersgruppe mit 27 Prozent schrittweise ab. Durchgängig hält auch bei einer Differenzierung nach Schulabschluss und Einkommen nur eine Minderheit die Berufung auf das „C" für einen Missbrauch. Allerdings nimmt diese Bewertung mit höherer Bildung und höherem Einkommen zu. 26 Prozent der Volks- und Hauptschüler, aber 33 Prozent der Abiturienten sehen das „C" durch die Union missbräuchlich verwendet. 28 Prozent der Befragten mit einem Einkommen unter 1500 Euro, aber 34 Prozent der Befragten mit einem Einkommen ab 3000 Euro äußern diese Auffassung.

Gemessen an den Parteipräferenzen erfährt die Berufung auf das „C" in den Reihen der Unionsanhänger mit lediglich 16 Prozent, die dies als Missbrauch empfinden, und 73 Prozent, die dem Verständnis eines selbst gewählten Anspruches folgen, den größten Zuspruch. Dass die Anhänger der politischen Gegner mit 48 Prozent (Grüne und PDS) und 40 Prozent (SPD) weitaus stärker einen Missbrauch festzustellen meinen, ist wenig verwunderlich.

Mit Blick auf die Zugehörigkeit zu einer christlichen Konfession, der Bindung an die Kirche, der Kirchgangshäufigkeit, der eigenen Religiosität sowie der Bedeutung von

Religion und Kirche im Elternhaus sind zwar Schwankungen festzustellen, die aber nichts daran ändern, dass auch bei einer solchen Differenzierung lediglich eine Minderheit die Berufung auf das „C" für missbräuchlich hält. Protestanten sehen mit 29 Prozent eher einen Missbrauch als Katholiken mit 26 Prozent. Je stärker sich die Bindung an die Kirche darstellt, desto weniger wird das „C" als Missbrauch empfunden – ein mehr als aufschlussreicher Befund!

Umsetzung christlicher Wertvorstellungen durch die Union

So eindeutig sich das Ergebnis hinsichtlich der Einschätzung des „C" darstellt, so unmissverständlich äußern sich die Befragten auch mit Blick auf die Umsetzung christlicher Wertvorstellungen durch die Union. 73 Prozent meinen, dass die Union mit dem „C" in ihrem Parteinamen sich selbst unter einen Anspruch gestellt hat, dem sie nicht gerecht wird. Fast drei Viertel aller Befragten verneinen also – bei nur sehr geringen Abweichungen zwischen Ost und West –, dass CDU und CSU in ausreichender Weise christliche Wertvorstellungen umsetzen. Nur 16 Prozent der Bevölkerung bejahen dies. Frauen sind mit 14 Prozent gegenüber Männern mit 19 Prozent in dieser Frage etwas zurückhaltender.

Gewichtet man die Antworten nach dem Alter der Befragten, so sehen die mittleren Jahrgänge mit 77 Prozent die Umsetzung christlicher Wertvorstellungen als besonders misslungen. Auf niedrigem Niveau findet sich mit 21 Prozent der höchste Anteil der Zufriedenen bei den 16- bis 24-jährigen, also der jüngsten Altersgruppe.

Mit steigendem Bildungsniveau steigt sowohl die Zahl derjenigen, die Ja sagen zu einer erfolgreichen Umsetzung (von 13 Prozent über 16 auf 21 Prozent), als auch derjenigen, die Nein sagen (von 72 Prozent über 73 auf 74 Prozent). Die Zahl der Unentschlossenen nimmt in Abhängigkeit vom Bildungsstand ab.

Uneinheitlich ist das Bild bei der Betrachtung nach den verschiedenen Einkommensverhältnissen. Mit 14 Prozent bejahen die Befragten der mittleren Einkommensgruppe (1500 bis unter 3000 Euro) am seltensten diese Frage. Hier ist auch die Zahl derjenigen, die ein Gelingen im Bemühen der Umsetzung christlicher Werte verneinen, mit 77 Prozent am größten. Hingegen meinen 19 Prozent der höchsten Einkommensgruppe, die Union werde ihrem Anspruch gerecht.

Bezogen auf die beruflichen Tätigkeiten sind insbesondere die Arbeitslosen mit 75 Prozent unzufriedener als der Durchschnitt mit 73 Prozent. Nur 14 Prozent von ihnen bejahen die Frage. Insgesamt liegen hier aber alle Werte der Verneinung über 70 Prozent. Bei der Verteilung nach Berufsgruppen sind die freien Berufe und die Selbständigen am unzufriedensten mit der Union. 79 Prozent von ihnen meinen, bei der CDU bestehe hinsichtlich der Berücksichtigung christlicher Wertvorstellungen Nachholbedarf. Auch die Arbeiter sind nicht zufrieden. Zwar sagen nur 70 Prozent von ihnen, christliche Wertvorstellungen kämen zu kurz, aber auch nur 12 Prozent meinen, sie seien ausreichend berücksichtigt. Der Anteil der Unentschlossenen ist hier mit 18 Prozent allerdings überdurchschnittlich hoch. Insgesamt gesehen verneinen fast drei Viertel aller Befragten in allen Berufsgruppen ein Gelingen des Versuches, christliche Werte in die Politik einfließen zu lassen.

Der Blick auf die Parteipräferenzen zeigt, dass der Anteil derjenigen, die meinen, die Union werde ihrem eigenen Anspruch gerecht, bei den eigenen Anhängern erwartungsgemäß mit 30 Prozent am größten ist. Aber auch 59 Prozent der Unionsanhänger vermissen eine stärkere Umsetzung christlicher Wertvorstellungen. Nicht verwunderlich ist wiederum, dass die politischen Gegner dies mit 89 Prozent (Grüne), 86 Prozent (SPD) und 80 Prozent (PDS) in noch weitaus stärkerem Maße betonen.

Die Zugehörigkeit zu einer christlichen Konfession, die Bindung an die Kirche, die Kirchgangshäufigkeit, die eigene Religiosität sowie die Bedeutung von Religion und Kirche im Elternhaus ändern nichts daran, dass eine weit überwiegende Mehrheit mit der Umsetzung des aus dem „C" erwachsenden Anspruches unzufrieden ist. Protestanten empfinden dies mit 75 Prozent eher so als Katholiken mit 67 Prozent. Besonders unzufrieden sind mit 82 Prozent frühere Mitglieder der Katholischen Kirche. Erstaunlicherweise steigt die Unzufriedenheit, je geringer sich die Bindung an die Kirche darstellt. Von jenen, die sich der Kirche sehr stark verbunden fühlen, ist zwar auch nur eine Minderheit der Auffassung, die Union werde ihrem eigenen Anspruch gerecht. Aber diese Minderheit liegt mit 24 Prozent deutlich über dem Anteil von 16 Prozent aller Befragten. Ähnlich verhält es sich mit Blick auf die Häufigkeit des Kirchgangs und die eigene Religiosität.

Christlicher Glaube als politische Gestaltungsaufgabe

Immer wieder, in unregelmäßigen Abständen, wird der Union empfohlen, auf eine Rückbindung politischer Aussagen auf christliche Glaubensüberzeugungen zu verzichten und sich so von ihrer Selbstverpflichtung zu lösen. Auch in der Union selbst klingen, insbesondere nach Wahlniederlagen, vergleichbare Diskussionen gelegentlich an. Es versteht sich von selbst, dass tatsächlich diese Frage immer wieder neu aufgeworfen und erörtert werden muss. Sie lässt sich nie ein für alle Mal und abschließend beantworten. Denn zu weit hat sich unsere Gesellschaft von christlichen Glaubensinhalten und kirchlichen Bindungen entfernt, als dass die Selbstverpflichtung der Union auf diese Bezugspunkte noch selbstverständlich sein könnte. Im Übrigen müssen gerade die, denen daran gelegen ist, dass die Rückbindung an den christlichen Glauben mehr als nur eine historische Reminiszenz wird, selbst darauf hinwirken, dass in der Union das Gespräch über ihren identitätsstiftenden Kern nicht versiegt. Deshalb bedarf die Frage nach der Bedeutung des christlichen Glaubens für die Politik allgemein und die der Union im Besonderen einer ständigen Erörterung. Anders lässt sich weder die notwendige Selbstvergewisserung der politischen Grundlagen noch die innerparteiliche Weiterentwicklung der programmatischen Aussagen erreichen.

Allerdings muss die Union wissen, dass die öffentliche Aufmerksamkeit, die solche Diskussionen finden, in unserer Gesellschaft sehr begrenzt ist – auch in dem Sinne, dass eine breite Mehrheit durchaus Einverständnis mit dem Ansinnen der Bezugnahme auf christliche Quellen zeigt. Ähnliches lässt sich übrigens über die Auseinandersetzung um das Für und Wider christlicher Symbole in öffentlichen Räumen sagen: Ganz unaufgeregt spricht sich eine Mehrheit für den Verbleib solcher Symbole in der Öffentlichkeit aus.

Tatsächlich haben sich die gesellschaftlichen Bedingungen seit der Gründung der Union im Zeichen des „C" vor mehr als einem halben Jahrhundert ganz erheblich verändert. Die Gründung der CDU in den ersten Nachkriegsjahren stellte den gelungenen Versuch dar, die großen konfessionellen Gruppen in einer überkonfessionellen christlichen Volkspartei zusammenzuführen. Darüber hinaus sollten unterschiedliche Strömungen wie die christlich-soziale, die konservative oder die liberale Bewegung eine Heimat in der neuen Partei finden. Mit der Besinnung auf christliche Werte verband sich zugleich – nicht zuletzt auch in den Augen der Bevölkerung – die Hoffnung auf einen grundlegenden moralischen Neuanfang nach der Katastrophe des Nationalsozialismus. Einer überwältigenden Mehrheit der Gesellschaft damals war bewusst, dass in der Gottlosigkeit des Regimes ein ganz vorrangiger Grund für seinen menschenverachtenden Hass lag.

Heute haben wir uns von dieser Einsicht weit entfernt. Es gilt als ziemlich altmodisch, auf eine Beziehung zwischen der Gottvergessenheit von Politik einerseits und der Menschenverachtung ihrer Entscheidungen andererseits hinzuweisen. Eine Mehrheit wird vermutlich einen solchen Zusammenhang in der Sache bestreiten. Warum also in einer säkularisierten Gesellschaft, in der sich christlich-konfessionelle Milieus weitgehend aufgelöst haben, festhalten an einem Anspruch, bei dem ohnehin und von vorne herein ziemlich klar ist, dass es kaum je gelingen wird, ihm immer und in allen Bezügen vollständig gerecht zu werden? Schadet eine Partei damit nicht selbst ihrer Glaubwürdigkeit?

Antworten ergeben sich aus der Umfrage selbst. Wer sich die vielen Einzelergebnisse anschaut, wird an der Feststellung nicht vorbeikommen, dass die Union allen Unkenrufen zum Trotz immer noch die Möglichkeit hat, mit ihrer Botschaft gehört zu werden. Wie anders wäre beispielsweise das große Einverständnis zu erklären, das die ausdrückliche Bezugnahme auf christliche Glaubensüberzeugungen durch die Union bei der Bevölkerung erfährt. Diese Selbstbindung wird – anders als der gelegentlich vermittelte öffentliche Eindruck – nicht als Missbrauch empfunden, sondern in seinem ursprünglichen Sinn eines bestimmenden Maßstabes für das politische Handeln. Daran kann auch die überwiegende Einschätzung nichts ändern, die Union werde ihrem Anspruch nicht gerecht. Im Gegenteil: Gerade hier zeigt sich letztlich auch, dass die Selbstverpflichtung der Union auch von denen ernst genommen wird, die selbst für sich eine solche Selbstbindung nicht anerkennen. Für die Union war in der Vergangenheit und bleibt für die Zukunft ihr Bekenntnis zu Grundlagen, die aus dem christlichen Glauben erwachsen, der Stachel im eigenen Fleisch.

Wichtig in diesem Zusammenhang ist, dass innerhalb der Bevölkerung nicht nur grundsätzlich eine überwiegende Zustimmung zu christlichen Werten zu verzeichnen ist. Diese Zustimmung gilt im Besonderen auch im Blick auf das christliche Menschenbild. Es gibt bei allen Tendenzen zur Säkularisierung und trotz des Rückganges religiöser Bindungen keine ausgeprägte anti-christliche Haltung in unserer Gesellschaft. Deren Werte speisen sich vielmehr nach wie vor vor allem aus christlichen Überzeugungen. Besorgt machen muss allerdings die Frage, wie lange dies so bleibt, wenn aus den Quellen immer weniger geschöpft werden kann, weil sich die Bindung an Religion und Kirche löst. Vieles spricht dafür, dass es dann nur eine Frage der Zeit ist, bis auch die zivilreligiösen Überzeugungen einen Wandel erfahren.

Mancher Befund spricht dafür, dass eine solche Entwicklung längst eingesetzt hat. Kann und darf das für die Union Anlass sein, von ihrem hohen Anspruch zu lassen? Die Antwort auf diese Frage ist nicht nur für die Unionsparteien von großer Bedeutung. Sie beinhaltet eine Anfrage an unsere ganze Gesellschaft. Ist es vorstellbar, dass eine Gesellschaft in der Lage ist, ihr menschliches Antlitz zu bewahren, wenn sie ihrer religiösen Grundlagen verlustig geht? Hier liegt wohl eine der größten und wichtigsten Aufgaben der Union heute und zukünftig: Nämlich immer wieder deutlich zu machen, dass eine Gesellschaft sich auf ein Menschenbild hin verständigen muss, wenn politische Entscheidungen von einer unverbrüchlichen Achtung vor dem Menschen getragen sein sollen. Deshalb muss die Union immer wieder und aufs Neue für ihr Menschenbild werben, sie muss immer wieder und aufs Neue den Sinn ihres Bekenntnisses erläutern.

Die Schwierigkeit, einen hohen, an sich selbst gestellten Anspruch zu erfüllen, kann nie ein Grund dafür sein, die eigenen Überzeugungen über Bord zu werfen. Wann, wenn nicht gerade in Zeiten, die von Entkonfessionalisierung und Entkirchlichung geprägt sind, werden politische Parteien gebraucht, die sich klar zu einer Wertbindung bekennen? Sie sind heute auch gerade deshalb notwendig, weil nicht von der Hand zu weisen ist, dass bei einem weiteren Voranschreiten der Entkonfessionalisierung ein derzeit noch bestehender und in hohem Maße christlich geprägter zivilreligiöser Konsens in Gefahr gerät. Damit aber geraten unverzichtbare, parteiübergreifende gemeinsame Maßstäbe mehr und mehr ins Wanken. Die bioethische Debatte nicht nur in unserem Land ist dafür ein gutes Beispiel. Ein Lebensgefühl, das ausschließlich der Beliebigkeit und der Ungebundenheit folgt, kann Maßstäbe, ohne die am Ende keine politische Entscheidung zu treffen ist, nicht an die Hand geben. Das zu tun, wonach gerade der Sinn steht, wonach die Forscher rufen oder wozu die Wirtschaft rät, trifft heute den Geschmack vieler Menschen. Die Folge aber ist, dass im Alltag Entscheidungen immer weniger auf das Einverständnis über gemeinsame Maßstäbe bezogen, sondern von Fall zu Fall getroffen werden. Die Politik ist dann der Laune des Tages und dem Druck einflussreicher Gruppen ausgeliefert. Ihr bleibt gar nichts anderes übrig, als Strömungen nachzulaufen und Wünsche zu befriedigen, um am Ende nur noch das tun zu können, was gefällt. Auch die Union ist vor dieser Gefahr nicht gefeit. Ohne Parteien allerdings mit einem klaren Bekenntnis zu Werten und Maßstäben ist es kaum möglich, dauerhaft im öffentlichen Bewusstsein zu halten, dass die Unverfügbarkeit des Menschen auch noch so dringlich geäußerten und begründeten Interessen nicht preisgegeben werden darf.

Für die Union stellt die überaus kritische Einschätzung der als unzulänglich empfundenen Umsetzung ihres christlichen Bekenntnisses eine Warnung dar. Niemand wird bestreiten wollen, dass die von der Bevölkerung in so überwiegendem Maße bekundete Empfindung, die Union trage dem aus ihrer Bezugnahme auf das Christliche erwachsenden verpflichtenden Maßstab für die eigene Politik im Alltagsgeschäft ein ums andere Mal nicht ausreichend Rechnung, mehr als ein Körnchen Wahrheit beinhaltet. Im Prozess demokratischer Meinungsbildung lauert immer die Versuchung, vermeintlichen Mehrheitsströmungen hinterher zu laufen und damit die eigenen Grundsätze um kurzfristiger Zustimmungserfolge willen zu vernachlässigen oder gar links liegen zu lassen. Keine Partei ist davor gefeit – und wer wollte sich zu der Behauptung versteigen, dieser Versuchung nie erlegen zu sein. Letztlich gibt es aber kaum einen besseren Maßstab als das Bekenntnis zu ihren christlichen Grundlagen, der geeignet wäre, dieser Gefahr vorzubeugen, sich wegen der Verheißung kurzfristiger Vorteile blind den wechselhaften Winden des Zeitgeistes auszuliefern. Und ist man der Gefahr dennoch erlegen, gibt es keinen besseren Maßstab als diese Selbstbindung, um eigene Irrtümer zu erkennen und aus Fehlern zu lernen.

Welche Schlüsse soll die Union nun aus dem Urteil der Befragten ziehen? Die Antwort auf diese Frage fällt nicht leicht, weil dabei eben doch eine ganze Reihe von Unbekannten mitschwingt. Wichtig wäre etwa zu wissen, was nach der persönlichen Einschätzung der Befragten denn unter einer christlich verpflichteten Politik genauer zu verstehen ist. Bemerkenswert ist ja, dass auch unter denjenigen, die sich der Kirche sehr stark verbunden fühlen, nur eine Minderheit meint, die Union werde dem an das „C" geknüpften Anspruch gerecht, auch wenn ihr Anteil deutlich höher liegt als bei allen anderen befragten Gruppen. Könnte es vielleicht sein, dass immer mehr Menschen in unserer Gesellschaft kirchliche Stellungnahmen zu politischen Fragen als selten vereinbar mit den politischen Aussagen der Unionsparteien erfahren? Und was ist von der Kritik der Mehrheit der Befragten überhaupt zu halten, wenn religiöse Inhalte immer verschwommener, das christliche Bekenntnis immer blasser und das Wissen in Glaubensfragen immer geringer werden?

Natürlich färben zudem Meinungsverschiedenheiten, wie sie in den christlichen Kirchen selbst ausgetragen werden, auf die Antworten der Befragten ab. In den christlichen Kirchen selbst driften Einschätzungen und Bewertungen immer mehr auseinander. Während die einen etwa das Eingreifen der NATO im früheren Jugoslawien zur Verhinderung eines weiteren massenhaften Abschlachtens von Menschen als mit christlichen Überzeugungen durchaus vereinbar ansehen, weil damit Leben gerettet werden, kann dies in den Augen des anderen, der einen Krieg unter allen Umständen als unchristlich ablehnt, weil immer auch Unschuldige sterben, gänzlich anders beurteilt werden. Oder ein anderes Beispiel: Mag der eine aus christlichen Erwägungen nachdrücklich für einen Verbleib der Katholischen Kirche im gesetzlichen System der Schwangerenkonfliktberatung eintreten, weil er der Auffassung ist, dass dies dem Schutz des ungeborenen Lebens dient, kann der andere, für den Abtreibungen grundsätzlich eben nicht mit christlichen Wertvorstellungen vereinbar sind, dazu eine ganz andere Auffassung haben.

Beiden Beispielen liegen wirkliche Zielkonflikte zugrunde. Bei einer durchaus vorhandenen Übereinstimmung in den Grundüberzeugungen werden, auf der Grundlage dieser Übereinstimmung, ganz unterschiedliche, ja gegenläufige Auffassungen vertreten. Die Politik ist in einer solchen Lage gezwungen, eine Entscheidung zu treffen – eine Entscheidung, die immer wieder Kompromisse erfordert und es deswegen so gut wie unmöglich macht, dem eigenen Anspruch immer und uneingeschränkt gerecht zu werden. Vielfach wird heute zudem vergessen – und hier zeigt sich eine der schwerwiegenden Folgen einer immer größeren Entfernung von den Quellen des christlichen Glaubens –, dass sich aus biblischen Aussagen nicht unmittelbar fertige und zweifelsfrei gültige Antworten für politische Entscheidungen folgern lassen. Auch der Christ muss sich an der schwierigen Suche nach dem richtigen Weg beteiligen, um zu einem verantwortungsvollen Urteil zu finden. Das politische Bekenntnis zum „C" ist nicht mehr und nicht weniger als der Prüfstein einer Antwort auf politische Ermessensfragen. Der Weg zu einem sachgerechten Urteil ist nicht nur angesichts vielschichtiger Fragen anstrengend. Er fordert eine umfassende Sachkenntnis, eine Vergewisserung der eigenen Überzeugungen und einen nüchternen Blick auf das Mögliche, damit das Ringen um eine gute Lösung am Ende zu einem Vorschlag führt, der sich auch aus unterschiedlichen Blickwinkeln und in möglichst hohem Maß mit christlichen Grundsätzen in Einklang bringen lässt. Viele Politiker mühen sich, diesen Anspruch zu erfüllen – im Wissen darum, den eigenen Maßstab ein ums andere Mal doch zu verfehlen.

Prüfstein für die Glaubwürdigkeit einer Partei, die sich selbst unter einen so hohen Anspruch gestellt hat, muss zu allererst das nachvollziehbare Bemühen um eine der Wahrhaftigkeit und der Ernsthaftigkeit verpflichtete Entscheidung sein. Das ist in einer Mediengesellschaft, die fertige Antworten wie aus der Pistole geschossen erwartet, nicht immer leicht. Zudem wird keiner behaupten, dass die Union dieser Erwartung immer und gar zufriedenstellend erfüllt. Deshalb ist es gut, die von den Befragten geäußerte Kritik als ernste Mahnung aufzunehmen, sich selbst und das eigene Handeln immer wieder am selbst gesteckten Anspruch zu prüfen.

Übrigens hilft diese Selbstprüfung der Union, sich die

Fähigkeit zu bewahren, von Fall zu Fall und von Zeit zu Zeit neu zu verlebendigen, was sie als Volkspartei im Innersten zusammenhält. Das hat nichts mit einem starrsinnigen Beharren an überholten Grundsätzen zu tun. Es geht vielmehr darum, angesichts einer sich ständig und immer schneller verändernden Welt, angesichts immer größerer Entwicklungsschübe in den Wissenschaften, angesichts immer neuer Herausforderungen in der Wirtschafts-, Arbeitsmarkt-, Renten-, Familien- und Gesundheitspolitik das, was den Auftrag christlich demokratischen Denkens im Kern ausmacht, für die Bewältigung der brennenden Fragen an der Schwelle des 21. Jahrhunderts fruchtbar zu machen. Wenn sie dieses ernste Bemühen erkennen und sich gelegentlich im Blick auf ihre Selbstbindung von vorschnellen Antworten abhalten lässt, dann hat sie alle Möglichkeiten, die Bedeutung christlicher Überzeugungen für die Politik auch in einer säkularisierten Gesellschaft zu vermitteln.

Christliches Menschenbild als Maßstab

Fraglos zeigt sich ein grundlegender Bedeutungswandel christlicher Überzeugungen in der Arena des Politischen, wenn man die Lage heute mit den Herausforderungen früherer Zeiten vergleicht. Ging es vor einem halben Jahrhundert darum, eine nach den Erfahrungen des nationalsozialistischen Terrors der selbstverständlichen Bedeutung des christlichen Glaubens für das politische Handeln Ausdruck zu verleihen, so geht es heute um etwas grundlegend anderes: Gegenwärtig muss eine Partei wie die Union mit einer Gesellschaft, deren Überzeugungen sich mehrheitlich nicht mehr aus den Quellen des christlichen Glaubens speisen, die schwierige Frage erörtern, wie sich denn in Zukunft Maßstäbe politischer Entscheidungen gewinnen lassen. In dieses Gespräch geht die Union – anders übrigens als andere Parteien – mit klaren Vorstellungen: Ohne ein Bild vom Menschen, auf das hin Politik gestaltet wird, ist politisches Handeln und Entscheiden der Willkür ausgeliefert. Politik bedarf immer einer Vorstellung vom Menschen, auf den hin sie alles ordnet. Am Menschenbild entscheidet sich, welchen Weg die Politik einschlägt. Wie sehen wir den Menschen, was trauen wir ihm zu, wann bedarf er des Schutzes und der Hilfe? Im Kern geht es also um die Frage nach der Ordnung unseres Zusammenlebens, genauer gesagt: den Grundlagen und den Regeln dieser Ordnung. Die Union hat sich mit ihrer Gründung für ein Menschenbild entschieden, das bis heute von seiner Strahlkraft nichts verloren hat. Es ist das christliche Bild vom Menschen, das – aus vielen Quellen gespeist – wie kein anderes die europäische Kultur geprägt hat. Dieses Menschenbild gibt der Union einen Kompass an die Hand, der ihr hilft, sich nicht in der Unübersichtlichkeit der alltäglichen Aufgaben zu verirren und dem eigenen Handeln eine verlässliche Richtung zu geben.

Im Mittelpunkt dieses Menschenbildes steht die Überzeugung von der Unverfügbarkeit und der Einmaligkeit eines jeden Menschen, ganz unabhängig von seinen Eigenschaften, seiner Leistungskraft, seiner Gesundheit, seiner Zugehörigkeit zu einer Klasse oder einer Rasse. Jeder Mensch verfügt vom Anfang bis zum Ende seines Lebens über eine unveräußerliche Würde, die unterschiedslos jedem in gleicher Weise zugesprochen ist. Weder physische noch psychische Leistungskraft, weder Hautfarbe, Herkunft, noch Bildungsstand oder Einkommen beeinflussen in irgendeiner Weise den Wert eines Menschen. Seine Würde gilt ausnahmslos, sie ist unantastbar und jedem zu eigen. Sie hängt nicht von der Bereitschaft anderer ab, diese Würde anzuerkennen. Die mit dem christlichen Menschenbild aufs Engste verbundene Gewissheit von der Personalität jedes Einzelnen schützt davor, als Teil einer Gattung, Ergebnis der Evolution, Mitglied einer Rasse oder einer Klasse missbraucht zu werden. Jeder Mensch ist unverwechselbar und damit der Verfügbarkeit durch Dritte von Beginn bis zum Ende seines Lebens entzogen.

Niemand hat je das Recht, die eigene Würde oder die anderer Menschen einzuschränken.

Dieses Bild vom Menschen hat seine ungebrochene Bedeutung auch in säkularisierten Gesellschaften, in denen der Glaube an einen persönlichen Gott nur noch einer Minderheit zu eigen ist, und die deshalb mit dem Bekenntnis von der Gottesebenbildlichkeit des Menschen wenig anfangen können. Doch gibt es auf der ganzen Welt kein anderes Menschenbild, das jedem Einzelnen einen so umfassenden, unantastbaren Schutz gewährt. Auf dieses Menschenbild hin können sich Christen wie Nichtchristen verständigen, weil es – ganz unabhängig von kulturellen und religiösen Herkünften – jeden Menschen in gleicher Weise anzusprechen und zu überzeugen vermag.

Kein anderes Menschenbild ist von einer vergleichbaren inneren Schlüssigkeit und Stimmigkeit, der sich auch jene nicht entziehen können, die mit der Begründung der unantastbaren Würde des Menschen aus seiner Gottesebenbildlichkeit nicht übereinstimmen. Deshalb ist dieses Menschenbild als Grundlage eines gemeinsamen und einigenden Maßstabes einmalig – und zudem für ein friedliches Zusammenleben von Menschen unterschiedlichster Überzeugung unverzichtbar. Es führt die Mitglieder einer Gesellschaft zusammen, weil es jedem Menschen, ohne Ansehen der Person, ein Höchstmaß an Freiheit und Rechten zubilligt. Sein Anspruch auf universelle Geltungskraft steht jedem Versuch der Einschränkung menschlicher Würde entgegen. Wenn jeder Mensch für sich dieses Selbstverständnis als eine Lebensperspektive entdeckt, die ihm den weitesten vorstellbaren Horizont von Entfaltungsmöglichkeiten eröffnet, dann ist der universelle Geltungsanspruch dieses – christlichen – Menschenbildes schwer zu bestreiten.

Was trauen wir den Menschen zu? Das christliche Bild vom Menschen mit seinem unverrückbaren Bekenntnis der unantastbaren Würde jedes Einzelnen führt unmittelbar zur Anerkennung der Freiheit der Person. Freiheit von jeglicher Art der Bevormundung und Gängelung verbindet sich dann mit der Aufgabe der Gestaltung eigener Lebensmöglichkeiten. Eine Politik, die sich dem christlichen Menschenbild verpflichtet sieht, wird also immer zunächst die Kräfte achten, die ein Mensch zur Gestaltung seines Lebens aufbringt, und ihn im Aufbieten seiner Kräfte, Fähigkeiten und Möglichkeiten unterstützen. Eine Politik, die dieser Überzeugung folgt, wird dem Menschen nicht mit Misstrauen begegnen, sondern mit Achtung vor seiner Fähigkeit, die Ziele seiner Lebensführung selbst bestimmen zu können. Dem Staat wächst die Aufgabe zu, in der Achtung vor der Freiheit des Bürgers ihm dort zu helfen und ihn dort zu unterstützen, wo er dieser Hilfe und dieser Unterstützung bedarf. Aber ein Staat hat dann nicht die Aufgabe, Menschen zu führen und zu leiten auf Ziele hin, die nicht im Wollen des Einzelnen, sondern der Verfügung Dritter entsprechen. Die Politik verfehlt ihre Aufgabe, wenn sie sich zum Erfüllungsgehilfen Dritter macht, indem sie beispielsweise ein Netz von Vorschriften, Regeln und Erlassen knüpft, die dem Menschen am Ende die Rolle zubilligen, ein kleines Zahnrad in einer großen Maschine zu sein. Stattdessen wird sie Regeln und Anreize so bestimmen, dass der Mut zu einem selbstbestimmten Leben geweckt wird. Sie wird immer dem Gedanken der Subsidiarität folgen. Ihr Ziel ist es, die Stärken der Menschen zur Entfaltung zu bringen und für einen Ausgleich zu sorgen.

Wie der Mensch und seine engsten Lebenskreise besonders geschützt und insoweit selbstbestimmt bleiben, als Freiheit nicht auf Kosten der Würde Dritter gesucht wird, gilt der Vorrang der kleineren Einheit vor der größeren. Das christliche Menschenbild mündet unmittelbar in dieses Bekenntnis zur Subsidiarität als dem Grundstein einer gesellschaftlichen Ordnung. In diesem Zusammenhang ist ganz besonders die Familie zu nennen. Dabei meint Subsidiarität immer ein Doppeltes: Die Hilfe des Staates dort, wo die eigenen Kräfte versagen, wie die Pflicht zur Selbstbestimmung, wo die Fähigkeit dazu gegeben ist. Eine Politik, die dem Grundsatz der Subsidiarität folgt, zielt immer auf eine dezentrale Gesellschaft. Sie stärkt und ermutigt die Familie in ihrem Recht zur Selbstbestimmung, die Städte und Gemeinden in ihrem Anspruch der Selbstverwaltung und den Mittelstand in seiner Verantwortung für Wirtschaft und Gesellschaft.

Politik, die dem christlichen Menschenbild folgt, ist vor allem immer auf eines bedacht: Sie wird sich insbesondere für die Schaffung von Institutionen einsetzen, die verhindern, dass andere Menschen nur als Mittel zur Erfüllung eigener Erwartungen verzweckt werden. Sei es nun die Herstellung des Designerbabys, die arbeitsrechtliche Erlaubnis zum hire und fire oder der Allmachtswahn mancher Vertreter der Lebenswissenschaften: Alle genannten Beispiele haben gemeinsam, dass sie der Verzweckung des Menschen Tür und Tor öffnen. Deshalb bedarf es in jeder Gesellschaft der institutionellen Vorkehrungen, damit Menschen nicht nur als Mittel zum – auch vermeintlich guten – Zweck missbraucht werden.

Dieser Grundsatz, dass der Mensch nie nur Mittel sein darf, ist kein Glaubenssatz einer weltfremden Moral und schon gar nicht eine Ermächtigung zur Einengung von Lebensmöglichkeiten. Im Gegenteil: Dieser Satz macht die Lebensmöglichkeiten eines Menschen erst zur Lebenswirklichkeit. Als Grundsatz, der wie kein anderer dem eigenen Vorteil dient, beschreibt er zugleich die Erwartungen Dritter an das eigene Verhalten. Wie die Goldene Regel kann dieser Grundsatz Verbindlichkeit beanspruchen für jedermann zu jederzeit, weil er – ganz unabhängig von den Quellen seiner Begründung – eine für jeden Menschen gleiche und geschützte Wirklichkeit, die nicht von den Launen Dritter abhängt, begründet.

Eine Politik, die den Versuch unternimmt, sich an den Maßstäben des christlichen Menschenbildes auszurichten, hat auch künftig alle Chancen, die Menschen zu überzeugen und für sich zu gewinnen. Über alle Kulturen und Religionen hinweg besitzt dieses Menschenbild eine Strahlkraft, die es überzeugend und gewinnend macht. Die Wirklichkeitsnähe dieses Menschenbildes, das die Kräfte, Fähigkeiten und Stärken der Person fordert und fördert, ohne seine Fehlerhaftigkeit und Irrtumsfähigkeit zu leugnen, ist eine einzigartige kulturelle Errungenschaft. Ohne das Christentum gäbe es dieses Menschenbild nicht.

Die Union hat sich dieser Überzeugung verschrieben. Manchmal trägt sie schwer daran. Den Erben prächtiger Bauwerke geht es oft nicht anders. Aber wer das Wertvollste, was er besitzt, zur Versteigerung bringt und meistbietend verscherbelt, darf sich nicht wundern, wenn er bald darauf verarmt. Dessen ist sich die Union bewusst.

Politik ist nicht alles – Über die politische Präsenz der Kirchen

Hans Langendörfer SJ

Anwälte der Menschlichkeit, Künder einer in Gott verankerten Hoffnung, Zeugen seiner Liebe und Mittler zwischen ihm und dem Menschen wollen sie sein: starke Rollenzuweisungen der Kirchen und kirchlichen Gemeinschaften, durch die sie jenseits aller Differenzen in der theologischen Lehre von der Kirche geeint sind und allesamt in der biblischen Tradition wurzeln. Faktisch zeigen vor allem die katholische Kirche und die Kirchen der Reformation eine ungemein starke Präsenz allgemein in der Gesellschaft und speziell im politischen Bereich in Deutschland. In den persönlichen Lebensvollzügen der Gläubigen, aber auch im öffentlichen Bereich wollen sie bei der Bewältigung der Endlichkeit und Kontingenz des menschlichen Lebens helfen – und tun dies mit bemerkenswertem Erfolg, ohne dass freilich übersehen werden darf, dass es auch Unstimmigkeiten gibt sowie Klärungen und neue Initiativen dringend erforderlich sind.

Um solche Klärungen für die Zukunft zu erleichtern, beschreibt man das Wirken der Kirchen im öffentlichen Leben in Deutschland am besten vor dem Hintergrund einer Analyse der Wandlungsprozesse, denen der Bereich religiöser Bindungen und – mit diesem eng verbunden – das Werteverständnis insgesamt der Gesellschaft, aber auch Selbstverständnis und Funktionsbedingungen des Staates unterworfen sind. So werden einige Hauptaspekte des kirchlichen öffentlichen Engagements hinsichtlich ihrer Probleme und

Entwicklungschancen besser erkennbar. Grund solcher Überlegungen ist die Aufgabe der Kirche, sich immer wieder neu mit den bestehenden Verhältnissen auseinanderzusetzen; an ihnen muss sie – mit den Worten des Zweiten Vatikanischen Konzils – „in ihrer lebendigen Beziehung zur Welt (…) immerfort reifen".[1]

Lakonisch formulierte ein Kommentar der WELT im Mai 2003: „Aufs Gotteswort hören immer weniger Deutsche, aber aufs Kirchenwort zur Politik immer mehr".[2] Dieser Satz hat eine enorme Sprengkraft, weil er eine Doppelbewegung suggeriert, die für die Kirchen problematisch werden kann. Wenn nämlich die Gläubigkeit von Menschen im kirchlichen Sinn schwindet und Kirchen ihre öffentliche Geltung auf andere Gründe aufbauen müssen als ihre geistliche Vitalität, dann schafft dies eine höchst labile Situation. Im Folgenden wird argumentiert, dass weder die eine Behauptung einer zunehmenden Verschlossenheit in Bezug auf den Glauben hinreichend genau ist, noch die andere ganz stimmt, weil das Kirchenwort zur Politik gewiss gehört wird, das Verhältnis zwischen Kirche und Politik jedoch oberhalb der rechtlichen Fundamente in einer Reihe von Hinsichten klärungsbedürftig ist. Auf jeden Fall stimmt, dass sich die künftige Rolle der Kirche im politischen Leben in erster Linie an ihrer geistlichen Stärke entscheidet – unbeschadet der Tatsache, dass eine sorgsame Bewahrung und der Ausbau der Rechtsbeziehungen zwischen Kirche und Staat unverzichtbar sind und es diesbezüglich viel zu tun gibt. Ohne gelebte Gläubigkeit vieler Menschen wird sich die Autorität der Kirche letztlich sehr rasch verbrauchen.

Das Verständnis von Freiheit: Wandel der Gesellschaft und Veränderung der Bindung an Glaube und Kirche

Waren die Kirche und die kirchlichen Gemeinschaften ehedem Sozialkörper von hoher gesellschaftsintegrativer Kraft, so hat sich diesbezüglich viel geändert, mit großem Tempo vor allem in den letzten Jahrzehnten. Zunächst einmal entwickelte sich im Verlauf der westlichen Freiheitsgeschichte eine relative Autonomie der verschiedenen – wie es *Gaudium et spes* ausdrückt – „irdischen Wirklichkeiten"[3], die sich aus einer als heteronom empfundenen Normierung durch die Kirche befreiten. Die weithin positiv bewertete und, wie ein Blick auf Europa zeigt, sehr unterschiedlich gestaltbare ‚Trennung' von Kirche und Staat ist Teil dieses Prozesses. Das Erstarken großer funktioneller Bereiche wie Wirtschaft, Wissenschaft, Kultur und Politik als Partner oder auch Gegenüber der Kirchen trägt zwar immer die Gefahr des Abdrängens von Glaube und Kirche in die Privatsphäre in sich, ist aber als solches noch leichter tragbar, solange es die für den Zusammenhalt der Gesellschaft erforderlichen Verbindungen gibt.

Anders verhält es sich mit dem allmählichen Aufkommen eines Freiheitsbegriffes, der heute viele Lebensbereiche prägt, der Freiheit tendenziell loskoppelt von ethischen, auf Richtigkeit orientierten Gehalten und abhebt auf die beliebige Freiheit der Wahl zwischen verschiedenen, gleich gültigen ‚Angeboten'. Hier ist an die oft genannten Prozesse der Pluralisierung der Lebensverläufe und die zum Ziel erhobene Multioptionalität zu denken, welche ganz unmittelbare Auswirkungen auf die Akzeptanz von Glaubensgehalten und christlich-kirchlich vermittelten Traditionen haben. Es gibt ja tatsächlich immer mehr ‚Wettbewerber' im Bereich religiös geprägter Orientierungsangebote vielfältiger Art. Dazu gehören traditionsreiche Religionen, zu denen natürlich in Deutschland infolge der Zuwanderung vor allem der (in sich sehr vielgestaltige) Islam zählt, aber auch religiös aufgeladene Zusammenschlüsse und zahllose Heilslehren z. B. im *New Age*-Stil. Ob all diese Wettbewerber wirklich Wahrheits- und Richtigkeitsansprüche erheben, darf wohl eher bezweifelt werden. Jedenfalls gelingt es ihnen, die Akzeptanz von Wahrheitsansprüchen tiefgreifend zu unterminieren, deren Relativität zu suggerieren und Religion tendenziell zur Geschmackssache mutieren zu lassen.

Zu denken ist auch an die Einstellungen und Verhaltensweisen, die gerne unter dem schillernden Begriff der ‚Postmoderne' zusammengefasst werden und mit den christlichen Traditionen oft kaum vermittelbar sind: das Bevorzugen des Fragmentarischen, Temporären und Episodischen gegenüber einem umfassenden, dauerhaften Entwurf, des Nichtfestgelegten gegenüber Bindungen, der subjektiven Interessenorientierung gegenüber einem allgemeinen Anspruch und des Perfektionsstrebens gegenüber der Bescheidung in vorgegebene Grenzen. Dies alles schafft wenig günstige Bedingungen für die Chancen des kirchlich tradierten christlichen Glaubens, umfassende und langfristig gültige Orientierungen der persönlichen Lebensführung anzubieten und Partner eines Wahrheitsdiskurses im öffentlichen Leben zu sein. Das Christentum kann in dieser Situation nicht als allgemein verbindliches Band die Gesellschaft zusammenhalten und hinsichtlich gemeinsamer Wertvorstellungen einen starken Konsens herstellen; es ist unter den Druck der Relativierung geraten.

Die empirischen Erhebungen belegen das Gesagte, insbesondere den Rückgang institutioneller Bindungen an die Kirche, des Vertrauens sogar in ihre Kompetenz zur Gestaltung besonderer Lebenssituationen, wie die Entwicklung z. B. im Bereich der Taufen, Eheschließungen oder Begräbnisse zeigt, und der Offenheit für eine kirchlich geprägte Spiritualität. Die Kirchenmitgliedschaft ist weiter abnehmend, und die Zahl der Gottesdienstbesucher hat sich in den vergangenen 40 Jahren nahezu halbiert. Heute sind es noch sieben Prozent der Gesamtbevölkerung (12 % der Katholiken), die einmal pro Woche eine Kirche aufsuchen.[4] Zudem hat sich eine Art ‚Cafeteria-Christentum' entwickelt, das die allgemeinen Verhaltensformen aufs Religiöse überträgt und den persönlichen Glauben nach eigenem Geschmack zusammenstellt: Lediglich 37 % der Katholiken glauben an einen personalen Gott[5], und an Jesu Auferstehung von den Toten und an der Dreieinigkeit Gottes hat ein gutes Drittel der Katholiken Zweifel.[6] Untersuchungen im katholischen Bereich[7] zeigen, dass die Katholiken selbst nur bedingt auf die Zukunft der Kirche setzen: 24 % der Katholiken glauben an eine Zunahme des Glaubens an Gott, 62 % das Gegenteil. Genauso viele glauben, dass die christlichen Werte in Zukunft an Bedeutung verlieren werden.[8] An publizistischen Beiträgen zur Sinnfrage sind lediglich 34 % der befragten Katholiken interessiert, 1994 waren es noch 50 %.[9]

Dabei spielt übrigens, wie ein näherer Blick zeigt, das Gesetz des ‚je mehr, desto mehr' eine entscheidende Rolle: Menschen, die Glauben und Kirche schon in der Kindheit und Jugend als gut erfahren haben, zeigen entsprechend mehr Aufgeschlossenheit für religiöse Angebote.[10] Wer sich „sehr" oder „ziemlich" für religiöse Fragen interessiert, hat zu 47 % eine gute Erinnerung an den Religionsunterricht und stammt zu 60 % aus einem religiösen Elternhaus. Umgekehrt hatten religiös Uninteressierte zu 86 % ein Elternhaus ohne Beziehung zur Religion und keine guten Erinnerungen an den Religionsunterricht (78 %).[11] Ihre besondere Wirkung zeigen diese Beobachtungen in Zusammenhang mit der Veränderung der religiösen Landkarte, vor allem infolge der Wiederherstellung der staatlichen Einheit Deutschlands. Sie hat zu einem erheblichen Zuwachs der Anzahl von Konfessionslosen geführt, die noch nie Kirchenmitglied waren. Die Konfessionslosen bilden in allen ostdeutschen Bundesländern die Mehrheit der Bevölkerung, die religiöse Nichtorganisiertheit gehört zur Familientradition. Im gesamten Bundesgebiet schätzen sich insgesamt 36 % als nicht religiös oder atheistisch ein.[12] Damit ist der demographische Rückhalt der christlichen Kirchen spürbar reduziert.

Dies alles darf nicht beschönigt werden. Es gibt aber immerhin auch andere Befunde, die eine freundlicher klingende Sprache zu sprechen scheinen. Die bundesdeutsche Bevölkerung gehört noch immer zu zwei Dritteln der katholischen Kirche oder einer EKD-Gliedkirche an. Hinzu kommen, zahlenmäßig weniger hervorgehoben, die Orthodoxen und verschiedene christliche Gemeinschaften. Die Zeiten dramatischer Zahlen von Kirchenaustritten, die Anfang der 1990er Jahre die Marke von 190.000 pro Jahr überstiegen, sind allem Anschein nach vorbei. Insbesondere die Kirche vor Ort genießt einen hohen Stellenwert: 43 % der Befragten haben sich bereits einmal intensiv mit ihrem Pfarrer unterhalten[13], mehr als die Hälfte von ihnen möchte dieses in der Zukunft gerne öfter tun.[14] Eine beachtliche Zahl von Deutschen fühlt sich den Kirchen „etwas", „stark" oder „sehr stark" (zusammen: 70 %) verbunden.[15] Trotz nachlassender Kirchenmitgliedschaft bezeichnen sich weite Teile der Bevölkerung selbst als „sehr" oder „ziemlich religiös" (43 %).[16] Man redet sogar von der Möglichkeit einer Respiritualisierung als „Megatrend"[17], weil Religion und Spiritualität seit Mitte der 1980er Jahre einen starken Nachfragezuwachs zu haben scheinen. Die Debatte über diese Einschätzung hat gerade erst begonnen und es scheint wahrscheinlich, dass die Träger bzw. der Ort einer allgemeinen „Respiritualisierung" nicht in erster Linie die Kirchen sein dürften. Aber: Es gibt sehr viele – bisher ungenutzte – Chancen der Kirchen, z. B. in Meditation und Gottesdienst sowie persönlicher Seelsorge Menschen zum Glauben zu führen.

Es wäre fatal, hier ein allzu düsteres Bild zu zeichnen und sich allein resignativen Stimmungen zu überlassen.

Kirchliche Interventionen im politischen Bereich

Es war eingangs die Rede auch davon, dass die christlichen Kirchen im öffentlichen Raum ein beträchtliches Ansehen genössen und Beachtung fänden.

Der Kirche wird in der Tat eine wichtige gesellschaftliche Funktion und politisches Gewicht zuerkannt. Eine ethische Kompetenz der Kirche wird von weiten Teilen der Bevölkerung anerkannt, ihr spezifischer Beitrag zur öffentlichen Meinungsbildung ausdrücklich eingefordert. Zwei Drittel der Befragten würden es generell begrüßen, wenn sich die Kirchen künftig stärker zu ethischen und moralischen Fragen äußern würden.[18] Dabei finden kirchliche Stellungnahmen zu Fragen der Menschenrechte (92 %), zu Krieg und Frieden (87 %), zu Sterbehilfe (85 %) und zum Schutz von Ehe und Familie (72 %) besondere Akzeptanz.[19] Dass hingegen Stellungnahmen zu Fragen der Sozial- und Wirtschaftsordnung nur von einem Drittel der Befragten akzeptiert werden[20], verdient Aufmerksamkeit, vielleicht hängt es sogar mit der für viele unklaren Bedeutung von Begriffen wie „Wirtschaftsordnung" zusammen. Wäre vielleicht eine Frage danach, ob sich die Kirche für die Belange der Arbeitslosen, der Älteren und der Familien im Wirtschaftsleben einsetzen sollte, von größerer Zustimmung getragen worden?

Die alltägliche Erfahrung zeigt, für wie gewichtig z. B. im Bereich der Entwicklungszusammenarbeit Verantwortliche die Unterstützung der Kirchen nehmen, da ihr Engagement ohne sie sehr viel chancenloser wäre. Oder: Debattenprägend waren und sind die Kirchen in einigen Fragen der Migrationspolitik – bis hin zur Behandlung von Illegalen.

Dass im Bereich der Biomedizin die immer neu aufkommenden Fragen sehr kontrovers diskutiert und bewertet werden, ist in Anbetracht ihres Charakters und ihrer Neuartigkeit keine Überraschung. Immerhin haben kirchliche Stellungnahmen und Diskutanten zu solchen Fragen bisher viele Versuche, sie in die Ecke der Gestrigen und Bornierten abzudrängen, recht erfolgreich abgewehrt, sodass die Deutsche Bischofskonferenz und der Rat der Evangelischen Kirche in Deutschland nicht ohne Erfolg ihre Stimme zur Geltung bringen, wenn es um embryonale Stammzellenforschung, pränatale Diagnostik oder auch Rechtsregeln für die Sterbehilfe geht. Ohne Zweifel kommt gerade in diesem Bereich eine massive Unterstützung auch durch Papst Johannes Paul II., der den Lebensschutz zu einem Schwerpunkt seines Pontifikats gemacht hat.

Neben der also nicht geringen Akzeptanz kirchlichen Engagements in konkreten Politikfeldern spricht auch der deutliche Rückhalt, den das „christliche Menschenbild" (als Ausdruck der Anerkennung der Personwürde, der Freiheitsbestimmung wie auch der Schutzbedürftigkeit des Menschen) in der Bevölkerung hat, für den noch immer großen Resonanzboden kirchlichen Wirkens in der Öffentlichkeit. Deutliche Mehrheiten tragen zentrale Aussagen, die das christliche Menschenbild als Grundlage des politischen Handelns herbeiziehen.[21] Wertbezogene Politik wird geschätzt[22], und drei Viertel der Deutschen äußern die Erwartung, christliche Werte würden zukünftig eine wichtigere oder zumindest gleichbleibende Rolle in der Politik spielen.[23] Zugleich müssen die Kirchen auch zur Kenntnis nehmen, dass ein stärkerer direkter kirchlicher Einfluss auf die Regierung ebenso wie auf die Parteien nicht gewünscht wird.[24]

Zahlreiche Aufgaben und Dienste, welche die Kirchen in der Gesellschaft wahrnehmen, werden ganz überwiegend anerkannt. Neben der Gestaltung von Gottesdiensten

(98 %) finden die Seelsorge (96 %), Hilfe für Familien in Not, Militärseelsorge und Entwicklungshilfe große Zustimmungsraten (96 %, 87 % bzw. 72 %). Der Betrieb von Kindergärten und Krankenhäusern stößt noch auf relativ deutliche Zustimmung (59 % bzw. 56 %), wogegen die Schwangerenberatung (47 %), insbesondere aber der Betrieb von Schulen sowie die Gestaltung des Fernsehprogramms (28 % bzw. 23 % Zustimmung) mehrheitlich nicht als Aufgaben der Kirchen aufgefasst werden. In all diesen Bereichen – mit Ausnahme der Ausgestaltung von Gottesdiensten und des Betriebs von Kindergärten – wird das kirchliche Engagement als nicht ausreichend wahrgenommen: Nur zwischen 25 % und 37 % der Befragten stimmen der Aussagen zu, in den jeweiligen Tätigkeitsfeldern tue die Kirche genug.[25] Wiederum zeigt sich, dass es ein weites Feld von Chancen für die Kirchen gibt.

Die Kirchen durchleben also eine Zeit, in der die gesellschaftlichen und geistig-religiösen Rahmenbedingungen ihres Wirkens stark verändert und damit die Möglichkeiten ganz anders geworden sind, ihrer Sendung entsprechend die Fülle der Tradition neu und lebendig zur Geltung zu bringen. Zugleich können sie eine beachtliche Rolle im öffentlichen Leben spielen. Letzteres aber bedarf einer näheren Analyse, damit auch die Tiefenströmungen der Entwicklung beachtet werden.

Herausforderungen durch Wandlungen in Stil und Verständnis staatlicher Politik

Das Eine ist der demoskopische Befund über aktuelle Bewertungen des kirchlichen Mitwirkens im politischen Raum, etwas Anderes der Wandel von Staat und Politik, der für die Rolle der Kirchen im öffentlichen Bereich nicht folgenlos bleiben wird und von ihnen kluge Reaktionen verlangt. Genauerhin durchlaufen Staat und Politik in Deutschland gegenwärtig einen zumindest dreidimensionalen Änderungsprozess, der für das öffentliche Wirken der Kirchen Konsequenzen hat.

- An erster Stelle ist festzustellen, dass sich der Staat selbst ändert. Im Vordergrund steht der vornehmlich von wirtschaftlichen Faktoren geprägte Veränderungsdruck, der besonders deutlich fassbar wird in der Suche nach einer angemessenen Neubestimmung des Sozialstaatlichen. Die Globalisierungsprozesse schaffen vermehrten Wettbewerb, der Staat verliert traditionelle Regelungskompetenzen, auch wenn er als Garant von Demokratie und Rechtsstaatlichkeit unverändert wichtig ist. Es deutet sich ein geändertes Staatsverständnis an, wonach weniger die Schutzfunktion des Staates, als vielmehr die von ihm zu leistende ‚Befähigung' der Bürger und der Gesellschaft, vor allem der Wirtschaft, erwartet wird. Entsprechend ist der Gedanke der partizipativen Gerechtigkeit gegenüber anderen Aspekten der Gerechtigkeit, besonders der Verteilungsgerechtigkeit, stärker in den Vordergrund getreten. Wenn auch die Aufgaben des Staates nicht geringer geworden sind, so sind sie doch verändert: Der starke Staat, der sich um alles kümmert, gehört der Vergangenheit an.
- Eine zweite Wandlungstendenz weist in dieselbe Richtung einer Änderung des Staates selbst. Ihn ändert die fortschreitende europäische Integration mit den multilateralen bzw. supranationalen Bindungen, die Deutschland eingegangen ist. Hierzu zählt neben der Europäischen Union auch der Europarat mitsamt seiner Menschenrechtsregelung und -gerichtsbarkeit. Durch diese internationalen Verflechtungen gewinnen sowohl allgemein die gesellschaftlichen und politischen Entwicklungen in anderen europäischen Ländern als auch die Entscheidungen der europäischen Institutionen

selbst zunehmenden Einfluss auf die Verhältnisse in Deutschland. Die weit vorangeschrittene Verlagerung von Gesetzgebungskompetenzen in bestimmten Bereichen auf die Organe der Europäischen Union hat auch zur Folge, dass auf Unionsebene immer wieder legislative Vorhaben zur Entscheidung kommen, die in Deutschland – vor allem indirekt – in die Rechte der Kirchen eingreifen oder eingreifen können. Ein Beispiel dafür war die EU-Richtlinie zur Antidiskriminierung: Bei deren Erarbeitung bestand zeitweise die Gefahr, dass es den kirchlichen Arbeitgebern praktisch nicht mehr möglich sein würde, die besonderen Loyalitätsobliegenheiten des kirchlichen Dienstes zur Geltung zu bringen Aus kirchlicher Sicht hat es deshalb hohe Bedeutung, dass der neue „Verfassungsvertrag", den die Mitglieder der Europäischen Union im Zuge der Unionserweiterung des Jahres 2004 schließen, einen Artikel[26] aufweist, der rechtlich normiert, dass die Union die Regelungen achtet, welche in Bezug auf die Kirchen und Religionsgemeinschaften in den Mitgliedsstaaten in Geltung stehen. Die Anerkennung mitgliedsstaatlicher Vorschriften in diesem Bereich und die Entscheidung zu einem strukturierten Dialog mit den Religionen sind ein wichtiger Fortschritt.

- An dritter Stelle tauchen die Einstellungs- und Bewertungsverschiebungen im Binnenraum der ‚politischen Klasse' auf – das betrifft gewiss die Bundesebene, aber keineswegs nur sie –, die ja selbst an den kulturell-gesellschaftlichen Änderungsprozessen und auch am Zurücktreten traditionell-kirchlicher Bindungen teilhat. Den Kirchen ist jede Illusion genommen, ihre Traditionen, ihre ethischen Positionen und ihre politischen Erwartungen könnten als allgemein bekannt oder gar als im Großen und Ganzen geteilt gelten. Eher hat es den Anschein, als müssten beide Seiten – Staat und Kirche –

einen anhaltenden Prozess der wechselseitigen Selbsterklärung und des Neuentdeckens durchlaufen.

Das Beispiel der Unionsparteien

In diesen Zusammenhang gehören zum Beispiel die Richtungsdebatten in der CDU, wie sie zuletzt nach der Bundestagswahl 2002 aufflackerten. Natürlich wandelt sich mit der Gesellschaft auch eine Volkspartei und deren Mitgliederschaft. 60 % der Bundesbürger attestieren den Unionsparteien, durch ihren Bezug auf das Christentum einen selbst gewählten Anspruch zu erheben. Eine Mehrheit aller Bürger ebenso wie der Unionsmitglieder bestreitet, dass die Unionsparteien diesen Anspruch bereits erfüllen.[27] Darüber muss also gesprochen und debattiert werden. Für die Kirchen – vor allem für die katholische Kirche – kommt dabei viel darauf an, dass Verhärtungen überwunden werden, die aus dem Eindruck erwachsen, die Kirche wolle einseitig die Union darauf festlegen, kirchliche Bewertungen und Positionen auch zu konkreten Positionen unmittelbar zu übernehmen. Dass es der katholischen Kirche um eine ethische Fundierung der Politik aller Parteien geht und welchen Baugesetzen diese folgen sollte, hat zuletzt die römische „Lehrmäßige Note zu einigen Fragen über den Einsatz und das Verhalten der Katholiken im politischen Leben“[28] dargelegt, die als Referenzpunkt auch der Debatte über das „C“ in der Unionspolitik dienen sollte. Im Übrigen darf die Union wohl die Gewissheit haben, bei ihrem Versuch einer erneuten Klärung ihrer Identität von den Kirchen wohlwollend-kritisch begleitet zu werden, wie es ja auch normal ist.

Kontinuität oder Diskontinuität in den Rechtsbeziehungen zwischen Staat und Kirche?

Unbeschadet der beschriebenen Änderungen auf der politisch-programmatischen, aber auch praktischen Ebene sind die verfassungsrechtlichen Regelungen des Verhältnisses von Kirche und Staat in Deutschland von Kontinuität geprägt. Die Bundesrepublik Deutschland kennt eine international charakteristische Rechtsbeziehung zwischen Kirche und Staat. Ihr Kern ist die Verbindung einer Freiheit voneinander auf der einen und des Zusammenwirkens beider auf der anderen Seite, was sich vor allem einem sehr inhaltsreichen Verständnis von Religionsfreiheit verdankt, das den Staat in die Pflicht nimmt, positive Vorkehrungen dafür zu treffen, dass die Bürger ihren Glauben auch tatsächlich frei und gemeinschaftlich leben können. Die Freiheit voneinander und die Unterscheidung zwischen dem Auftrag des Staates und dem der Kirche „ermöglicht" – mit den Worten der Evangelischen Kirche in Deutschland – „eine positive Beziehung zwischen beiden"[29], die sehr ausgeprägt ist und zahlreiche Handlungsfelder erfasst. Das deutsche Staat-Kirche-System hat unbestreitbare Vorteile, ohne dass dieser Umstand – vor allem bei der Begegnung der Kirchen im gemeinsamen Engagement in der Europäischen Union – andere Regelungsansätze wie die in Frankreich oder im Vereinigten Königreich als für die Kirche grundsätzlich nachteilig erscheinen lassen darf.

Um es nochmals zu verdeutlichen: Das Grundgesetz garantiert das Grundrecht der Religionsfreiheit (Art. 4 GG) und normiert die grundsätzliche organisatorische Trennung von Staat und Kirche (Art. 140 GG i.V.m. Art. 137 Abs. 1 WRV) bei gleichzeitiger Anerkennung einer hervorgehobenen Stellung der Kirchen und Religionsgemeinschaften in der öffentlichen Ordnung, die sich vor allem in der Möglichkeit ausdrückt, den Status einer Körperschaft des öffentlichen Rechts und damit verbunden das Recht zur Erhebung von Kirchensteuern zu erhalten. Diese gelegentlich als ‚Privilegien' geschmähten Rechte der Kirchen und Religionsgemeinschaften sollen die Religionsfreiheit gewährleisten, die nicht nur als ein persönliches Recht, sondern auch als korporatives Grundrecht (Kirchenfreiheit) begriffen wird. Es gibt deshalb neben den „eigenen" Angelegenheiten der Kirchen auch „gemeinsame" Angelegenheit von Kirche und Staat. Hierzu zählen die Anstalts- und Militärseelsorge ebenso wie der Religionsunterricht, der nach Maßgaben des Grundgesetzes „ordentliches Lehrfach an den öffentlichen Schulen" (Art. 7 Abs. 3 GG) ist. Schließlich gehört in diesen Zusammenhang der Schutz des Sonntags als „Tag der Arbeitsruhe und der seelischen Erhebung" (Art. 140 GG i.V.m. Art. 139 WRV).

Interessant ist, dass die Demoskopie zeigt, wie keineswegs alles, was in der politischen Debatte diesbezüglich kritisch angefragt wird, auch in der Bevölkerung mehrheitlich auf Kritik stößt. So gibt es eine überwältigend große Zustimmung von 82 % der Befragten zum Institut des Religionsunterrichts (unter den Ostdeutschen stimmen 71 % zu).[30] Gemessen daran erscheinen der (von den Kirchen zunächst als nicht verfassungskonform angefochtene) Kurs des Landes Brandenburg, aber auch die starre Haltung des Landes Berlin in Sachen Religionsunterricht bzw. „LER" als befremdlich. Je zwei Drittel in Ost und West halten es in Befragungen zudem für richtig, dass die Unterrichtsinhalte von der Kirche bestimmt werden.[31]

Auch der Gottesbezug in der Präambel des Grundgesetzes[32] und die alltägliche Begegnung mit christlichen Symbolen in der Öffentlichkeit werden von Mehrheiten (56 % bzw. 54 %) getragen.[33] In diesem Zusammenhang verdient es auch eine positive Würdigung, dass die von den Kirchen in Deutschland und einer Reihe deutscher Politiker mitunterstützte Kampagne zur Aufnahme eines Gottesbezugs in die Präambel des EU-Verfassungsvertrags eine erstaunliche Resonanz gefunden hat, sodass es eine unerwartete, neue Diskussion über die freiheitssichernde Rolle des Religiösen in der Politik gab.

Anders scheint es sich bei den Umfragen bezüglich des Einzugs der Kirchensteuer durch die Finanzämter zu verhalten. Diese Praxis wird mehrheitlich (57 %) abgelehnt.[34] Die Ursachen dieser Einschätzung sind noch näher zu prüfen – insbesondere ob und in welchem Ausmaß der eher unbefriedigende Wert für den staatlichen Einzug der Kirchensteuer auch ein Ausdruck der Ablehnung einer insgesamt als zu hoch empfundenen Steuerquote bzw. der überwiegend negativen Reaktionen sein könnte, die vom Reizwort ‚Finanzamt' ausgehen.

Dennoch: Es gibt im Bereich der Rechtsprechung des Bundesverfassungsgerichts auch einige Hinweise darauf, dass sich die Gewichte zu Ungunsten der positiven hin zur negativen Religionsfreiheit verschieben könnten, also dem Schutz vor einer Beeinträchtigung der eigenen Freiheit durch die Religionsausübung anderer. Kennzeichnend war dafür das sog. „Kruzifixurteil", infolge dessen unter bestimmten Umständen das Kruzifix im Klassenzimmer der staatlichen Schulen entfernt werden muss. Der Spruch des Verfassungsgerichts im „Kopftuchstreit", wonach ein Verbot des religiös motivierten Tragens eines Kopftuchs für Staatsbedienstete nur unter dem Vorbehalt einer entsprechenden Landesgesetzgebung möglich ist, kann zwar einerseits als ‚Stärkung' der positiven Religionsfreiheit verstanden werden, weil es eine gesetzliche Grundlage für die Beschränkung der religiösen Freiheit des Einzelnen einfordert; doch kann es auch als Ausdruck des Vorbehalts gegen eine im Blick auf die Verfassung möglicherweise zweideutige Haltung des Islam interpretiert werden.

Es gibt demoskopisch kein ernstliches Votum für eine

Änderung und Fortentwicklung der verfassungsrechtlichen Grundlagen des Verhältnisses zwischen Staat und Kirche. Es gibt dieses aber auch nicht im politischen Bereich. Frühere programmatische Vorschläge bei Bündnis 90/Die Grünen und PDS, vielleicht auch in der SPD und in der FDP, scheinen gegenwärtig nicht weiterverfolgt zu werden. Sie finden auch in den eigenen Anhängerschaften keine Mehrheiten: Die Wähler von SPD, Bündnis 90/ Die Grünen und FDP tragen die meisten staatskirchenrechtlichen Arrangements mehrheitlich mit, so z. B. den Religionsunterricht an staatlichen Schulen (75 %, 83 % bzw. 81 %)[35], dessen Inhalte die Kirchen bestimmen (58 %, 58 % bzw. 54 %).[36] Insgesamt gibt es in verfassungsrechtlicher Hinsicht Kontinuität und die Grundrechtsordnung kann mit Blick auf die Regelungen zum Verhältnis von Staat und Kirche als stabil angesehen werden.

Kirche als Teil der Zivilgesellschaft?

Wenn nun, wie die bisherigen Überlegungen nahe legen, angesichts von Veränderungen im Freiheitsverständnis und im Bereich der Religiosität bzw. Religionsbindung und – jedenfalls in Teilen – von Staat und Politik den Kirchen neue Initiativen und Aufbrüche abverlangt sind, um auch längerfristig und in Zukunft entsprechend ihrem eigenen Verständnis als Zeugen von Glaube, Hoffnung und Liebe das Leben der Einzelnen wie der Gesamtgesellschaft zu erreichen und mitzuprägen, so bedarf es erster Hinweise, in welche Richtung diese weisen sollen.

Seit einigen Jahren zeichnet sich eine neue Rollenzuweisung ab, nach der die Kirchen mit vielen anderen Gruppierungen als Akteure der ‚Zivilgesellschaft' mehr oder minder gleichgestellt sind. Die Idee, eine starke Zivilgesellschaft könne das gesellschaftliche Zusammenleben voranbringen, hat viele Facetten und entzieht sich einer einseitigen begrifflichen Bestimmung und Bewertung. Krisen- und Mängelerscheinungen in Teilen der Gesellschaft, insbesondere die negativen Folgen einer überbordenden Differenzierung und Pluralisierung der Lebensmöglichkeiten samt der entsprechenden Vereinzelungsgefahr sowie die humanen Schäden der modernen Arbeitsgesellschaft und die Probleme des Sozialstaates und der Parteiendemokratie, lenkten den Blick zunehmend auf die bislang unterschätzten Potentiale z. B. der Familie und Nachbarschaften, aber auch der Vereine, Verbände oder Initiativen, deren Zusammenhalt als ein „Netzwerk intermediärer Organisationen" beschrieben wurde. Ihrerseits dürfte die Idee der Zivilgesellschaft Rückwirkungen auf bestimme Werthaltungen – ob allein in die Richtung zu mehr Eigenverantwortung, Solidarität und Partizipation, wie es die normative Konzeption von Zivilgesellschaft beschreibt, erscheint derzeit zumindest unklar – haben und wiederum, in der bereits beschriebenen Verlaufsrichtung, den Staat hinsichtlich der Funktionszuweisungen und an ihn gerichteten Erwartungen verändern.

Bedenklich ist nun, dass nach und nach nicht nur kirchliche Aktivitäten wie z. B. die großen Hilfswerke (z. B. Misereor, Adveniat, Brot für die Welt, Evangelischer Entwicklungsdienst), sondern auch die Kirchen selbst zu den Akteuren dieser Zivilgesellschaft gezählt und damit in die Reihe von Einzelziele verfolgenden Ideen- und Zweckbündnissen eingereiht werden. Die Kirchen sind an dieser Entwicklung nicht unbeteiligt, wenn und insofern sie sich wie Interessenverbände zivilgesellschaftlicher Art präsentieren oder behandeln lassen. Natürlich sind Kirchen nicht losgelöst von Änderungen im Bereich der gesellschaftlich-politischen Organisationsformen. Notwendig ist aber, dass sie hinsichtlich ihrer selbstdefinierten Bestimmung auf Linie bleiben. Im katholischen Verständnis ist die Kirche –

was sich hinter den eingangs erwähnten Bezeichnungen verbirgt – „Zeichen und Werkzeug der innigen Verbindung Gottes mit dem Menschen"[37], die in Leben und Tod und Auferstehung Jesu Christi gründet. Diese Bestimmung unterscheidet sie von Akteuren der Zivilgesellschaft und kann ihr nicht genommen werden. Es ist, wie ebenfalls bereits gezeigt wurde, nicht leicht, den Wahrheitsanspruch zur Geltung zu bringen, den die Kirchen erheben. Aber nicht der Verzicht auf ihn ist eine Zukunftslösung, sondern der Versuch, das glaubensgebundene Verständnis der Kirche allgemein stärker verstehbar und im besten Sinn des Wortes annehmbar zu machen.

Als Konsequenz zeichnet sich eine schwierige ‚Doppelrolle' ab: Kirchliche Aktivitäten nehmen am Wirken der Zivilgesellschaft teil. Debatten insbesondere über Fragen einer nachhaltigen Lebens- und Wirtschaftsform oder Initiativen zum Schutz bestimmter, besonders schutzbedürftiger Personengruppen erfolgen unter kirchlicher Beteiligung und unter den Bedingungen der Spielregeln auch der Zivilgesellschaft. Letztlich sind die Kirchen aber ein *Gegenüber* zur Zivilgesellschaft, die deren Chancen fördern, aber auch Fehlentwicklungen und Schwächen entgegentreten sollen.

Zukunftsfähige Formen und Themen des kirchlichen Engagements in der Politik

In diesem Zusammenhang tut auch eine Überprüfung der – wie gezeigt wurde – von der Bevölkerung grundsätzlich gutgeheißenen politischen Positionsbestimmungen der Kirche not. Einen oft genannten Maßstab hat vor einigen Jahren das Wirtschafts- und Sozialwort der Kirchen „Für eine Zukunft in Solidarität und Gerechtigkeit"[38] gesetzt, wozu gewiss die partizipative Form seiner Erarbeitung wie auch die seinerzeit eher mehrheitsfähigen, moderaten Reformvorschläge bei insgesamt strukturkonservativer Ausrichtung besonders beitrugen. Kirchenkritiker bemängeln, dass es eine wachsende Flut kirchlicher Positionspapiere zu zahllosen Fragen des öffentlichen Lebens, auch zu tagespolitischen Angelegenheiten gebe, die die erwähnte Verwechslungsgefahr hinsichtlich der Zivilgesellschaft eher noch vermehren.

Dieser Kritik, die wegen der oft feststellbaren Schwierigkeit, zu politischen Fragen etwas *spezifisch* Christliches zu sagen, an Gewicht noch gewinnt, ist nur durch eine strategische Reflexion der Kirchen zu begegnen, welche Themen und welche Problemebenen eine Positionierung der Kirchen besonders verdienen. Wenn in der laufenden Legislaturperiode beispielsweise ein Bündel zentraler Zukunftsfragen deutlicher erkennbar wird – z. B. die Frage nach fundamentalen Reformbarrieren und deren Überwindung, die Frage nach den integrativen Kräften, ohne die eine einwanderungsfreundlichere Gesellschaft nicht auskommt, oder die Frage generell nach der Steuerungsfähigkeit der Gesellschaft durch die Politik –, dann spricht doch manches dafür, dass sich die Kirchen solcher Fundamentalfragen annehmen, deren Behandlung auf viele Einzelheiten Einfluss hat und vielleicht deutlicher als diese vom Erfahrungsschatz der christlichen Sozialethik und -verkündigung profitieren könnten. Im o. g. Wirtschafts- und Sozialwort ist davon die Rede, die Kirchen wollten nicht selbst Politik machen, wohl aber Politik „möglich machen".[39] Diese Formulierung weist in eine Richtung, die auch außerhalb des kirchlichen Binnenraums sehr viele Erwartungen weckt. Allerdings kann sie nicht als Plädoyer missverstanden werden, dass sich die Kirchen in begründeten Fällen nicht auch zu sehr Konkretem zu Wort melden, wenn es um das Ganze geht, z. B. den Schutz des menschlichen Lebens am Anfang und am Ende seines irdischen Daseins.

Unbeschadet dessen gibt es einige Politikbereiche, die deshalb eine stärkere Aufmerksamkeit der Kirche verdienen, weil sie in besonderer Weise auf die hervorgehobenen Themen der Sozialethik und Sozialverkündigung Bezug nehmen. Nur vier Beispiele seien genannt:

- *Lebensschutz:* Neuere Initiativen in der Europäischen Union zur Ausweitung der Forschung an humanen embryonalen Stammzellen und im Europarat zur Sterbehilfe zeigen, wie viel Wachsamkeit den Kirchen abverlangt ist, um als Anwälte des menschlichen Lebens wirken zu können. Johannes Paul II. hat in seiner Enzyklika ‚*Evangelium Vitae*' (1995) sehr scharfsinnig die Dialektik der modernen Entwicklung aufgezeigt: der emphatische Freiheits- und Lebensschutz jedes einzelnen Menschen hat faktisch eine überzogene, ideale Konzeption des starken und vitalen Menschen gefördert, in deren Konsequenz eine vielgestaltige Marginalisierung (oder auch Beseitigung) der Schwachen und weniger Leistungsfähigen liegt (z. B. nn. 18 ff.). Der Kirche ist es aufgetragen, die Spuren dieser Dialektik zu entdecken, die nötige Urteilsbildung voranzubringen und entschieden für das gemeinsame Ziel des Lebensschutzes einzutreten.
- *Familienpolitik:* Menschliches Leben steht immer im Generationenzusammenhang. Als Sohn oder Tochter und als Vater oder Mutter ist der Einzelne mit der älteren und der nachfolgenden Generation verbunden. Die Förderung, die der Mensch durch die Familie erfährt, ist für das Gelingen eines Lebens von hoher Bedeutung – ebenso wie die Möglichkeit, eigenen Kindern diese Zuwendungen geben zu können. Der Staat beeinflusst die Rahmenbedingungen, in denen Familien leben, auf vielfältige Weise. Um die richtigen Wege in der Familienpolitik wird seit jeher besonders gerungen. Dabei geht es natürlich um finanzielle Anreize und den Abbau viel-

fältiger „struktureller Rücksichtslosigkeiten"[40], unter denen diejenigen leiden müssen, die unter Hinnahme auch materieller Nachteile Kinder erziehen. Zu denken ist hier an das Steuer- und Rentenrecht, an den Wohnungsbau und den Arbeitsmarkt ebenso wie an die Kinderbetreuung und den Bildungsbereich. Die Kirchen haben sich selbst in die Pflicht genommen, die familienbezogene Dimension verschiedener Politikbereiche besonders hervorzuheben.
Über die materielle Dimension der familienpolitischen Herausforderungen hinaus besteht ein grundsätzlicheres Problem: Manche Argumentation erweckt den Eindruck, die Familie könnte auf die Funktion eines Instruments zur Lösung der Krise der sozialen Sicherungssysteme oder des Arbeitsmarktes reduziert werden. Doch darf ein solches Verständnis von Familie nicht die Familienpolitik dominieren, es muss vielmehr ihr Charakter als Ort der Identitätsfindung, der Wertbildung und -vermittlung im Vordergrund stehen.

- *Bildungspolitik*: Entsprechend ihrem erzieherischen Wirken sind die Kirchen – vor allem auf der Ebene der Länder – nachhaltig daran beteiligt, die nötigen Klärungsprozesse hinsichtlich einer künftigen Bildungspolitik zu unterstützen. Ihnen geht es dabei um Zweierlei: Zum Einen zielen sie auf ein Bildungssystem, das dem Vorrang der Familie Rechnung trägt. Formen der Ganztagsbetreuung, wie sie derzeit vorangetrieben werden, dürfen deshalb nicht in Konkurrenz zur Betreuung und Erziehung durch die Familien stehen, sondern müssen den je individuellen Bedürfnissen der Kinder und Eltern entsprechend angeboten werden. Zum Anderen wenden sich die Kirchen gegen eine Tendenz, Bildung zu sehr in ökonomische Verwertungszusammenhänge zu rücken und treten stattdessen dafür ein, auch dem für das menschliche Leben so wichtigen Orientierungswissen eine starke Stellung zuzuweisen. Auch deshalb engagieren sie sich für den Religionsunterricht: politisch dort, wo er unter Druck gerät; im Pädagogischen dort, wo er seinem Auftrag nur unzureichend gerecht zu werden droht

Gleichwohl dürfen diese Orientierungen nicht den Blick darauf verstellen, dass es für die Gesellschaft in Deutschland – arm an natürlichen Rohstoffen und demographisch schrumpfend – unerlässlich ist, durch die besondere Förderung der Bildungsarmen und durch fortlaufende Qualifizierung („Lebenslanges Lernen") die individuellen Beteiligungschancen insbesondere der Geringqualifizierten zu verbessern und die Grundlagen für eine auf Innovation und Wachstum ausgerichtete wirtschaftliche Entwicklung zu legen.[41]

- *Entwicklungszusammenarbeit und Eine-Welt-Politik*: Vor allem die Suche nach mehr Partizipationschancen für alle Volkswirtschaften durch die gewachsene weltwirtschaftliche Verflechtung hat die Kirchen stark beschäftigt. Der Globalisierungsprozess, der in Folge immensen technischen Fortschritts zu einer unvergleichlichen Zunahme des Informationsaustausches und des Kapital- und Warenverkehrs geführt hat, konnte zur Bekämpfung von Armut und Ungleichheit bisher nicht entscheidend beitragen. Zugleich hat er neue Migrationsbewegungen mit sich gebracht, die Auswanderungsregionen wie Aufnahmestaaten vor gravierende Herausforderungen stellen. Die Kirchen bleiben hier Anwalt derer, die benachteiligt zu werden drohen – durch konzeptionelle Vorschläge (z. B. im Bereich des *global governance*[42]) wie auch durch entsprechendes Lobbying (z. B. zugunsten der illegal in Deutschland lebenden Menschen).

Die caritative und diakonische Arbeit

Die öffentliche Präsenz der Kirchen verdankt sich auch ihrem Engagement im Bereich von Schule und Hochschule, in den Medien und besonders im Gesundheitswesen, wo u. a. Caritas, Diakonie, Orden und kirchliche Vereinigungen Träger zahlloser Einrichtungen und zusammen genommen der größte Arbeitgeber sind. Im katholischen Bereich hat der Caritasverband während der letzten Jahre einen umfassenden Prozess der Selbstvergewisserung durchlaufen. Er ist sich dabei neu der Chancen und Risiken des Umstandes bewusst geworden, dass die Caritas sowohl Träger der Freien Wohlfahrtspflege als auch ‚Grundvollzug' der Kirche ist. Die Auswirkungen von Reformen im Gesundheitswesen und Änderungen der Rahmenbedingungen, die mit dem europäischen Wettbewerbsrecht einhergehen (aktuell: „Grünbuch zu Dienstleistungen von allgemeinem Interesse" und entsprechende Richtlinienentwürfe), lassen deutlicher zutage treten, in welchem Umfang das kirchliche Sozialwesen aus verschiedenen Gründen an Vorgaben Dritter gebunden ist. Anders ist dies in den Dimensionen, die der kirchlichen Selbstbestimmung offen stehen, z. B. dem kirchlichen Dienst- und Arbeitsrecht. Genau dort aber zeigen sich viele Herausforderungen, die vor allem mit den Wirtschaftlichkeitserfordernissen zusammenhängen und eine unterdessen in Gang gekommene Klärung von Grundsätzen wie denen der kirchlichen Dienstgemeinschaft, des kirchlichen Charakters von Einrichtungen und der Ausgestaltung des kirchlichen arbeitsrechtlichen Gesetzgebungsweges verlangen. Wenn es nicht gelingt, kirchlichen Einrichtungen eine entsprechende Transparenz und ein entsprechendes Profil zu verleihen, dann wird das deren Akzeptanz unterminieren und die hohen Zustimmungswerte, die vor allem der caritative Bereich findet[43] und von dem die Kirchen großen Nutzen haben, nach und nach reduzieren.

Auch das gehört dazu: die politische Bedeutung der Liturgie

Es war davon die Rede, dass die Kirchen möglichst keinen Anhalt für das Missverständnis geben sollten, sie seien ein Teil der Zivilgesellschaft wie andere auch. Dies wird umso leichter sein, je mehr sie neben ihrem Glaubenszeugnis und diakonischem Wirken auch der dritten Grunddimension kirchlichen Lebens, der Liturgie, Platz geben. Gerade in Zeiten jener schwierigen spirituellen und dogmatischen Gemengelage, welche die Erfahrungen in den Gemeinden sowie die Umfragen über die Glaubensbindung und -praxis erkennen lassen, ist eine besondere Verlebendigung von Gebet, Meditation und Gottesdienst unerlässlich, um auf diese Weise zum vollen kirchlichen Glauben hinzuführen und Welten der Tradition zu erschließen, die – wenn sie einmal erschlossen sind – attraktiv wirken und geistlich zu erfüllen vermögen. Der nachlassende Besuch der sonntäglichen Messe in der katholischen Kirche (auch) in Deutschland hat gewiss viele Gründe; er hat zu Recht auch Anlass gegeben, in der Deutschen Bischofskonferenz der Sorge um ein wegweisendes Liedgut, um eine gute liturgische Sprache und generell eine Befähigung der Menschen zum religiösen Sprechen und zur Frömmigkeit vermehrte Aufmerksamkeit zu schenken. Wenn sich dies dann noch mit Programmen missionarischer Öffnung hin auf eine Vorbereitung von Taufinteressenten und -bewerbern verbindet, dann ist gewiss ein zentraler Schritt zur Stärkung des Christentums erkannt und getan worden. Die Kirchen finden ihre Vitalität auch im öffentlichen Bereich letztlich nicht durch ihre politischen Orientierungsversuche oder ihre durchaus eindrucksvolle und humanisierende Caritas und Diakonie, sondern durch die Verehrung Gottes – gerade auch im Gottesdienst, und dort übrigens nicht nur in den Kasualien zu den Lebenswendepunkten, wo die Kirchen gegenwärtig um die Bewahrung einer bislang anerkannten Deutungskompetenz zu ringen beginnen. Auch die unbestrittene Rolle vor allem des Einsatzes von Papst Johannes Paul II. in politischen Dingen – nicht zuletzt in der Verteidigung von Frieden, Gerechtigkeit und Menschenrechten – ist undenkbar ohne dessen Gottesdienst und das persönliche Zeugnis, das Glaubwürdigkeit ausstrahlt und einladend wirkt.

Im Hinblick auf die katholische Kirche muss hinzugefügt werden: Natürlich stimmt es, dass die Organisationsprinzipien des Katholizismus – die Bewahrung der einen Wahrheit in der einen Kirche, deren Leitung dem Kollegium der Bischöfe unter dem einen Nachfolger Petri anvertraut ist – in gewisser Weise *gegenkulturell* zu den bereits betrachteten Entwicklungen zu Multipolarität und -optionalität stehen und deshalb für nicht Wenige schwer verständlich sind. Und doch wird das Einende, das durch die Weltkirche und die eine Liturgie der Kirche – in den von anderen Prämissen geprägten Zeiten der lateinischen Liturgie weltweit zusätzlich als ‚Markenzeichen' und Stärke empfunden – bewirkt wird, aller Erfahrung nach verstanden, wenn man es erschließt – ohne dass dadurch die durch das Konzil angestoßenen Bewegungen hin zu einer wohlverstandenen Inkulturation irgendwie infrage gestellt werden sollten. Es gibt eine auch für die politische Rolle der Kirche höchst bedeutsame Rolle von Gebet und Liturgie: Wer könnte das nach den Gebeten zu Beginn des Danziger Arbeiteraufstands und den großen Gottesdiensten z. B. des Papstes auch in den Diktaturen dieser Welt bestreiten?

Gelingensbedingungen künftigen Wirkens der Kirchen in der Politik

Welche Rolle fällt den christlichen Kirchen und kirchlichen Gemeinschaften im öffentlichen Raum, vor allem in der Politik in Deutschland und Europa zu? Am besten wird es sein, dass sich die Kirchen selbst ernst nehmen mit ihrem Anspruch, die Menschen auf eine Welt jenseits dieser Geschichte hin zu öffnen, also wirklich Anwalt der Menschen im Namen Gottes zu sein – und daraus Impulse für ein politisch-öffentliches Wirken zu nehmen. Chancen gibt es viele, das zeigen auch die neueren demoskopischen Ergebnisse. Natürlich wird eine Gesellschaft, die vor allem in den letzten zwei Jahrzehnten einen enormen Änderungs- oder ‚Modernisierungsprozess' durchlaufen hat, nicht einfach überkommene Formen der Kirchen- und Glaubensbindung neu aufleben lassen oder eine Gestalt annehmen können, in der die Kirchen frühere soziale Integrationsleistungen wieder beleben. Doch spricht manches dafür, dass eine *politische Diakonie* der Kirchen Aussicht auf Erfolg hat, wenn vor allem folgende Maßgaben beachtet werden:

- *Keine Selbstsäkularisierung der Kirchen!* Sie bleiben in der Welt und sind doch nicht von ihr. In Liturgie und Bekenntnis müssen sie den Menschen sehr nahe sein, ohne doch eine grundlegende ‚Andersheit' zu verlieren. Kirchen sind nicht Akteure wie andere – vor allem *nicht* zivilgesellschaftliche Gruppierungen, sondern Mittler eines transzendenten Geheimnisses. Wenn dies nicht erkennbar wird, bringen sie sich um den – ökonomisch gesprochen – entscheidenden ‚Mehrwert'.
- *Klare politische Prioritäten!* Es ist den Kirchen abverlangt, erkennbar Themen als ihre Vorzugsthemen zu behandeln und allen Versuchungen zu widerstehen, zu viel des Guten zu tun, d. h. zu allem etwas beitragen zu wol-

len. Richtschnur muss die Sorge um die Bedrohungen sein, denen der Mensch ausgesetzt ist; denn dessen Kontingenz ist in gewisser Hinsicht das eigentlich religiöse Thema.

- *Profilierung auf der Basis der verfassungsrechtlichen Grundlagen!* Die Kirchen werden den in Deutschland verbindlichen Begriff der Religionsfreiheit zum Nutzen aller nur bewahren können, wenn sie – übrigens offen für andere Religionen als ihre rechtlich gleichgestellten Partner – den Rahmen auch ausfüllen können, der ihnen gesteckt ist. Wo sie ihre Ansprüche an sich selbst – z. B. im caritativen Bereich oder im Bildungswesen – nur schwerlich ausfüllen können, ist die Frage nach einer Änderung ihres Engagements nicht nur nicht verboten, sondern angeraten.

Zusammenfassend: Politik ist nicht alles, gerade deshalb ist eine auch politische Präsenz der Kirchen von nicht zu unterschätzender Bedeutung für das Gemeinwesen. Es gibt keinen Grund, pessimistisch zu sein, wohl aber viele Gründe, realistisch neue Ansätze zu verfolgen.

Anmerkungen

[1] ‚*Gaudium et spes*'. Pastoralkonstitution des 2. Vatikanischen Konzils über die Kirche in der Welt von heute, Nr. 43 (= GS 43).

[2] „Die Kirchen vor dem Mikroskop", in: DIE WELT vom 5. Mai 2003.

[3] GS 36.

[4] Konrad-Adenauer-Stiftung, Umfrage „Religion und Politik", S. 309 ff.

[5] Ebd. S. 323 ff.

[6] Ebd. S. 326 ff.

[7] Trendmonitor „Religiöse Kommunikation 2003". Bericht über eine repräsentative Umfrage zur medialen und personalen Kommunikation, Kommentarband.

[8] Ebd. S. 11.

[9] Ebd. S. 109.

[10] Untersucht wurde der Bereich der Medienangebote.

[11] Trendmonitor „Religiöse Kommunikation 2003", S. 113 ff.

[12] „perspektive deutschland 2003". Als „atheistisch" bezeichnen sich 12 % der Umfrageteilnehmer.

[13] Konrad-Adenauer-Stiftung, Umfrage „Religion und Politik", S. 264 ff.

[14] Ebd. S. 268 ff.

[15] Ebd. S. 313 ff.

[16] Ebd. S. 315 f.

[17] Zulehner, Paul M.: Megatrend Religion, in: Stimmen der Zeit 128 (2003), S. 87–96.

[18] Konrad-Adenauer-Stiftung, Umfrage „Religion und Politik", S. 258 ff.

[19] Ebd. S. 199 ff.

[20] Ebd.

[21] Ebd. S. 334 ff.

[22] Ebd. S. 368 ff.

[23] Ebd. S. 366 f.

[24] Ebd. S. 358 f.

[25] Ebd. S. 215 ff.

[26] Art. I-51 Abs. 1–3 des Entwurfs eines Vertrages über eine Verfassung für Europa vom 20. Juni 2003.

[27] Konrad-Adenauer-Stiftung, Umfrage „Religion und Politik" S. 360 ff.

[28] Päpstliche Kongregation für die Glaubenslehre: „Lehrmäßige Note zu einigen Fragen über den Einsatz und das Verhalten der Katholiken im politischen Leben" (= Verlautbarungen des Apostolischen Stuhls 158), hrsg. v. Sekretariat der Deutschen Bischofskonferenz, Bonn 2003.

[29] „Evangelische Kirche und freiheitliche Demokratie. Der Staat des Grundgesetzes als Angebot und Aufgabe", Eine Denkschrift der Evangelischen Kirche in Deutschland, hrsg. v. Kirchenamt im Auftrag des Rates der Evangelischen Kirche in Deutschland, Gütersloh 1985, S. 13.

[30] Konrad-Adenauer-Stiftung, Umfrage „Religion und Politik", S. 376 f.

[31] Ebd. S. 378 f.

[32] Ebd. S. 364 f.

[33] Ebd. S. 380 f.

[34] Ebd. S. 374 f.

[35] Ebd. S. 376 f.

[36] Ebd. S. 378 f.

[37] ‚*Lumen Gentium*'. Dogmatische Konstitution des 2. Vatikanischen Konzils über die Kirche, Nr. 1 (= LG 1).

[38] „Für eine Zukunft in Solidarität und Gerechtigkeit. Wort des Rates der Evangelischen Kirche in Deutschland und der Deutschen Bischofskonferenz zur wirtschaftlichen und sozialen Lage in Deutschland" (= Gemeinsame Texte 9), hrsg. v. Kirchenamt der Evangelischen Kirche in Deutschland u. v. Sekretariat der Deutschen Bischofskonferenz, Hannover/ Bonn 1997.

[39] Ebd. S. 7.

[40] „Ehe und Familie – in guter Gesellschaft" (= Die deutschen Bischöfe 61), hrsg. v. Sekretariat der Deutschen Bischofskonferenz, Bonn 1999, S. 20.

[41] „Mehr Beteiligungsgerechtigkeit. Beschäftigung erweitern, Arbeitslose integrieren, Zukunft sicher: Neun Gebote für die Wirtschafts- und Sozialpolitik" (= Die deutschen Bischöfe. Kommission für gesellschaftliche und soziale Fragen 20), hrsg. v. Sekretariat der Deutschen Bischofskonferenz, Bonn 1998, S. 10 f.

[42] „Global Governance. Unsere Verantwortung, Globalisierung zu einer Chance für alle werden zu lassen", hrsg. v. Kommission der Bischofskonferenzen der Europäischen Gemeinschaft (ComECE), Brüssel 2001.

[43] Der Caritas bescheinigen 25 % der Gesamtbevölkerung eine gute Aufgabenerfüllung, nur 13 % sehen hier einen dringenden Verbesserungsbedarf. 53 % der Bevölkerung vertreten die Auffassung, dass kirchliche Institutionen wie die Caritas vermehrt soziale Aufgaben übernehmen sollen. Quelle: Online-Umfrage von „perspektive deutschland", Kurzbericht 2003, S. 32.

Werte in der Politik

Hermann Kues

Immer, wenn Tragödien unsere Gesellschaft erschüttern und ins Mark treffen, wird der Blick auf das Wertefundament gerichtet. Es wird die Frage gestellt nach den gemeinsamen Überzeugungen, die ein Gemeinwesen zusammenhalten und es wird häufig schnell davon gesprochen, dass traditionelle Werte zerfallen würden. Das war so nach der Tragödie am Erfurter Gutenberg-Gymnasium, als ein Schüler gezielt Lehrer erschoss, das war ebenfalls so nach dem 11. September 2001 mit dem Angriff auf das World-Trade-Center in New York. Auch die Diskussion über die Rolle religiöser Symbole wirft die Frage nach einem Bestand an gemeinsamen Überzeugungen auf.

Meines Erachtens wird ein Wertemangel völlig zu Unrecht beklagt. Es gibt viel mehr eine Werteinflation. Woran es fehlt, ist eine eindeutige Hierarchie der Wertpräferenzen. Die Debatte beginnt erst, wenn Selbstverständlichkeiten verloren gegangen sind. Die Debatte kreist um die Frage, welche Bedeutung die Veränderungen im Bereich von Glaube und Religion für das Verhältnis von Kirche und Staat in Deutschland speziell und im zusammenwachsenden Europa haben und welche Konsequenzen sich aus veränderten Wertvorstellungen der Menschen für den Verhaltensspielraum der Politik ergeben.

Wenn eine politische Partei, die nicht lediglich rein technokratisch das nachvollziehen will, was an Stimmungen vorhanden ist, sondern die Langzeitverantwortung wahrnehmen und Gegenwart und Zukunft prägen will, braucht sie Orientierungsmuster, sie braucht Wertvorstellungen für ihr politisches Handeln. Die Frage ist, wie viel Spielraum ihr bleibt, wenn Denkmuster und Verhaltensweisen sich ändern. Wenn sie aktiv gestaltend eingreifen will, hängt nahezu alles von den Menschen ab, die diese Überzeugungen authentisch leben, sowohl im Alltag als auch im politischen Handeln und die dadurch ebenso Prägemuster wie auch Prägekraft anbieten. So hilft ein lediglich abstraktes Analysieren und Aufzeigen und ein vordergründiges Theoretisieren über das christliche Menschenbild sowie die Bedeutung eines Transzendenzbezuges für die praktische Politik nicht weiter, wenn nicht Menschen und Persönlichkeiten dahinter stehen, die dieses auch verkörpern und in diesem Sinn authentisch sind.

Zunächst muss jedoch die Frage beantwortet werden, ob in einer Gesellschaft überhaupt der Wunsch nach Wertorientierung vorhanden ist, nach konkretisierbaren Werten als ‚Haltegriffe', um die Orientierung in einer dynamischen, komplexen, auf Veränderung ausgerichteten Gesellschaft nicht zu verlieren.

Wenn in der Umfrage immerhin 77 % (Frage 50) betonen, christliche Wertvorstellungen sollten künftig in der Politik eine stärkere Rolle spielen (wichtigere Rolle: 33 %, so bleiben wie derzeit: 44 %, geringere Rolle: 20 %, weiß nicht: 3 %), so ist dieses eine bemerkenswerte Zahl, die geradezu nach einer sehr bewusst wertgebundenen politischen Profilierung verlangt.

Bei den 33 %, die den christlichen Wertvorstellungen eine wichtigere Rolle zubilligen, handelt es sich immerhin um die eher gut ausgebildeten Besserverdienenden mittleren Alters. Interessant ist, dass bei den Befragten, die für eine „wichtigere bzw. gleichbleibende Rolle" plädieren, die Anhänger der CDU/CSU (82 %), der Grünen (ebenfalls 82 %) sowie der Sonstigen (76 %) überwiegen. Interessant ist, dass selbst diejenigen, die von sich sagen, sie fühlten sich der Kirche nicht verbunden, mit 56 % dafür plädieren, dass christliche Wertvorstellungen eine wichtigere Rolle spielen sollen bzw. dass ihr Einfluss so bleiben soll wie zur Zeit. Auch in Ostdeutschland sind es lediglich 22 %, die eine geringere Rolle wünschen, immerhin plädieren 28 % für eine wichtigere Rolle als bisher, 45 % sagen, die Rolle soll sich nicht ändern.

Widersprüchlichkeiten werden deutlich, wenn gleichzeitig (Frage 45) Verbindungen zwischen der Institution Kirche und der Politik hergestellt werden. Immerhin 2/3 sind der Meinung, die Kirche sollte nicht versuchen, Entscheidungen der Regierung zu beeinflussen. Bei den 16- bis 24-jährigen liegt der entsprechende Prozentsatz sogar bei 72 %. Auf die Frage, ob es besser wäre für Deutschland, wenn mehr Menschen mit religiöser Überzeugung öffentliche Ämter innehätten, antworten lediglich 44 % positiv. Bei den 16- bis 24-jährigen lediglich 25 %, bei den über 60-jährigen allerdings 60 %. Die Ablehnung bei den unter 16- bis 24-jährigen von 71 % steht die Ablehnung mit 55 % bei den Ostdeutschen gegenüber. Wird das Ergebnis allerdings in Relation zu den religiös gebundenen Menschen gesetzt, so zeigt sich, dass die Wertschätzung religiöser Überzeugungen durchaus vorhanden ist, auch wenn man selbst diese nicht teilt. Das heißt, das Ansehen der Religionen (anders die sie vertretenden Institutionen) ist höher als gemeinhin angenommen. Dies hängt ganz offensichtlich damit zusammen, dass religiöse Überzeugungen eine größere Gewähr für eine wertorientierte Politik geben, als atheistische Positionen. Die Ergebnisse sind nicht frei von Widersprüchen. Die Kirchen als wertbildende Instanz sind gefragt, allerdings nicht als Lobbyorganisation für eigene Interessen. Das, was bei anderen Befragungen an Ablehnung von Institutionen auch sichtbar geworden ist und sich vor allem niederschlägt bei Institutionen, die den Menschen etwas zumuten, zumuten müssen wie Kirchen und Parteien im Unterschied z. B. zum ADAC, zeigt sich auch hier.

Im Kern hängt es also wieder entscheidend von den Persönlichkeiten ab, die eine Partei bzw. politische Richtung repräsentieren und ob sie in der Lage sind, eine Verbindung zwischen den ‚ur'-religiösen Fragen der Menschen und den Wertbindungen der eigenen politischen Aussagen herzustellen. Die Urfragen des Menschen, die im Innern des Menschen sich immer wieder formulieren, solange der Mensch Mensch bleibt, auch wenn sie vielleicht eine zeitlang von anderen Dingen übertönt werden, lauten: Wer bin ich? Woher komme ich? Was darf ich hoffen? Und nicht zuletzt, was soll ich tun?

Das Vorhandensein dieses Wunsches nach Religion, nach Anbindung erklärt vielleicht auch (Frage 46), dass immerhin 76 % der Unionsanhänger der Auffassung sind, dass der Einfluss der Kirchen auf die Partei genau richtig bzw. eher zu gering sei. Bei den SPD-Anhängern sehen dies immerhin noch 67 % so, bei den Grünen hingegen 72 %, bei der FDP 53 %.

Die Menschen wollen offenkundig, dass die Kirchen ihre Wertvorstellungen und Orientierungen anbieten, dass sie allerdings nicht Politik machen, sondern wie es im „Gemeinsamen Wort der Kirchen" aus dem Jahre 1997 heißt: „Politik möglich machen".

Von der Mehrheit wird begrüßt, dass christliche Wertvorstellungen in die Politik und in die Willensbildung eingebracht werden. Wenn es nach dieser Umfrage geht, ist die gelegentlich zu lesende Behauptung, dass derjenige, der einer wertgebundenen Politik das Wort rede, sich in einen Gegensatz zu großen Teilen der Gesellschaft setze, falsch. Notwendig ist es allerdings, dass diese Überzeugungen ohne Moralisieren und Belehren eingebracht werden, ohne Besserwisserei und Überheblichkeit, als Angebot. In einer Zeit der Orientierungslosigkeit und Orientierungssuche suchen die Menschen nach einem Geländer, an dem sie sich festhalten können. Es hängt entscheidend davon ab, ob es genügend Christen gibt, die sich mit Fachwissen und Orientierungswissen einmischen.

Für eine Partei mit dem „C" im Namen ist die Frage des Verhältnisses zu den Kirchen und zur Religiosität nicht irgendeine Frage, sie berührt ihre Identität. Das Ergebnis einer Analyse von infratest-dimap nach der letzten Bundestagswahl belegt, dass die Union gegenüber 1998 bei konfessionell gebundenen Wählern deutlich zugelegt hat. Das betrifft Katholiken wie Protestanten gleichermaßen. Während die SPD 5 % verlor, gewann die Union um bis zu 6 % hinzu. Auch die Forschungsgruppe Wahlen kam zu ähnlichen Ergebnissen. Diese Zahlen zeigen, dass eine am christlichen Menschenbild orientierte Politik von der Bevölkerung auch wahrgenommen wird. Auch die neuerliche Umfrage der Konrad-Adenauer-Stiftung belegt, dass eine wertorientierte Politik sogar gewünscht wird. Aber: es ist nichts mehr selbstverständlich. Das Feld muss inhaltlich beackert werden. Die eigenen Wertvorstellungen müssen benannt, übersetzt und interpretiert werden für eine Gesellschaft, die so ist, wie sie ist.

Menschen, die religiös sind, bleiben in ihren Einstellungen nicht abstrakt. Sie haben sehr konkrete Vorstellungen auf den praktischen politischen Handlungsfeldern. So lehnen 70 % der Befragten (68 % der Unionsanhänger) den Handel mit Ländern ab, in denen Menschen gefoltert werden (Frage 51). Es ist konsequent, dass dementsprechend die Aufgabe der Entwicklungshilfe und Entwicklungszusammenarbeit nicht nur darin gesehen wird, die Lebensbedingungen der Menschen zu verändern und zu verbessern. Sie müssen mindestens ebenso sehr einen Beitrag leisten zur Durchsetzung und Verankerung von Demokratie und Rechtsstaatlichkeit und sozialmarktwirtschaftlichen Bedingungen sowie der Einhaltung der Menschenrechte in den Entwicklungsländern. Dazu gehört auch der

Kampf gegen Folter und unmenschliche Haftbedingungen. Wer den Entwicklungshilfeetat zusammenstreicht, verschlechtert auch die Möglichkeiten Deutschlands, auf die Sicherung der Menschenrechte Einfluss zu nehmen.

Während die Unterstützung vieler armer Länder durch Entwicklungshilfe (Frage 52) von 92 % ausdrücklich begrüßt wird, zeigt sich ein Konflikt, wenn die Frage gestellt wird, ob Länder, in denen die Menschenrechte nicht beachtet werden, Entwicklungshilfe erhalten sollen oder nicht. 49 % antworten trotzdem mit „ja", 45 % mit „nein".

Generell kann festgestellt werden, dass nicht nur auf diesen konkreten Handlungsfeldern, sondern auch bei den dezidiert christlich ausgerichteten Fragestellungen immerhin z. B. eine Mehrheit von 56 % den Gottesbezug im Grundgesetz für richtig hält (Frage 49), allerdings mit deutlichen Altersunterschieden. Bei den 16- bis 24-jährigen sind es lediglich 46 %, bei den über 60-jährigen immerhin 63 %, bei den Ostdeutschen allerdings lediglich 39 %. Letzteres kann angesichts des hohen Anteils von Konfessionslosen in den neuen Ländern nicht verwundern.

Nach wie vor gibt es eine absolute Mehrheit derjenigen, die ihr Leben in eine unmittelbare Beziehung zu Gott setzen (Frage 44). 52 % stimmen der Aussage zu, dass der Mensch von Gott geschaffen ist, 54 % glauben an ein Leben nach dem Tode, 51 % sind davon überzeugt, dass der Mensch sich für sein Leben vor Gott verantworten muss, gar 60 % stimmen der Aussage zu, dass Gott „in jedem menschlichen Leben wirksam und erfahrbar" ist. 85 % plädieren für einen konkreten Gesichtspunkt des christlichen Menschenbildes, nämlich dass der Mensch „grundsätzlich fehlbar" ist. 54 % lehnen das Forschen an menschlichen Embryonen ab, auch wenn dieses medizinischen Zwecken dienen soll. Es gibt hier allerdings einen Unterschied zwischen denen, die häufig zur Kirche gehen (1 x pro Woche = 65 %) gegenüber denjenigen, die nie oder seltener als 1 x im Jahr gehen (47 bzw. 51 %).

Wenn 76 % es ablehnen, dass aktive Sterbehilfe auch bei Todkranken nicht angewendet werden darf, deutet dieses darauf hin, dass der Umgang mit dem Sterben eine der außerordentlichen Herausforderungen an die Grundlagen der Zivilisation in Europa darstellt. Allerdings muss bedacht werden, dass die Befragten mit einer Frage konfrontiert werden, die sich auf eine mögliche persönliche Situation bezieht. Dies ergibt eine rein hypothetische Beantwortung. Außerdem dürfte Mitleid eine Rolle spielen. Andere Untersuchungen zeigen, dass dann, wenn Sterbebegleitung und Schmerzlinderung (Palliativmedizin) vorgesehen sind und praktiziert werden, Sterbehilfe kaum eine Rolle spielt. Ein würdiges Sterben erfordert in erster Linie, dass die Medizin auf den Willen des Betroffenen Rücksicht nimmt. So müssen Patientenverfügungen, die eine menschenwürdige Behandlung und Begleitung am Lebensende gewährleisten wollen, selbstverständlich respektiert werden. Es ist darüber hinaus deutlich zu unterscheiden zwischen dem Verzicht auf künstliche Lebensverlängerung bei einem unrettbar sterbenden Menschen und lebensverkürzenden Maßnahmen, die den Tod aktiv herbeiführen.

Mit Vorbehalten gegenüber der Institution Kirche hat offenkundig die Tatsache zu tun, dass in Deutschland es nur 43 % für richtig halten, dass die Finanzämter die Kirchensteuer für die Kirchen einziehen, 54 % sagen, sie lehnen dieses ab (Frage 54). Erhebliche Unterschiede gibt es je nach Alter. Bei den 16- bis 24-jährigen befürworten lediglich noch 37 % den Kirchensteuereinzug durch das Finanzamt, bei den über 60-jährigen sind es 58 %. Das gewachsene kooperative Verhältnis von Kirche und Staat, wie es in Deutschland sich herausgebildet und bewährt hat, wird keineswegs in allen Punkten auch künftig wie selbstverständlich akzeptiert. Darauf deuten diese Zahlen hin.

62 % (selbst in Ostdeutschland 71 %) sind hingegen dafür, dass in staatlichen Schulen das Unterrichtsfach Reli-

gion erteilt wird (Frage 55 und 56). Immerhin 65 % (in Ostdeutschland 63 %) plädieren dafür, dass die Kirchen den Inhalt des Religionsunterrichtes bestimmen. Offenkundig erhoffen sich die Menschen, auch wenn sie sich selbst zu den „religiös-unmusikalischen" (Habermas) zählen, vom Religionsunterricht die Vermittlung von Orientierung. Kinder und Jugendliche, so könnte es gedeutet werden, haben einen Anspruch darauf, „dass die Alten den Jungen auf dem Weg zum Erwachsenwerden sagen, was trägt, was wichtig und wertvoll ist" (Annette Schavan). Es geht darum, wie lebensdienliche Regeln erkannt, eingesehen und nachvollzogen werden können.

Immerhin sind sogar 59 % derjenigen, die sich nach eigener Einschätzung der Kirche nicht verbunden fühlen, der Überzeugung, dass zum erzieherischen Auftrag der öffentlichen Schulen der Religionsunterricht gehört. Diejenigen, die sich der Kirche nicht besonders verbunden fühlen, halten es allerdings nur zu 44 % für richtig, dass die Kirchen den Inhalt des Religionsunterrichtes an den Schulen bestimmen.

54 % sehen es offenkundig als Ausdruck unserer kulturellen Identität an (Frage 57), dass in öffentlichen Räumen, z. B. Schulen, christliche Symbole wie das Kruzifix hängen. Bei den Jüngeren (16- bis 24-jährigen) gilt dieses nur noch für 43 %. Soweit sich die Befragten nicht mehr an die Kirche gebunden fühlen, gilt es nur noch für 48 %. Die Entscheidung des Bundesverfassungsgerichtes zum Kopftuch-Streit deutet an, um welche grundsätzlichen Fragen es im Zusammenhang mit positiver und negativer Religionsfreiheit, mit Toleranz gegenüber Minderheiten, aber auch im Umgang zwischen Mehrheit und Minderheit geht.

Werte und Einstellungen bedürfen stets der lebendigen Vermittlung in eine konkrete Wirklichkeit hinein. Das Christliche kann zwar die Politik inspirieren, doch geht Politik nicht im Christentum auf, so wenig wie Religion sich von Politik in Besitz nehmen lassen darf. Deshalb stellen sich im politischen Raum viele Fragen, die mit Grundüberzeugungen allein nicht beantwortet werden können. Das Mehrheitsprinzip und das Wahrheitsprinzip können nicht zur Deckung gebracht werden. Man muss die Wahrheit suchen, aber die Mehrheiten gewinnen. Wenn man gewisse ‚Eckdaten' als Leitwerte zur Verfügung hat, nach denen sich Politik ausrichten kann, gelingt es leichter, die Richtung nicht zu verlieren. Die Gesellschaft, das zeigen die Umfrageergebnisse, ist offen und interessiert an solchen ‚Leitplanken'.

Das „C" als Chance für die Union

Stephan Eisel

Wertewandel und Werteverlust waren und sind bestimmende Begriffe in der gesellschaftspolitischen Debatte in Deutschland. Dabei schwingt oft die Befürchtung mit, dass zurückgehende religiöse und kirchliche Bindungen per se den Wertehaushalt in unserer Gesellschaft aus dem Gleichgewicht bringen. Die Ergebnisse der repräsentativen Meinungsumfrage der Konrad-Adenauer-Stiftung zum Themenbereich „Religion und Politik" setzen durchaus einen gewissen Kontrapunkt zur Rede vom „Untergang des christlichen Abendlandes".

Offen geäußerte Werte- und Orientierungssehnsucht und ein latentes, aber erkennbares Wertereservoir öffnen das Feld für offensivere Begründungen der Grundlagen politischer Konzepte und Entscheidungen. Die Interpretation der Umfragedaten hängt natürlich teilweise davon ab, ob man das Glas eher halbleer oder halbvoll sehen möchte. Auch Defätisten werden in den Ergebnissen Belege für ihre Sichtweise finden. Aber der Grundtenor der Umfrageergebnisse zeigt vor allem Chancen für diejenigen, die auf eine wertorientierte und – begründete Politik setzen.

Dabei können durchaus fruchtbare Kontroversen mit den Kirchen entstehen: Warum sollten nur die Kirchen Vorschläge an die Politik richten und sich Politik zugleich mit der Ansprache der Kirchen zurückhalten? Wo ein Kardinal den Unionsparteien das Recht auf das „C" bestreitet, darf aus der Union auch angefragt werden, mit welcher Energie und welchem Realitätssinn sich kirchliche Würdenträger der gesellschaftlichen Debatte stellen und ihre Beiträge zu Mehrheitsbildungen leisten.

Um nur zwei Beispiele zu nennen: In der Abtreibungsdebatte konnten sich katholische und evangelische Kirche nicht auf eine profilierte, gemeinsame Position einigen, der Union wurde aber aus dem kirchlichen Bereich zugleich uneinheitliches Abstimmungsverhalten vorgeworfen. Oder: Der kirchlichen Klage über die zunehmende Säkularisierung der Gesellschaft steht in merkwürdigem Kontrast gegenüber, dass in Zeiten knapper Kassen Kirchen am ehesten ihre Kindergärten schließen und den eigenen Beitrag zu „Nachwuchsrekrutierung" verkleinern.

Solche Anfragen dürfen natürlich nicht zu einer destruktiven Kontroverse zwischen Politik und Kirche führen, sondern müssen den fruchtbaren Austausch zum Ziel haben. Die Umfrage „Religion und Politik" der Konrad-Adenauer-Stiftung beschreibt auch das Feld für einen solchen Dialog. Im Verhältnis von Unionsparteien und Kirchen sollte dabei besonders gelten: Wer gegen den Strom des Zeitgeistes in die gleiche Richtung rudert, darf auch über die Schlagzahl streiten.

Rückhalt für Glaubenswerte

Besonders auffällig und überraschend ermutigend ist, dass zwei Drittel der von der Konrad-Adenauer-Stiftung Befragten in West und Ost (!) bedauern, dass alte Glaubenswerte von immer weniger Menschen beachtet werden. Dies sehen – wenn auch in geringerem Ausmaß, aber noch mehrheitlich – auch Jugendliche (51 %) und selbst ein Drittel der PDS-Anhänger so.

Bei allen Säkularisierungstendenzen und auch nach der Wiedervereinigung ergeben sich immer noch Mehrheiten für Aussagen, die die Existenz Gottes voraussetzen

(Mensch von Gott geschaffen: 52 %; Leben nach dem Tod: 54 %; Verantwortung vor Gott: 51 %; Gott im Leben erfahrbar: 60 %), im Westen liegen die Zustimmungswerte jeweils bei etwa 60 %. Solche Einstellungen in den neuen Bundesländern befinden sich zwar klar in der Minderheit, sie sind aber signifikant höher als die Kirchenbindung.

Beachtet werden müssen die Abweichungen von den Durchschnittswerten: So glauben 16- bis 24-jährige Jugendliche deutlich weniger daran, dass der Mensch von Gott erschaffen sei (36 %), man sich vor Gott verantworten müsse (36 %) oder Gott in ihrem Leben erfahrbar sei (47 %), aber zu 65 % überdurchschnittlich häufig an ein Leben nach dem Tod (Durchschnitt: 54 %) Hier liegt der Wert für Jugendliche interessanterweise auch deutlich über dem für über 60-jährige (42 %).

Ganz ähnlich überraschend ermutigend fällt das Urteil auf die Frage aus, ob christliche Werte in der Politik eine größere Rolle spielen sollten. Nur 20 % wünschen sich einen geringeren „C"-Einfluss. Lediglich FDP-Anhänger (42 %) und ehemalige Katholiken (38 %) sind hier signifikante Ausnahmen. Wiederum ohne nennenswerten Ost-West-Unterschied sind hingegen 33 % der Befragten für mehr Gewicht auf christliche Werte. 44 % meinen, das derzeitige Gewicht christlicher Werte sei ausreichend. Im Übrigen fällt auf, dass die Antworten der Wähler von CDU/CSU und den Grünen auf Fragen der Religiosität oft spürbar näher zusammenliegen als die der Wähler von Union und SPD.

Auffällige Orientierungssehnsucht

Mit 44 % wünschen sich erstaunlich viele Befragte mehr religiöse Menschen in öffentlichen Ämtern, dennoch lehnt dies eine knappe Mehrheit (51 %) ab. Dabei dominiert die Skepsis deutlich bei den Jüngeren (Ablehnung bei 71 %)

und bei den Wählern aller Parteien mit Ausnahme der Anhänger der Union, die aber in dieser Frage auch gespalten sind. Bei der Beantwortung der Frage mag eine Rolle gespielt haben, dass Anhänger anderer Parteien beim Stichwort „religiöse Menschen" eher an CDU-Politiker denken, denen sie aufgrund ihrer Parteipräferenz skeptisch gegenüberstehen.

Erstaunlich fallen auch die Antworten darauf aus, ob die Kirchen zuviel Einfluss auf politische Parteien ausüben. Dies sieht nämlich nur eine Minderheit (19 %) so, und zwar ohne nennenswerten Ost-West-Unterschied. 37 % der Befragten halten den kirchlichen Einfluss auf Parteien für gerade richtig und ein Drittel sogar für zu gering. Besonders Arbeitslose (48 %) und Rentner (42 %) sind dieser Meinung. Lediglich ehemalige Katholiken offenbaren hier wie bei vielen anderen Fragen ihre besonders deutliche Kirchendistanz, in dem sie den kirchlichen Einfluss auf Parteien mit 40 % für zu groß halten (ehemalige Protestanten: 24 %) bzw. sich zu 38 % (ehemalige Protestanten 30 %) einen geringeren Einfluss christlicher Werte in der Politik wünschen.

Unter den Parteianhängern wünschen sich mehr Kircheneinfluss bzw. größeres Gewicht christlicher Werte bei der CDU 35 % bzw. 36 %, bei der PDS 30 % bzw. 33 %, der SPD 25 % bzw. 29 %, bei den Grünen 24 % bzw. 34 % und deutlich abgesetzt bei der FDP nur 13 % bzw. 14 %. Bemerkenswert ist, dass man bei PDS-Anhängern keineswegs eine besondere Kirchendistanz konstatieren kann. Übrigens wünschen sich – weniger überraschend – junge Befragte (16- bis 24- und 25- bis 34-jährige) am wenigsten ein größeres Gewicht christlicher Werte in der Politik (nur 21 % bzw. 23 %).

Auffällig ist, dass auf die Frage, ob die Standpunkte der Kirche größeres Gewicht in der CDU haben sollten, mehr Menschen in den neuen Bundesländern als in den alten

Bundesländern diesen Wunsch haben (Ost: 43 %, West: 34 %), sogar die Mehrheit der Wähler der PDS (52 %). Besonders stark abgelehnt wird dies von Wählern der FDP.

Die Wirkkraft des „C“

Nur eine Minderheit (29 %) der Befragten wirft den Unionsparteien vor, das „C“ in ihrem Namen sei ein Missbrauch. Die deutliche Mehrheit (60 %) sieht darin einen selbstgewählten Anspruch, dem CDU und CSU versuchen, gerecht zu werden. Es gibt hier interessanterweise keine Ost-West-Unterscheidung. Auch die Anhänger anderer Parteien werfen der Union einen Missbrauch des „C“ mehrheitlich nicht vor (ausgenommen PDS-Anhänger). Das ist angesichts der üblichen parteipolitischen Polarisierung durchaus überraschend. Auffällig ist vor allem wiederum, dass ehemalige Katholiken der CDU einen Missbrauch des „C“ viel häufiger vorhalten (41 %) als ehemalige Protestanten (27 %).

Für CDU und CSU erschreckend eindeutig fällt aber zugleich die Antwort auf die Frage aus, ob sie den selbstgewählten Anspruch einer Politik auf der Grundlage christlicher Wertvorstellungen gerecht werden. Dies sehen drei Viertel der Befragten nicht so und zwar durch alle Gruppen und ohne nennenswerten Unterschied. Dabei überrascht nicht die besonders harsche Kritik bei Anhängern von Rot-Grün (fast 90 %), sondern eher schon, dass selbst 59 % der Unionsanhänger dieser Fundamentalkritik der Politik der Union zustimmen. Auch hier fällt wieder auf, dass ehemalige Katholiken (82 %) deutlich kritischer sind als ehemalige Protestanten (71 %).

Für die „C“-Parteien ergibt sich aus diesem Befund eine klare Chance: Offenbar billigen die Bürger der Union den Anspruch des „C“ zu, und die immer wiederkehrende parteiinterne Debatte oder externe Appelle, darauf zu verzichten, finden keinen Wiederhall. Dass die Wirklichkeit dem Anspruch nicht genügt, ist ein Auftrag an CDU und CSU: Sie sollten ihre politischen Konzepte häufiger auch ethisch begründen und nicht nur pragmatisch rechtfertigen – auch weil die Mehrheit der Menschen dieses von der Union erwartet.

Erstaunlich positiv ist auch der Befund zum „C" im Staat: Auf überwiegende Zustimmung stößt der Gottesbezug in der Präambel des Grundgesetzes, den 56 % der Befragten für richtig halten und 38 % für nicht richtig. Freilich ist hier das Meinungsbild zwischen alten und neuen Bundesländern gegensätzlich: Im Westen sagen 60 % ja zum Gottesbezug, im Osten nur 39 %. Im Osten lehnen 53 % diesen Gottesbezug ab, im Westen 35 %. Dies spiegelt sich noch deutlicher bei PDS-Anhängern wider, die die Präambel in der jetzigen Form zu 76 % ablehnen. Bei FDP-Anhängern ist das Urteil gespalten (48 % ja und 47 % nein zum Gottesbezug). Bei Anhängern von CDU (69 %), Grünen (57 %) und SPD (53 %) überwiegt die Zustimmung.

Während Protestanten (64 %) und Katholiken (68 %) sich in ihrer Zustimmung zum Gottesbezug kaum unterscheiden, sind es hier ausnahmsweise einmal die ehemaligen Protestanten, die sich mit 56 % ablehnender äußern als ehemalige Katholiken.

Staat und Kirche

Die Umfrage der Konrad-Adenauer-Stiftung befasst sich auch in mehreren Fragen mit dem Verhältnis Staat und Kirche.

Besonders signifikant und in der Eindeutigkeit verblüffend fällt dabei die Antwort auf die Frage aus, ob an staatlichen Schulen das Fach Religion unterrichtet werden soll. Dies halten 82 % der Befragten für richtig und nur 17 %

für nicht richtig. Übrigens stimmen dem auch 71 % der Befragten in den neuen Bundesländern zu. Niedrigere, aber immer noch mehrheitliche Zustimmungsraten zum Religionsunterricht gibt es lediglich bei Jugendlichen (65 %) sowie ehemaligen Katholiken (65 %) und ehemaligen Protestanten (70 %). Bemerkenswert ist, dass die Unterstützung des Religionsunterrichts bei SPD-Anhängern mit 76 % niedriger liegt als bei den Anhängern anderer Parteien (CDU/CSU 87 %; Grüne 83 % und FDP 81 %). Selbst 39 % der PDS-Anhänger unterstützen übrigens den Religionsunterricht an staatlichen Schulen. Vor diesem Hintergrund wirkt die Haltung von Kirchen und Politik in dieser Frage merkwürdig defensiv.

Übrigens hält es auch eine Mehrheit der Befragten (65 %) für richtig, dass die Kirchen den Inhalt dieses Religionsunterrichtes bestimmen – und zwar quer durch die Anhängerschaft aller Parteien (CDU/CSU 72 %; SPD 58 %; Grüne 58 %, FDP 54 %; PDS 57 %). Wiederum fällt auf, dass frühere Katholiken (47 %) hier besonders skeptisch eingestellt sind. Bedeutsam aber ist, dass auch in dieser Frage ein auffälliger Ost-West-Unterschied nicht festzustellen ist.

Dies ändert sich bei der Frage, ob christliche Symbole wie das Kruzifix in öffentlichen Räumen möglich sein sollten. Das halten 54 % der Befragten für richtig, im Osten aber lediglich 37 %. Katholiken mit 78 % und Protestanten mit 54 % beantworten die Frage in deutlich unterschiedlicher Eindeutigkeit mehrheitlich positiv. Die Ablehnung christlicher Symbole in öffentlichen Räumen überwiegt bei Jugendlichen (ja 43 % / nein 48 %), Anhängern der SPD (ja 42 % / nein 50 %), den Grünen (ja 45 % / nein 49 %), der FDP (ja 44 % / nein 55 %) und natürlich der PDS (ja 11 % / nein 87 %).

Wenn es darum geht, ob Kirchensteuer von Finanzämtern eingezogen werden soll, ist die Meinung bei den Anhängern aller Parteien geteilt. Dabei unterscheiden sich

SPD (ja 46 % / nein 52 %), Union (ja 48 % / nein 48 %) und überraschenderweise FDP (ja 47 % / nein 50 %) kaum voneinander, bei den Grünen-Anhängern ist hingegen deutlich höhere Skepsis spürbar (ja 34 % / nein 65 %). Insgesamt lehnt eine Mehrheit (54 %), und zwar besonders im Osten (59 %) den staatlichen Kirchensteuereinzug ab. Im Blick auf die naheliegende reflexartige Ablehnung jedweder Steuer könnte man bei diesem Umfragewert allerdings durchaus von einem überraschend positiven Ergebnis zugunsten der Kirchensteuer sprechen.

Bei an staatliches Handeln gerichteten Fragen ethischer Dimension wie denen nach der Berechtigung von Entwicklungshilfe an Staaten, die Menschenrechte verletzen oder Handel mit solchen, die Folter anwenden, sind nennenswerte Unterschiede zwischen den Anhängern der Parteien kaum zu verzeichnen.

Auffällig ist im Übrigen, dass bei ethischen Fragen wie beim Religionsunterricht Anhänger der Union und Grünen einander näher stehen als Wähler von Union und SPD. Dies gilt auch für die Ablehnung der Embryonenforschung (Durchschnitt 54 %; CDU/CSU und Grüne 57 %; SPD 51 %; PDS 46 %), nicht jedoch für die Ablehnung der aktiven Sterbehilfe für Todkranke. Sie wird nur von 14 % der Befragten abgelehnt, selbst von den über 60-jährigen nur zu 23 %. Bei dieser Frage sind sich SPD-Wähler (18 %), Unionsanhänger (20 %) und PDS-Wähler (24 %) nahe, und Wähler der Grünen merklich abgesetzt (11 %). Man spürt hier auch deutlich, dass das Thema unter dem ethischen Gesichtspunkt bei weitem nicht so stark diskutiert wird wie der Embryonenschutz. Ohne Frage liegt hier eine Herausforderung für die Kirchen, diese gesellschaftliche Diskussion anzustoßen und auch zu provozieren.

Mehr Kirchenmut

So wie die Umfrage der Konrad-Adenauer-Stiftung zeigt, dass es in der bundesdeutschen Gesellschaft ein überraschend hohes Bedürfnis nach Orientierung gibt, dass der so begründete Wertehaushalt in einer zunehmend säkularisierten Gesellschaft keineswegs an Bedeutung verlieren muss, offenbart die Umfrage eine unerfüllte Erwartungshaltung an die Kirchen.

Die meisten Bürger erwarten von den Kirchen mehr Mut zur Einmischung in die öffentliche Debatte um ethische Fragestellungen, aber zugleich Zurückhaltung dort, wo nicht moralische Autorität, sondern konkrete politische Kompetenz gefragt ist.

Fast zwei Drittel der Befragten wünscht sich von den Kirchen häufigere Stellungnahmen bei ethischen Fragen. Nur ein Drittel fordert mehr Zurückhaltung – übrigens ohne bemerkenswerterweise nennenswerten Ost-West-Unterschied. Jüngere (16- bis 24-jährige) mit 60 % und Ältere (über 60-jährige) mit 74 % sind sich in dieser Erwartungshaltung mehrheitlich einig, die Gruppe der 25- bis 34-jährigen spürbar zurückhaltender.

Auch Arbeitslose (71 %) erwarten überdurchschnittlich häufig, dass sich die Kirchen zu Wort melden. Die Anhänger der FDP (52 %) sowie ausgetretene Katholiken (49 %) und Protestanten (53 %) legen hingegen der Kirche zur Hälfte Zurückhaltung nahe. Es ist erstaunlich, dass selbst die Anhänger der PDS zu 45 % von den Kirchen ein hörbareres Wort in Debatten um moralische und ethische Fragestellungen erwarten.

Wenn von Kirchen erwartet wird, dass sie sich mit eigenen Stellungnahmen stärker in den öffentlichen Diskurs einmischen, verbindet sich damit eine klare Meinung darüber haben, zu welchen Themen die Kirchen Stellung nehmen sollte. Hier fallen die Antworten sehr differenziert aus und zugleich eindeutig. Bei Themen mit ethischem Bezug werden solche Stellungnahmen – wenn auch mit Abstufungen – allgemein erwartet (Menschenrechte 92 %, Krieg/Frieden 87 %, Sterbehilfe 85 %, Ehe/Familie 72 %, Zusammenleben mit Ausländern 67 %, Embryonenschutz 61 %, Abtreibung 61 %).

Differenzierte Kirchenkompetenz

Wo es um unmittelbar politische Themen geht, wird von den Kirchen eher Zurückhaltung erwartet (Arbeitslosigkeit 53 %, Zuwanderung 51 %). Bei konkreten Fragen zur Wirtschaftspolitik hält nur eine Minderheit kirchliche Stellungnahmen für sinnvoll (Sozialgesetzgebung 42 %, Wirtschaftsordnung 34 %).

Dabei sind signifikante Unterschiede in einzelnen Bevölkerungsgruppen festzustellen. So erwarten interessanterweise jüngere Befragte (18- bis 24-jährige) bei Ausländerthemen eher kirchliche Zurückhaltung. Das Zusammenleben mit Ausländern halten insgesamt 67 % der Befragten für ein kirchliches Thema, Jugendliche aber nur zu 55 %. Insgesamt erwarten 52 % der Befragten kirchliche Stellungnahmen zur Zuwanderung, Jugendliche aber nur zu 33 %. Ähnliches gilt für die Themen Arbeitslosigkeit (insgesamt 53 %, Jugendliche 37 %) und Sozialgesetzgebung (insgesamt 42 %, Jugendliche 33 %). Diese deutliche Zurückhaltung Jugendlicher gegenüber kirchlichen Stellungnahmen zu politischen Fragen ist ein durchaus überraschender Befund, der sich bei ethischen Fragestellungen nicht wiederfindet.

Weniger überraschend ist, dass Arbeitslose kirchliche Stellungnahmen zu Wirtschaftsthemen überdurchschnittlich häufig erwarten, Angehörige freier Berufe aber unterdurchschnittlich. Hier mag der erwartete Inhalt solcher Stellungnahmen die Hoffnung auf ihre Veröffentlichung bestimmen. Sollte dies zutreffen, würde an die Kirchen aber schon die Frage zu richten sein, warum zwar Arbeitslose kirchlichen Beistand für sich erhoffen, diejenigen aber offenbar weniger, die die Freiheit des Marktes in unternehmerischer Verantwortung gestalten wollen.

Im Blick auf die Parteienpräferenz fallen keine durchgängigen Abweichungen auf, sondern nur punktuelle Unterschiede. So erwarten Wähler der Grünen überdurchschnittlich häufig kirchliche Stellungnahmen zu Ausländerthemen, aber auch zum Embryonenschutz. Ein signifikanter Ost-West-Unterschied ist allenfalls in den Erwartungen beim Stichwort „Kirchen und Sozialgesetzgebung" erkennbar (insgesamt 42 %, neue Bundesländer 50 %).

Interessanterweise fallen auch keine wesentlichen Unterschiede zwischen evangelischen und katholischen Befragten auf. Die verbreitete These, Protestanten würden eine politisiertere Kirche erwarten, spiegelt sich jedenfalls in der Umfrage nicht wider. Insgesamt zeigt die Umfrage der Konrad-Adenauer-Stiftung durchgängig, dass konfessionelle Unterschiede oft aufgehoben sind. Dies ändert sich deutlich im Blick auf diejenigen, die aus der Kirche ausgetreten sind. Frühere Katholiken stehen fast durchgängig kirchlichen Stellungnahmen deutlich skeptischer gegenüber als frühere Protestanten.

Trotz zurückgehender Kirchenbindung bleibt also die Erwartung bestehen, die Kirchen mögen ihre Stimmen erheben – freilich nicht zu allem und jedem, sondern in den Bereichen, in denen ihre originäre Kompetenz liegt. So ist der Mut der Kirchen zu öffentlichen Bekenntnissen außerhalb der gesicherten kirchlichen Räumen ebenso gefragt wie ihr Mut zur Konzentration auf das Wesentliche.

Zugleich liegt hier vor den Kirchen eine lange Aufbauarbeit, denn so sehr kirchliche Stellungnahmen zu verschiedenen Themen erwartet werden, so wenig werden sie zur eigenen Meinungsbildung herangezogen. Dies sagten nur 19 % der Befragten von sich, 81 % sehen sich nicht von kirchlichen Stellungnahmen beeinflusst. Es fällt auf, dass Multiplikatoren, also Befragte mit Abitur, höherem Einkommen oder leitender beruflicher Stellung kirchliche Stellungnahmen stärker beachten (30 % und mehr). Auch Wähler der Grünen binden kirchliche Stellungnahmen überdurchschnittlich häufig (30 %) in ihre Meinungsbildung ein.

Mit Profil zur Mehrheit

Mehr Mut bei den Kirchen und mehr Werte in der Politik – so lassen sich zugespitzt die Erwartungen zusammenfassen, die in der Umfrage „Religion und Politik" der Konrad-Adenauer-Stiftung zum Ausdruck kommen.

In beidem zeigt sich die Sehnsucht nach Orientierung in einer Gesellschaft des ‚anything goes'. Hier liegt auch die Antwort auf die Frage, was Politik unterscheidbar macht: Es ist nicht tagespragmatische Entscheidungsroutine, sondern das grundsätzliche Orientierungsangebot: Nur wer sein Ziel kennt, findet auch den Weg – nur wer sein Ziel vermitteln kann, kann auch den Weg erklären.

Dies ist Aufgabe für die Unionsparteien, die mit dem „C" im Namen in der Wertedebatte die Chance auf ein politisches Alleinstellungsmerkmal haben, das sie nicht oft genug nutzen. Die Umfrage der Konrad-Adenauer-Stiftung legt nahe, dass Wertebezüge politischer Entscheidungen von CDU und CSU ausdrücklicher ausgesprochen werden sollten. Es geht darum, der Erläuterung des ‚Warums' politischer Entscheidung mindestens ebenso soviel Bedeutung beizumessen wie der Erklärung des ‚Wie'.

Orientierung zu vermitteln verlangt freilich, Profil zu zeigen und sichtbar Standpunkte zu beziehen. Dann wächst auch jene Glaubwürdigkeit, die sich in Wählervertrauen umsetzen lässt.

Deshalb stehen Mut zum Profil und Mehrheitsfähigkeit auch nicht im Widerspruch zueinander. Es ist diese Botschaft, die sich aus der politischen Dimension der Umfrage der Konrad-Adenauer-Stiftung entnehmen lässt. Das „C“ als Weg zur Mehrheit für die Union: nicht weil der damit verbundene Inhalt immer von der Mehrheit geteilt wird, sondern weil die Mehrheit in einer sich immer schneller wandelnden Meinungsvielfalt Orientierung und Verlässlichkeit sucht und schätzt.

Gespaltenes Missionsland

Zur Lage des christlichen Glaubens im wiedervereinigten Deutschland

Manfred Spieker

Über die Lage des christlichen Glaubens in Deutschland zu schreiben, gehört zu jenen Tätigkeiten, die man als ‚nicht vergnügungssteuerpflichtig' einzustufen pflegt. Gewiß ist ‚Vergnügen' keine zentrale Kategorie des christlichen Glaubens. In dessen Mittelpunkt steht schließlich das Kreuz. Das Kreuz bleibt ein Kreuz, auch wenn es den Weg zur Osterfreude und zum ewigen Heil eröffnet. Die Lage des christlichen Glaubens in Deutschland aber erinnert weniger an Golgatha, jenen Hügel in Jerusalem, der durch das Kreuz und die Auferstehung bekannt wurde, als vielmehr an den Areopag, jenen Hügel in Athen, auf dem die gebildeten Athener dem missionierenden Apostel Paulus mit Spott und Desinteresse begegneten. „Darüber wollen wir dich ein andermal hören", war ihre Antwort, als er von der Auferstehung der Toten reden wollte.[1]

Mit achselzuckendem Desinteresse oder Augsteinscher Polemik muß in Deutschland rechnen, wer öffentlich über den christlichen Glauben redet. So paßt es ins Bild, wenn sich die Kirchen in einer Umfrage des Allensbacher Instituts für Demoskopie im November 2001 unter den ‚Hoffnungsträgern', denen die Bevölkerung zutraut, unsere Gesellschaft voranzubringen, hinter Gewerkschaften und Bürgerinitiativen abgeschlagen auf dem elften Platz einer Zwölferliste wiederfinden.[2] Sie sollten diese Plazierung allerdings mit Gelassenheit ertragen. Gelobt zu werden hat ihnen Jesus im Neuen Testament nirgends verheißen. Im Gegenteil, sie müßten sich fragen, was sie falsch gemacht haben, wenn alle Welt sie loben würde.[3]

Dass Deutschland durch die Wiedervereinigung nicht protestantischer, sondern atheistischer geworden ist, gilt inzwischen als Gemeinplatz. Die ostdeutschen Bundesländer sind in ihrem Bildungssystem und ihrer Kultur vom Sozialismus der SED tief imprägniert.

Während der christliche Glaube in allen anderen postkommunistischen Ländern mit Ausnahme Tschechiens nach der Wende eine Renaissance erfuhr oder seine starke Prägekraft bewahrte, wie in Polen,[4] hat er in Ostdeutschland und in Tschechien, nicht nur keine Renaissance erfahren, sondern weiter an Resonanz verloren. Die pauschale Behauptung eines Soziologen, wir könnten in allen ehemals kommunistischen Staaten „einen starken Rückgang der Religiosität" beobachten,[5] ist durch Fakten nicht zu belegen. Sie gilt nur für Ostdeutschland und Tschechien.

Aber auch in Westdeutschland sind signifikante Schwächungen des Glaubens zu verzeichnen. Dafür lassen sich viele Indizien nennen – von den Kirchenaustritten über die abnehmende Zahl der Kirchgänger, den tiefen Einbruch bei den Priesterberufungen und den schwindenden missionarischen Elan bis zu jenen Entwicklungen, die ein Verblassen christlich geprägter kultureller Traditionen signalisieren: das Kruzifixurteil des Bundesverfassungsgerichts 1995, die Disponibilität kirchlicher Feiertage für die meisten Länderparlamente, die Aushöhlung des Sonn- und Feiertagsschutzes und das erstmalige Verschwinden der Kirchen und Religionsgemeinschaften aus der Regierungserklärung der rot-grünen Koalition 2002.

Innerhalb der katholischen Kirche läßt sich zusätzlich eine Reihe von Entwicklungen beobachten, die die Kirche geschwächt und George Weigel in seiner großen Papstbiographie unter Berufung auf „hohe vatikanische Amtsträger" zu der wenig schmeichelhaften Bemerkung veranlaßt haben, daß die Kirche in Deutschland „zu den schwächsten Ortskirchen der Welt" gehöre.[6] Papst Johannes Paul II. hat in einem Brief an alle deutschen Kardinäle vom 22. Februar 2001 selbst seiner Sorge Ausdruck gegeben, daß „der fortschreitende Prozeß der Säkularisierung und der damit verbundene Glaubensschwund die Kirche von innen her auszuhöhlen (droht), so daß sie zwar nach außen hin stark erscheint, aber innerlich kraftloser wird und auch an Glaubwürdigkeit verliert".[7] Geradezu selbst gelähmt hat sich schließlich die katholische Kirche in Deutschland durch den mehrjährigen Konflikt um den Beratungsschein in der Schwangerschaftskonfliktberatung, aus dem sie erst durch wiederholte Interventionen von Papst Johannes Paul II. und den Kardinälen Ratzinger und Sodano herausfand.[8]

Dieser wenig erfreuliche Befund soll nicht darüber hinwegtäuschen, daß es eine ganze Reihe signifikanter Unterschiede gibt zwischen Ost und West sowie zwischen Katholiken und Protestanten, die zu einer differenzierten Lagebeschreibung zwingen. Auch ein paar Lichtstrahlen lassen sich erkennen. Ganz erfolglos verließ ja auch Paulus Athen nicht, wie die Apostelgeschichte zu berichten weiß: „Einige Männer schlossen sich ihm an und wurden gläubig, unter ihnen auch Dionysius, der Areopagit, außerdem eine Frau namens Damaris und noch andere mit ihnen".[9] Die Ergebnisse der repräsentativen Umfrage der Konrad-Adenauer-Stiftung zum Thema „Religion und Politik" vom Dezember 2002 bestätigen die Unterschiede zwischen Ost und West und zwischen Katholiken und Protestanten. Sie werden im folgenden im Hinblick auf die Lage des christlichen Glaubens in drei Schritten ausgewertet: Was zeigen sie im Hinblick auf die äußeren Grundlagen, die Fundamente des Glaubens, die im Bekenntnis zu einer Konfession, in der Religiosität, in der Bindung an die Kirche, im persönlichen Gebet und in der Einschätzung der

Rolle des Papstes sichtbar werden? (I) Wie steht es bei den Christen im wiedervereinigten Deutschland um die Inhalte des Glaubens, den Glauben an den persönlichen Gott, die Inkarnation, die Auferstehung von den Toten, das Jüngste Gericht, das Gottes- und das Menschenbild? (II) Was schließlich sagen die Ergebnisse der Umfrage im Hinblick auf einige Konsequenzen des christlichen Glaubens für die Politik? (III)

I. Die Fundamente des Glaubens

Erstes und wichtigstes Fundament des christlichen Glaubens ist die Gnade Gottes. Der Gläubige, der Christus nachfolgt und die Liebe Gottes bezeugt, weiß sich durch die Gnade beschenkt. Dieses theologische Fundament des christlichen Glaubens eignet sich wenig für demoskopische Untersuchungen. Aber der Mensch, der Christ sein will, weil, wie Augustinus bekannte, sein Herz unruhig ist, bis es Ruhe findet in Gott, muß sich der göttlichen Gnade auch öffnen. Er muß die Begegnung mit Christus suchen, indem er das von der Kirche verkündete Evangelium hört, sich um eine entsprechende Praxis des Glaubens bemüht und im Gebet das Gespräch mit Gott sucht. Diese Voraussetzungen christlichen Glaubens, die in der Glaubenspraxis eine ständige Festigung erfahren und deshalb auch als Folgen des Glaubens bezeichnet werden können, sind demoskopischen Untersuchungen durchaus zugänglich. Diese Untersuchungen fragen deshalb zuerst nach der Konfession, nach dem Bekenntnis zur Kirche als der sichtbaren und institutionalisierten Gemeinschaft der Glaubenden, nach der religiösen Selbsteinschätzung, der Kirchenbindung, der Teilnahme am Gottesdienst, nach dem Gebet und der Einschätzung der Rolle des Papstes.

1. Konfession und Religiosität

Die Umfrage bestätigt den aus vielen Statistiken bekannten Befund, daß der Anteil der Christen an der deutschen Bevölkerung, der in Westdeutschland in den 80er Jahren noch rund 85 % betrug, auf rund 65 % zurückgegangen ist. Etwa ein Drittel der Bevölkerung Deutschlands ist heute katholisch (26,8 Mill.), etwa ein Drittel evangelisch (26,6 Mill.) und ein Drittel (28,5 Mill.) gehört anderen Religionen (5,5 Mill.) oder keiner Religion (23 Mill.) an. In der Umfrage bezeichnen sich 28 % der Befragten als katholisch und 36 % als evangelisch. Diese Dominanz der evangelischen Christen entspricht nicht der Realität.[10] Aufschlußreich sind die Ergebnisse im Hinblick auf die Frage nach einer früheren Kirchenzugehörigkeit. Immerhin 16 % der Befragten erklären, einmal einer Kirche angehört zu haben (6 % der katholischen Kirche, 10 % den evangelischen Kirchen), während 20 % erklären, nie Mitglied einer Kirche gewesen zu sein. Dieser Befund zeigt, daß Deutschland ein Missionsland geworden ist. Von allen Ländern Europas weist nur Tschechien einen ähnlich hohen Anteil an Nichtchristen auf. Während der Anteil der Christen in Westdeutschland noch bei 73 % liegt, beträgt er in Ostdeutschland nur 29 % (25 % evangelisch, 4 % katholisch)[11]. In den neuen Bundesländern erklären 22 %, früher einer Kirche angehört zu haben (19 % den evangelischen Landeskirchen, 3 % der katholischen Kirche) und 49 %, nie Mitglied einer Kirche gewesen zu sein. Der Anteil der Nichtchristen beträgt somit 71 %.

Auch die Ergebnisse der Relation von Konfession und Parteipräferenz für Gesamtdeutschland überraschen nicht. Während sich bei den CDU/CSU-Anhängern Katholiken (35 %) und Protestanten (36 %) die Waage halten, dominieren unter den Anhängern von SPD und Bündnis 90/Die Grünen die Protestanten (44 % bzw. 40 %). Immerhin

30 % der Anhänger der Bündnisgrünen aber bezeichnen sich als katholisch (SPD 19 %). Bei den FDP-Anhängern halten sich Katholiken und Protestanten ebenfalls die Waage, allerdings auf niedrigerem Niveau als bei den CDU/CSU-Anhängern (27 % katholisch, 25 % evangelisch). Von den PDS-Anhängern bezeichnen sich nur 2 % als katholisch, 11 % als evangelisch und 77 % als konfessionslos. Die PDS ist somit das Sammelbecken der Konfessionslosen. Unter den Anhängern der FDP beträgt der Anteil der Konfessionslosen und Nichtchristen aber auch noch 48 %, unter jenen der SPD 37 %, unter jenen der Bündnisgrünen 30 % und unter jenen der CDU/CSU immerhin auch noch 29 %. Hier hat die Wiedervereinigung erhebliche Umschichtungen gebracht. Bis zu den Bundestagswahlen 1987 betrug der Anteil der Konfessionslosen unter den Anhängern der CDU/CSU nie mehr als 3 %.[12]

Die Frage nach der Einschätzung der eigenen Religiosität bringt keine wesentlich anderen Erkenntnisse. Während sich 8 % als „sehr religiös" einschätzen (West 9 %, Ost 4 %) und 35 % als „ziemlich religiös" (West 39 %, Ost 19 %), bezeichnen sich 38 % als „weniger" (West 39 %, Ost 37 %) und 18 % als „überhaupt nicht" religiös (West 13 %, Ost 39 %). Diese 18 % der sich als überhaupt nicht religiös einschätzenden mit Atheisten zu identifizieren, ist eine zu düstere Einschätzung, da die Umfrage nicht zwischen Agnostikern und Atheisten differenziert. In einer Umfrage des Allensbacher Instituts für Demoskopie vom März 1996, die nach dem Glauben fragte und das Bekenntnis zum Atheismus einschloß, lag der Anteil der Atheisten bei 8 % (West 5 %, Ost 20 %).[13] Das gleiche Ergebnis brachte eine Umfrage vom November 2001 (West 4 %, Ost 22 %).[14] Die tiefe Spaltung zwischen Ost und West wird auch durch die Umfrage der Konrad-Adenauer-Stiftung bestätigt. Der Anteil derer, die sich als „überhaupt nicht religiös" bezeichnen, ist in Ostdeutschland (39 %) exakt dreimal so hoch wie in Westdeutschland (13 %). Das Erziehungssystem der SED war auf diesem Gebiet also durchaus effektiv. Auch die Relation zwischen religiöser Selbsteinschätzung und Parteipräferenz zeigt tiefe Spaltungen, die nicht überraschen. Während sich von den Anhängern der CDU/CSU 51 % als sehr religiös oder ziemlich religiös bezeichnen und 35 % als weniger und 13 % als überhaupt nicht religiös, stufen sich 14 % der PDS-Anhänger als sehr religiös oder ziemlich religiös und 81 % als weniger oder überhaupt nicht religiös ein. Immerhin 61 % der sehr religiösen antworten auf die Sonntagsfrage („Welche Partei würden Sie wählen, wenn am kommenden Sonntag Bundestagswahl wäre?"), sie würden CDU/CSU wählen, 19 % SPD, 17 % die Bündnisgrünen, 2 % FDP und 1 % PDS.[15]

Die Umfrage belegt, daß das eigene Elternhaus bei der Entwicklung der Religiosität eine sehr große Rolle spielt. Während von jenen, die sich als sehr religiös bezeichnen, 52 % auch in einem sehr religiösen und weitere 28 % in einem ziemlich religiösen Elternhaus aufwuchsen, also 80 % religiös sozialisiert waren, dagegen nur 5 % ein überhaupt nicht religiöses Elternhaus hatten, geben 49 % jener, die sich als nicht religiös bezeichnen, an, auch ein überhaupt nicht religiöses und weitere 42 %, ein weniger religiöses Elternhaus gehabt zu haben. Ganze 2 % der nicht Religiösen bezeichnen ihr Elternhaus als sehr religiös.

Die Spaltungen zwischen Ost und West und zwischen Katholiken und Protestanten setzen sich auch hier fort. In Ostdeutschland bezeichnen 9 % ihr Elternhaus als sehr religiös, 18 % als ziemlich religiös, 39 % aber als weniger religiös und weitere 37 % als überhaupt nicht religiös. Dreiviertel der ostdeutschen Bevölkerung also kennen keine religiöse Sozialisation. In Westdeutschland ist dieses Defizit bei der Hälfte der Bevölkerung zu beobachten: 11 % bezeichnen ihr Elternhaus als überhaupt nicht und 38 % als weniger religiös, 19 % dagegen als sehr und 32 % als ziemlich religiös. Von den Katholiken wiederum nennen 35 % ihr Elternhaus sehr und 39 % ziemlich religiös, von den Protestanten dagegen nur 9 % bzw. 36 %. Die Diskrepanz beträgt somit 30 %. Nur bei den Muslimen findet sich eine ähnlich intensive religiöse Sozialisation: 31 % nennen ihr Elternhaus sehr und 44 % ziemlich religiös.

Ein Blick auf das Alter der Befragten vermittelt den Eindruck einer Abwärtsspirale: Je jünger die Befragten, desto höher der Anteil der überhaupt nicht religiösen Elternhäuser. Sie haben bei den 16- bis 24-jährigen einen Anteil von 26 %, bei den 45- bis 59-jährigen dagegen nur 13 %. Umgekehrt haben nur 8 % der 16- bis 24-jährigen ein sehr religiöses Elternhaus, dagegen 21 % der 44- bis 59-jährigen. Allensbach-Umfragen zum Wert der religiösen Erziehung zeigen darüber hinaus, dass auch die Bedeutung religiöser Erziehung in Ost und West sowie bei Katholiken und Protestanten sehr unterschiedlich eingeschätzt wird. In Westdeutschland wurde sie im September 1995 von 49 % für wichtig gehalten, in Ostdeutschland nur von 15 %. Von den Katholiken hielten sie 63 % für wichtig, von den Protestanten nur 38 %.[16]

Dass die Religiosität des Elternhauses schließlich auch die Parteipräferenzen beeinflußt, ist nicht mehr überraschend. Während von den Anhängern der CDU/CSU 20 % ein sehr religiöses und 36 % ein ziemlich religiöses Elternhaus haben, nur 11 % dagegen überhaupt kein religiöses und weitere 33 % ein weniger religiöses, machen die letzten beiden Gruppen bei der PDS exakt 80 % aus, bei der FDP immerhin noch 76 %, bei der SPD 62 % und bei den Bündnisgrünen 57 %. Ein sehr oder ziemlich religiöses Elternhaus nennen dagegen 43 % der Anhänger der Bündnisgrünen, 38 % der Anhänger der SPD und nur 24 % jener der FDP ihr eigen.

Die Frage, ob man die Religion als „den tragenden Grund" des eigenen Lebens betrachte, wird von 27 % bejaht (West 30 %, Ost 15 %); 71 % verneinen dies (West 68 %, Ost 83 %). Bei den Katholiken erreicht die Zustimmung 38 %, bei den Protestanten nur 30 %. Hier zeigt sich erneut die Spaltung zwischen Ost und West, aber auch eine erhebliche Differenz zwischen Katholiken und Protestanten. In beiden Konfessionen aber haben jene, die Religion nicht als tragenden Grund ihres Lebens betrachten, eine deutliche Mehrheit (Katholiken 61 %, Protestanten 68 %). Nur bei den sehr religiösen (77 %), den mehrmals wöchentlich am Gottesdienst teilnehmenden (91 %) und den der Kirche sehr stark verbundenen (94 %) erreicht die Bejahung dieser Frage eine große Mehrheit.

2. Gottesdienstbesuch und Kirchenbindung

In der Teilnahme am Gottesdienst zeigt sich die Vitalität des Glaubens. Daß sie bei den Katholiken höher ist als bei den Protestanten ist seit langem bekannt. Die Umfrage bestätigt diese Differenzen, aber auch erneut die tiefe Spaltung zwischen Ost und West. Während in Westdeutschland 11 % ein- oder mehrmals wöchentlich in die Kirche gehen, sind es in Ostdeutschland nur 4 %. Diejenigen, die mindestens einmal im Monat oder mehrmals im Jahr den Gottesdienst besuchen, machen in Westdeutschland nocheinmal 45 % und in Ostdeutschland nur 25 % aus. Der Anteil jener dagegen, die nie (32 %), seltener als einmal im Jahr (14 %) oder nur einmal im Jahr (25 %) in die Kirche gehen, beträgt in Ostdeutschland 71 %, in Westdeutschland 43 % (18 % nie, 12 % seltener als einmal und 13 % einmal jährlich).

Von den Katholiken gehen 18 % ein- oder mehrmals in der Woche in die Kirche, von den Protestanten dagegen nur 8 %.[17] Während sich unter jenen, die mindestens einmal monatlich oder mehrmals jährlich am Gottesdienst teilnehmen, Katholiken und Protestanten die Waage halten (Katholiken 53 %, Protestanten 55 %), dominieren die Protestanten bei jenen, die nur einmal im Jahr, seltener als einmal oder nie in die Kirche gehen (Protestanten 37 %, Katholiken 28 %).

Korreliert man Parteipräferenzen mit Gottesdienstbesuch, so fällt auf, daß der Anteil jener, die ein- oder mehrmals wöchentlich in die Kirche gehen, unter den Anhängern der Bündnisgrünen genauso groß ist wie unter den Anhängern der CDU/CSU, nämlich jeweils 11 %. Unter den Anhängern der SPD beträgt er mit 5 % dagegen nicht mehr als unter jenen der PDS und unter jenen der FDP gar nur 4 %. Wenigstens einmal monatlich oder mehrmals jährlich gehen 50 % der CDU/CSU-, 46 % der FDP-, 41 % der SPD-, 36 % der Grünen- und 9 % der PDS-Anhänger in die Kirche. Der Anteil jener, die nie oder höchsten einmal jährlich in die Kirche gehen, beträgt dagegen bei den Anhängern der PDS 78 % (FDP 41 %, SPD 38 %, Bündnisgrüne 37 % und CDU/CSU 25 %). Korreliert man dagegen die Sonntagsfrage mit dem Gottesdienstbesuch, so fällt auf, daß mehr als zwei Drittel der mehrmals wöchentlich in die Kirche gehenden (68 %) erklären, sie würden CDU/CSU wählen,[18] nur 16 % SPD, 9 % die Grünen, 5 % FDP und 2 % PDS. Aber auch von jenen, die nie in die Kirche gehen, erklären noch 40 %, CDU/CSU wählen zu wollen (SPD 33 %, Bündnis 90/Die Grünen 11 %, FDP 5 %, PDS 9 % und Republikaner 1 %).

Die Umfrage zeigt gewisse Diskrepanzen zwischen Gottesdienstbesuch und Kirchenbindung einerseits und religiöser Selbsteinschätzung andererseits. Gehen von jenen, die sich der Kirche sehr stark verbunden fühlen, 58 % ein- oder mehrmals in der Woche in die Kirche und nur 6 % nie oder höchstens einmal jährlich, so sind es von denen, die sich selbst als sehr religiös einschätzen, nur 33 %, die ein- oder mehrmals wöchentlich, und 25 %, die nie oder höchstens einmal jährlich den Gottesdienst besuchen. Die Selbsteinschätzung als „sehr religiös" hat also nicht automatisch eine starke Kirchenbindung und eine hohe Gottesdienstteilnahme zur Folge. Auch Angehörige nichtchristlicher Religionen können sich als „sehr religiös" einschätzen.[19] Religiosität wird von der Umfrage im übrigen nicht näher definiert. Hinter dieser Selbsteinschätzung dürfte sich viel Diffuses, Subjektives und Unvereinbares verbergen. Die Indikatoren Kirchenbindung und Gottesdienstteilnahme erhalten dagegen durch die Kirche und den Gottesdienst einen objektiven Bezug.

Die Ost-West-Spaltung zeigt sich einmal mehr in der Kirchenbindung. Während sich 24 % der Westdeutschen der Kirche stark oder sehr stark verbunden fühlen (6 % sehr stark, 18 % stark), sind dies nur 11 % der Ostdeutschen (2 % sehr stark, 9 % stark). 50 % der Westdeutschen und 41 % der Ostdeutschen fühlen sich ihrer Kirche etwas verbunden. Dagegen sieht sich fast die Hälfte der Ostdeutschen (48 %) und nur ein Viertel der Westdeutschen (26 %) mit der Kirche überhaupt nicht verbunden. Von den Katholiken fühlen sich 33 % ihrer Kirche stark (25 %) oder sehr stark (8 %) verbunden, von den Protestanten 27 % (20 % stark, 7 % sehr stark). Als der Kirche etwas verbunden bezeichnen sich 53 % der Katholiken und 60 % der Protestanten, als ihr überhaupt nicht verbunden 14 % der Katholiken und 13 % der Protestanten.

Von den CDU/CSU-Anhängern schließlich fühlen sich 29 % ihrer Kirche stark oder sehr stark verbunden, 49 % etwas und 22 % überhaupt nicht, von den Anhängern der Bündnisgrünen 21 % sehr stark oder stark, 47 % etwas und 32 % überhaupt nicht, von jenen der SPD 17 % stark oder sehr stark, 51 % etwas und ebenfalls 32 % überhaupt nicht. Unter den FDP-Anhängern schrumpft die Zahl derer, die sich ihrer Kirche stark oder sehr stark verbunden fühlen, auf 7 %, während sich 47 % ihr überhaupt nicht und 46 % nur etwas verbunden fühlen. Bei der PDS schließlich erreicht der Anteil jener, die sich der Kirche sehr stark verbunden fühlen, den Nullpunkt. Der Anteil jener, die sich der Kirche stark verbunden fühlen, liegt immerhin noch im sichtbaren Bereich von 4 %, während sich 77 % als der Kirche überhaupt nicht und 18 % noch als etwas verbunden bezeichnen. Die Sonntagsfrage wiederum zeigt, daß von den der Kirche stark verbundenen 58 % CDU/CSU wählen würden, 28 % SPD, 8 % die Bündnisgrünen, und 2 % die FDP. Die PDS ginge bei ihnen leer aus. Aber auch von den der Kirche nicht verbundenen würden noch 41 % CDU/CSU wählen (SPD 30 %, Bündnis 90/Die Grünen 14 %, FDP 6 % und PDS 7 %).

3. Gebet und Papst

Die Spaltungen im Hinblick auf Religiosität, Gottesdienstbesuch und Kirchenbindung spiegeln sich auch in der Wertschätzung des Gebets. Ein- oder mehrmals am Tag zu beten erklären 24 % der Deutschen, ein- oder mehrmals die Woche sowie ein- oder mehrmals im Monat jeweils 12 %, ein- oder mehrmals im Jahr 19 % und nie 31 %. Aber während in Westdeutschland 23 % sagen, sie würden nie beten, sind es in Ostdeutschland 59 %. Umgekehrt beten von den Westdeutschen 28 % ein- oder mehrmals am Tag, von den Ostdeutschen nur 10 %.[20] Bei den Katholiken beträgt der Anteil der täglichen Beter 37 %, bei den Protestanten 26 %, bei den Muslimen dagegen 56 %. Nie zu beten erklären 19 % der Protestanten, 10 % der Katholiken und 11 % der Muslime. Je höher im übrigen die Religiosität, der Gottesdienstbesuch und die Kirchenbindung desto größer ist auch die Wertschätzung des Gebets. So erklären von jenen, die sich der Kirche sehr stark verbunden fühlen, 78 %, von denen, die sich als sehr religiös einschätzen, 70 % und von denen, die ein sehr religiöses Elternhaus hatten, immerhin noch 49 %, ein- oder mehrmals täglich zu beten. Umgekehrt haben von denen, die erklären, nie zu beten, 70 % keine Bindung an die Kirche, 71 % gehen nie in die Kirche, 74 % haben kein religiöses Elternhaus und 94 % bezeichnen sich als nicht religiös.

Das bekannteste Gebet, das „Vater unser", kennen Katholiken (92 %) und Protestanten (89 %) nahezu gleichermaßen. Auch 52 % der Juden und 24 % der Muslime erklären, es zu kennen. Die Ost-West-Spaltung aber ist auch hier erstaunlich tief. Während 83 % der Westdeutschen dieses Gebet kennen und immerhin noch einmal 13 % eine „ungefähre" Kenntnis haben, erklären nur 48 % der Ostdeutschen, es im Wortlaut, und weitere 29 %, es ungefähr zu kennen. Die territoriale Spaltung kommt hier einer kulturellen Spaltung gleich.

Der Papst gehört als Diener der Diener Christi, als oberster Hirte der Kirche, als Brückenbauer und Lehrer zumindest für die Katholiken zu den Fundamenten des Glaubens. Fragen nach dem Amt des Papstes, nach seinen Aufgaben, seiner Verkündigung oder seinen Leistungen wurden in der Umfrage nicht gestellt. Stattdessen wurde – vielleicht typisch für das schwierige Verhältnis der Deutschen zum Papst – gleich danach gefragt, ob die katholische Kirche in Deutschland in Zukunft unabhängiger vom Papst soll handeln können. Zwei Drittel der Deutschen (67 %) bejahen dies, für 22 % soll es so bleiben, wie es ist, und 10 % wissen nicht, was sie antworten sollen. Ob die Kirche in Deutschland einen engeren Schulterschluß mit dem Papst vollziehen soll, diese Antwortmöglichkeit wurde erst gar nicht in Betracht gezogen.

Die üblichen Spaltungen zwischen Ost und West oder zwischen Katholiken und Protestanten sind hier wenig ausgeprägt. Für eine größere Unabhängigkeit der katholischen Kirche in Deutschland plädieren 69 % der West- und 58 % der Ostdeutschen, 65 % der Katholiken und 73 % der Protestanten. Auch die Muslime äußern sich zu dieser Frage – durchaus auffällig: 65 % meinen, es solle so bleiben, wie es ist, nur 18 % plädieren für eine größere Unabhängigkeit. Bei den Parteipräferenzen zeigen sich ebenfalls keine signifikanten Unterschiede. Lediglich die Anhänger der Bündnisgrünen, die mit 84 % für mehr Unabhängigkeit plädieren, stellen einen gewissen Ausreißer dar. Die anderen bewegen sich alle – PDS eingeschlossen – auf vergleichbarem Niveau (SPD 72 %, FDP 69 %, CDU/CSU 68 % und PDS 65 %).

Korreliert man die Frage nach der Unabhängigkeit der katholischen Kirche vom Papst mit der Religiosität, der Bedeutung der Kirche im Elternhaus, dem Gottesdienstbesuch und der Kirchenbindung, so lassen sich ebenfalls kaum Unterschiede feststellen. Immer sind es zwei Drittel bis drei Viertel, die für eine größere Unabhängigkeit plädieren, und ein Drittel bis ein Viertel, die sich für den Status quo aussprechen. Daraus lassen sich zwei alternative Schlußfolgerungen ziehen. Entweder jene, daß die katholische Kirche in Deutschland von Rom so sehr an ihrer Entfaltung und der Wahrnehmung ihres Auftrages gehindert wird, daß sie dringend größerer Unabhängigkeit bedarf und besser heute als morgen den Weg zu einer deutschen Nationalkirche einschlüge, oder jene, daß die Frage besonders suggestiv formuliert war. Letzteres trifft vermutlich eher zu. Wenn die Frage mit der Feststellung beginnt, „die katholische Kirche in Deutschland ist dem Papst besonders verpflichtet", dann ist das theologisch schief, ja irreführend, denn sie ist zunächst einmal zusammen mit dem Papst ihrem Herrn Jesus Christus und ihren Gläubigen verpflichtet. Weshalb sie dem Papst „besonders verpflichtet" sein soll, wird nicht begründet. Im Kontext der Umfrage und des Streits vieler deutschen Katholiken – Bischöfe eingeschlossen – um den Beratungsschein in der Schwangerschaftskonfliktberatung für mehr Unabhängigkeit vom Papst zu plädieren, erscheint dann durchaus naheliegend.

Dass der Papst in Zukunft als Oberhaupt aller Christen anerkannt werden könnte, kann sich – nicht überraschend – nur eine Minderheit von 27 % (West 27 %, Ost 29 %) vorstellen. Selbst von den Katholiken können sich dies nur 41 % vorstellen, von den Protestanten gar nur 18 %, von den mehrmals wöchentlich in die Kirche gehenden mit 29 % nicht viel mehr als von denen, die nie in die Kirche gehen (24 %), von den CDU/CSU-Anhängern 31 %, denen der FDP 32 %, denen der SPD und der Bündnisgrünen jeweils 19 % und denen der PDS 17 %.

Die Frage, ob Papst Johannes Paul II. eine beeindruckende Persönlichkeit sei, führt zu überraschenden Ergebnissen – nicht nur, weil sie nicht die üblichen Spaltungen aufweisen. Insgesamt zeigen sich 54 % (West 53 %, Ost 60 %) beeindruckt und 43 % nicht (West 44 %, Ost 37 %). Von den Katholiken sprechen 62 % und von den Protestanten 52 % von einer beeindruckenden Persönlichkeit. Auffällig sind die Antworten der Muslime: 77 % bejahen die Frage. Gegenteiliger Ansicht sind 35 % der Katholiken, 44 % der Protestanten, aber nur 20 % der Muslime. Unter den Anhängern der verschiedenen Parteien dominiert die Ansicht, Johannes Paul II. sei eine beeindruckende Persönlichkeit (CDU/CSU 59 % gegen 39 %; FDP 58 % gegen 42 %; SPD 55 % gegen 44 %). Selbst bei den Anhängern der PDS halten sich positive und negative Antworten fast die Waage (47 % gegen 48 %). Nur bei den Bündnisgrünen sind die Papstfans mit 40 % gegen 59 % in der Minderheit.

Korreliert man diese Frage mit der Kirchgangshäufigkeit, der Religiosität und der Kirchenbindung, so zeigt sich, daß die Ansicht, Johannes Paul II. sei eine bedeutende Persönlichkeit zwar bei jenen, die sich ihrer Kirche sehr stark verbunden fühlen, und bei jenen, die mehrmals wöchentlich am Gottesdienst teilnehmen, deutlich steigt (76 % bzw. 77 %), nicht dagegen bei jenen, die sich als sehr religiös einschätzen. Von ihnen beantworten nur 55 % diese Frage positiv, nicht mehr als von jenen, die sich als weniger religiös einschätzen, wohingegen 60 % derer, die sich nur als ziemlich religiös einschätzen, den Papst beeindruckend finden. Dies belegt zum einen die Existenz einer nicht kirchengebundenen Religiosität und zum anderen, daß die Anhänger des Papstes, was ihre religiöse Selbsteinschätzung betrifft, offenkundig nüchterner oder demütiger sind.

Eine erstaunliche Wertschätzung genießt Papst Johannes Paul II. bei der Jugend in der ganzen Welt. Sichtbar wird dies regelmäßig bei den Weltjugendtreffen, die Hunderttausende aus allen Kontinenten anziehen, wie in Toronto 2002, Rom 2000, Paris 1997, Manila 1995 oder in Denver 1993. So versammelte sich zur Abschlußmesse des Weltjugendtages in Manila am 15. Januar 1995 mit etwa fünf Millionen Menschen die „wahrscheinlich größte Menschenmenge der bisherigen Geschichte".[21] Der Anteil der deutschen Jugendlichen an diesen Begegnungen war bisher unverhältnismäßig gering. Er spiegelt das schwierige Verhältnis der Deutschen zum Papst.[22] Das nächste Weltjugendtreffen 2005 findet auf Einladung von Kardinal Meisner jedoch in Köln statt. Dies gehört zu den Hoffnungszeichen für die Kirche in Deutschland, die dann Gastgeber für Hunderttausende Jugendlicher aus allen Ländern der Erde ist. Bei jedem Weltjugendtreffen war die gastgebende Kirche mehr Nehmende als Gebende, da diese Begegnungen der Jugendlichen mit dem Papst eine ungewöhnliche Ausstrahlungskraft haben, die Wissenschaftler und Politiker, Journalisten, Polizei und selbst Bischöfe jedesmal verblüfft und mit Event-Kategorien nicht mehr zu erfassen ist. So wollte die Umfrage auch wissen, was die Deutschen über die Beliebtheit des Papstes „bei den Jugendlichen in aller Welt" denken. Die Antworten zeigen einerseits die große Wertschätzung des Papstes, andererseits die verbreitete Kenntnis des Charismas Johannes Pauls II., sich auf Jugendliche einzulassen.

So nehmen 61 % der Deutschen an, daß der Papst bei den Jugendlichen in aller Welt beliebt ist, in Ostdeutschland (72 %) erstaunlicherweise deutlich mehr als in Westdeutschland (59 %). 29 % nehmen dies nicht an und 10 % können sich zu keiner Antwort entschließen. Selbst die Betroffenen, die 16- bis 24-jährigen, sind mehrheitlich von der Beliebtheit Johannes Pauls II. überzeugt, wenngleich diese Mehrheit mit 47 % geringer ausfällt als in den anderen Altersgruppen. Erstaunlich ist auch, daß die Protestanten (61 %) mit dieser Überzeugung vor den Katholiken (60 %) liegen, und daß sie unter den Anhängern der PDS (68 %) noch mehr verbreitet ist als unter den Anhängern aller anderen Parteien (CDU/CSU und SPD jeweils 65 %, FDP 57 %, Bündnis 90/Grüne 54 %). Daß diese Überzeugung unter den der Kirche sehr stark verbundenen (71 %) und den mehrmals wöchentlich am Gottesdienst teilnehmenden (78 %) deutlich stärker ist als unter den sehr religiösen (58 %), überrascht nicht mehr.

Einige Überraschungen bergen auch die Antworten auf die Frage, ob es richtig sei, daß der Papst sich häufig zu gesellschaftlichen Fragen in der ganzen Welt zu Wort meldet. Eine große Mehrheit (60 %) findet dies richtig, 37 % lehnen dies ab. Während diese soziale Verkündigung in Westdeutschland aber nur von 56 % begrüßt wird, sind dies in Ostdeutschland (73 %) wiederum wesentlich mehr. Von den Katholiken bejahen dies 62 %, von den Protestanten 58 %. Auch bei den Parteien und ihren Anhängern findet dies deutlich Zustimmung, wobei die Bündnisgrünen trotz ihrer sonstigen Distanz zum Papst mit 69 % an der Spitze liegen. Auf dem zweiten Platz liegen erstaunlicherweise mit 62 % die Anhänger der PDS vor jenen der CDU/CSU (57 %), der FDP (56 %) und der SPD (55 %). Der Papst wird mit seiner Sozialverkündigung offensichtlich als Sprecher der Armen und Entrechteten, als Kritiker des Konsumismus und der Macht wahrgenommen. Dies spiegelt sich auch in einer überdurchschnittlichen Zustimmung der Arbeitslosen zu dieser Funktion (66 %). Erstaunlich ist schließlich die Antwort der Muslime, die mit 91 % Zustimmung bei nur 9 % Ablehnung diese Sprecherfunktion des Papstes begrüßen.

II. Die Inhalte des Glaubens

Um die Inhalte des Glaubens zu erfassen, bedarf es keines Theologie-Studiums. Auch ein Lexikon für Theologie und Kirche oder eine Theologische Realenzyklopädie ist nicht nötig, nicht einmal ein kleiner Katechismus. Es genügt das Apostolische Glaubensbekenntnis, das den Glauben der Apostel zusammenfaßt. Auch das Glaubensbekenntnis von Nizäa-Konstantinopel, das auf die beiden Ökumenischen Konzilien 325 und 381 zurückgeht und heute noch allen großen christlichen Kirchen gemeinsam ist, genügt, um Auskunft über die wesentlichen Inhalte des christlichen Glaubens zu geben: daß Gott ein persönlicher und dreifaltiger Gott ist, daß Jesus Christus Gott und Mensch zugleich war, von den Toten auferstanden ist und am Ende der Zeiten wiederkommen wird, um die Lebenden und Toten zu richten.

Diese Kerngehalte des christlichen Glaubens waren Gegenstand der Umfrage der Konrad-Adenauer-Stiftung. Die Antworten offenbaren erneut, daß Deutschland ein gespaltenes Missionsland ist, daß es einerseits die Spaltung zwischen Ost und West gibt und andererseits eine so dürftige Kenntnis der Kerngehalte des Glaubens oder einen so schwachen Glauben, daß das ganze wiedervereinigte Land einer Diaspora gleicht, die einer Neuevangelisierung bedarf.

1. Das Gottesbild

Die Frage nach einem persönlichen Gott steht am Anfang der Studie über die Inhalte des Glaubens. Nur 30 % der Deutschen (West 32 %, Ost 20 %) glauben an einen persönlichen Gott. Von den Katholiken sind es 40 %, von den Protestanten 29 %. An eine nicht näher definierte „überirdische Macht" glauben dagegen 40 % (West 44 %, Ost 24 %). Selbst bei den Katholiken findet diese Antwort mit 45 % eine Mehrheit. Bei den Protestanten sind es gar 50 %. Die Muslime glauben dagegen zu 80 % an einen persönlichen Gott und nur zu 20 % an eine überirdische Macht. Daß sie nicht wissen, was sie glauben sollen, sagen 11 % (West 10 %, Ost 15 %), und für 17 % (West 12 %, Ost 38 %) gibt es weder einen persönlichen Gott noch irgendeine überirdische Macht. Das dürfte das Potential sein für die Gruppe der überzeugten Atheisten.

Korreliert man diese Frage mit den Parteipräferenzen, so fällt auf, daß selbst von den Anhängern der CDU/CSU eine Mehrheit von 44 % an eine überirdische Macht und nur 35 % an einen persönlichen Gott glauben und 12 % beides ablehnen. Bei der FDP wissen 30 % nicht, was sie glauben sollen, und bei der PDS ist der Anteil jener, die weder an einen persönlichen Gott noch an eine überirdische Macht glauben, mit 46 % bei weitem am größten. Mit dem Grad der Kirchenbindung, der Kirchgangshäufigkeit und der Religiosität steigt auch der Anteil jener, die an einen persönlichen Gott glauben – bei den „sehr religiösen" auf 63 %, bei den der Kirche sehr stark verbundenen Gläubigen auf 68 % und bei jenen, die mehrmals wöchentlich am Gottesdienst teilnehmen, auf 83 %.

Die Frage nach den Kerngehalten des christlichen Glaubens war in vier Teilfragen untergliedert. Sie zielte auf den Glauben an den dreifaltigen Gott (Glauben Sie, daß Gott in den drei Personen Vater, Sohn und Heiliger Geist existiert?), an die Auferstehung Jesu (Glauben Sie, daß Jesus Christus von den Toten auferstanden ist?), an die Inkarnation (Glauben Sie, daß Jesus Christus zugleich Gott und Mensch war?) und an das Jüngste Gericht (Glauben Sie, daß es am Ende der Geschichte ein jüngstes Gericht gibt?).

Etwa die Hälfte der Westdeutschen (51 %), aber nur etwas mehr als ein Viertel der Ostdeutschen (29 %) glauben an den dreifaltigen Gott, von den Katholiken 66 %, von den Protestanten 55 %.[23] Hingegen lehnen 40 % der Protestanten und 30 % der Katholiken den Glauben an den dreifaltigen Gott ab. Bei den sich als sehr religiös einschätzenden steigt der Anteil jener, die an den Gott in drei Personen glauben, auf 74 %, bei den mehrmals wöchentlich am Gottesdienst teilnehmenden auf 85 % und bei den der Kirche sehr stark verbundenen auf 95 %. Korreliert man den Glauben an den dreifaltigen Gott mit dem Schulabschluß, so zeigt sich, daß er unter einfachen Bildungsschichten mehr verbreitet ist als unter den höheren. Von jenen, die einen Volks- bzw. Hauptschulabschluß haben, bejahen ihn 55 %, von jenen mit mittlerer Reife 45 % und von jenen mit Abitur oder Fachhochschulreife nur noch 38 %. Korreliert man ihn mit Parteipräferenzen, so zeigt sich das übliche Gefälle von der CDU/CSU (57 %) bis zur PDS (13 %). Ein kontinuierlicher Anstieg zeigt sich dagegen, wenn man ihn mit Altersgruppen korreliert. Bei den 16- bis 24-jährigen sind es erst 32 %, bei den über 60-jährigen 53 %, die ihn bejahen.

Der Glaube an die Auferstehung Jesu ist unter den Westdeutschen mit 55 % doppelt so häufig zu finden wie unter den Ostdeutschen mit 28 %. Bei den Katholiken (69 %) sind es wieder 10 % mehr als bei den Protestanten (59 %). Auch hier zeigt sich ein steiler Anstieg bei den sehr religiösen (78 %), den mehrmals wöchentlich am Gottesdienst teilnehmenden (92 %) und den der Kirche sehr stark verbundenen (96 %). Die Korrelierung mit den Parteipräferenzen zeigt ein ähnliches Gefälle von der CDU/CSU (59 %) bis zur PDS (18 %) wie beim Glauben an den dreifaltigen Gott. Das Gleiche gilt für die Korrelierung mit dem Schulabschluß (Hauptschule 60 %, mittlere Reife 46 %, Abitur 40 %).

Dass Jesus Christus zugleich Gott und Mensch war, diesen Kern des christlichen Glaubens bejaht gerade einmal die Hälfte der Deutschen (52 %), 45 % glauben dies nicht. In Westdeutschland sind es 56 %, in Ostdeutschland nur 34 %, bei den Katholiken 72 %, bei den Protestanten mit 60 % erneut rund 10 % weniger. Ein Blick auf die Antworten der Muslime zeigt, daß sie ihrem Koran treu bleiben. Der Koran verwirft den Glauben an einen menschgewordenen Gott ebenso wie den an einen dreifaltigen Gott als Häresie der Nazarener und die, die daran glauben, als verstandeslose Ungläubige, die Allah totschlagen soll.[24] So lehnen denn auch 86 % der Muslime den Glauben an den menschgewordenen Gott ab, während ihn 9 % dennoch bejahen. Vor diesem Hintergrund ist es erstaunlich, daß der Glaube an den dreifaltigen Gott nur von 70 % der Muslime abgelehnt wird, 26 % dagegen ihn bejahen.

Keine Auffälligkeiten zeigt die Korrelierung dieser Frage mit Religiosität, Kirchgangshäufigkeit und Kirchenbindung. Je tiefer die Religiosität, je höher die Kirchgangshäufigkeit und je stärker die Kirchenbindung, desto ausgeprägter ist auch der Glaube an die Inkarnation – am ausgeprägtesten bei den der Kirche sehr stark verbundenen (96 %), sehr ausgeprägt aber auch bei den mehrmals wöchentlich am Gottesdienst teilnehmenden (90 %) und den sich als sehr religiös einschätzenden (75 %). Ebensowenig lassen sich Auffälligkeiten feststellen, wenn man den Glauben an die Inkarnation mit Parteipräferenzen, mit Schulabschluß oder mit Altersgruppen korreliert.

Was schließlich den Glauben an das Jüngste Gericht betrifft, so bestätigen die Ergebnisse der Umfrage im wesentlichen die bisherigen Befunde. Die Kluft zwischen Ostdeutschen und Westdeutschen ist etwas weniger tief, aber immer noch ausgeprägt. Selbst in Westdeutschland sind jene, die nicht an ein Jüngstes Gericht glauben, in der Mehrheit (48 %). Nur 45 % glauben daran. In Ostdeutschland erreichen die nicht daran glaubenden fast zwei Drittel (62 % zu 33 %). Von den Katholiken glauben 56 % an das Jüngste Gericht, 38 % nicht, und bei den Protestanten halten sich die beiden Lager mit jeweils 46 % exakt die Waage. Korreliert man die Frage mit anderen Indikatoren, so zeigen sich einige kleinere Auffälligkeiten. Noch nicht überraschend ist, daß der Glaube an das Jüngste Gericht bei jenen, die sich als sehr religiös einschätzen (71 %), die sich der Kirche sehr stark verbunden fühlen (83 %) und die mehrmals wöchentlich am Gottesdienst teilnehmen (86 %), deutlich ansteigt, wenngleich der Anstieg nicht jenes Niveau erreicht wie bei den Fragen nach dem dreifaltigen Gott, der Auferstehung Jesu und der Inkarnation. Auffällig ist aber, daß unter den Anhängern der verschiedenen Parteien nur jene der CDU/CSU mit leichter Mehrheit an ein Jüngstes Gericht glauben (50 % zu 44 %), alle anderen aber mehrheitlich nicht daran glauben (PDS 75 % zu 21 %, SPD 63 % zu 33 %, Bündnis 90/Grüne 63 % zu 30 % und FDP 60 % zu 38 %). Beim Indikator Schulabschluß läßt sich nur bei jenen mit Volks- bzw. Hauptschulzeugnis eine Mehrheit (54 % zu 39 %) finden. Bei jenen mit mittlerer Reife kehrt sich das Verhältnis nahezu um (39 % zu 53 %) und bei jenen mit Abitur ist der Glaube an das Jüngste Gericht noch geringer (34 % zu 62 %).

Die Ergebnisse der Umfrage im Hinblick auf die Kernwahrheiten des christlichen Glaubens zeigen einmal mehr, daß der Glaube mit der Bindung an die Kirche und der Teilnahme am Gottesdienst steht und fällt. Die „sehr religiösen“ liegen, was das Bekenntnis zu diesen Wahrheiten betrifft, fast immer rund 20 % hinter den mehrmals wöchentlich am Gottesdienst teilnehmenden und 10–15 % hinter den der Kirche sehr stark verbundenen zurück. Die These, daß die Erosion des christlichen Glaubens nur die Bindung an die Institution Kirche, nicht aber den Glauben selbst betreffe, ist nicht aufrecht zu erhalten.[25] Glaube und

Religiosität leben von der Bindung an die Kirche, vom Gottesdienst, von der Verkündigung des Evangeliums, von den Sakramenten und der Diakonie, mithin von der Glaubenspraxis in der Gemeinschaft der Gläubigen.

2. Das Menschenbild

Dem Gottesbild der Christen korrespondiert ein Menschenbild, das die Umfrage den Befragten in mehreren Aspekten vorlegte. Sie sollten sich dazu äußern, ob der Mensch von Gott erschaffen ist, ob er unvollkommen und fehlbar ist, ob man in jedem menschlichen Leben Gott erfahren könne, ob sich der Mensch für sein Leben vor Gott verantworten müsse und ob es ein Leben nach dem Tod gäbe. Die Ergebnisse bestätigen die bekannten Spaltungen.

Der Aussage, daß der Mensch von Gott erschaffen ist, stimmen 52 % der Befragten zu, 45 % nicht. In Westdeutschland sind es 57 %, in Ostdeutschland 30 %, von den Katholiken 69 %, von den Protestanten wiederum rund 10 % weniger (58 %). Erneut ist die Zustimmung besonders groß bei den der Kirche sehr stark verbundenen (97 %), bei den wöchentlich mehrmals in die Kirche gehenden (91 %), bei jenen, die sich als sehr religiös einschätzen (85 %) und bei jenen, die ein sehr religiöses Elternhaus hatten (76 %). Bei einer Korrelierung dieser Frage mit den Parteipräferenzen zeigt sich das übliche Gefälle von den überdurchschnittlichen 62 % bei den Anhängern der CDU/CSU bis zu 12 % bei jenen der PDS (Bündnis 90/Grüne 51 %, SPD 43 %, FDP 31 %).

Dass die Gottebenbildlichkeit des Menschen von seiner Ambivalenz, d. h. seiner Fähigkeit, ebenso destruktiv wie konstruktiv handeln zu können, nicht zu trennen ist, gehört zum Kern des christlichen Menschenbildes.[26] Es ist auch eine Erfahrungstatsache, die nicht an den christlichen Glauben gebunden ist. So verwundert es nicht, daß die Zustimmung zu der Aussage „Der Mensch ist grundsätzlich unvollkommen und fehlbar" besonders groß ist und daß die üblichen Spaltungen hier nahezu verschwinden. 85 % der Befragten stimmen dieser Feststellung zu (West 86 %, Ost 81 %), 14 % sagen nein (West 13 %, Ost 18 %). Angesichts der Bedeutung der Lehre von der natura corrupta in der Tradition Luthers verwundert es, daß die Protestanten dieser Aussage kaum mehr zustimmen (86 %) als die Katholiken (85 %). Für sie ist die menschliche Natur durch die Erbsünde nicht nur tief verwundet, sondern verdorben. Spitzenwerte erreicht die Zustimmung wieder bei den mehrmals wöchentlich in die Kirche gehenden (99 %), den sich als sehr religiös bezeichnenden (95 %) und den ihrer Kirche sehr stark verbundenen (94 %). Auch bei der Korrelierung dieser Frage mit den Parteipräferenzen sind die üblichen Trends suspendiert. Die Zustimmung ist bei den Anhängern der Bündnisgrünen (91 %) und der SPD (90 %) – vermutlich auf Grund der Dominanz der evangelischen Anhängerschaft – größer als bei jenen der CDU/CSU (87 %) und der FDP (72 %), die selbst von der PDS überholt wird (77 %).

Der Aussage „Gott ist in jedem menschlichen Leben wirksam und erfahrbar" ist vieldeutig. Sie kann heißen, jeder Mensch ist als Gottes Ebenbild erschaffen. Sie kann heißen, jeder Mensch ist ein Kind Gottes, das gemäß dem ersten Gebot des christlichen Glaubens genauso zu lieben ist wie Gott selbst. Sie kann heißen, keiner fällt aus Gottes Hand. Sie will sicher nicht sagen, die Wirksamkeit Gottes in jedem menschlichen Leben bedeute, daß das Handeln des Menschen allein von Gott bestimmt werde, daß Gott ihm seine Freiheit nehmen würde. Gottes Wirksamkeit im menschlichen Leben ist keine mechanische Wirksamkeit. Ungeachtet dieser Vieldeutigkeit stimmen dieser Aussage 60 % der Befragten zu (West 65 %, Ost 38 %). Bei Katholiken (75 %) und Protestanten (68 %) ist die Zustimmung erwartungsgemäß höher, am höchsten bei den Muslimen (99 %). Spitzenwerte erreicht sie auch bei den der Kirche sehr stark verbundenen (97 %), den sehr religiösen (94 %) und den mehrmals wöchentlich am Gottesdienst teilnehmenden (93 %). Korreliert man diese Aussage mit den Parteipräferenzen, so zeigt die Zustimmung das übliche Gefälle von der CDU/CSU (68 %) über die Bündnisgrünen (66 %), die SPD (59 %) und die FDP (46 %) zur PDS (23 %). Wenig Unterschiede zeigen sich in der Zustimmung, wenn man nach Altersgruppen und Schulabschlüssen differenziert. Lediglich bei den 16- bis 24-jährigen fällt auf, daß die Ablehnung (50 %) die Zustimmung (47 %) leicht überwiegt. Das darf dem begrenzten Horizont der Jugend zugeschrieben werden. Alarmrufe an die Religionspädagogen sind deshalb noch nicht angezeigt.

Durchweg niedrigere Zustimmungswerte erfährt die Aussage „Der Mensch muß sich für sein Leben vor Gott verantworten". Dies entspricht den Schwierigkeiten, die die Frage nach dem Jüngsten Gericht aufgeworfen hat, bei der die Zustimmung noch geringer ausgefallen ist. Nur 51 % erwarten diese Rechenschaftspflicht des Menschen nach seinem Tod (West 56 %, Ost 30 %), von den Katholiken auch nur 66 %, von den Protestanten gar nur 59 %. Daß die der Kirche sehr stark verbundenen dieser Aussage mit 94 % zustimmen und die der Kirche nicht verbundenen sie mit 78 % ablehnen, überrascht nicht. Eher überrascht schon, daß die Zustimmung bei den sehr religiösen mit 88 % etwas größer ist als bei den mehrmals wöchentlich am Gottesdienst teilnehmenden (84 %). Die Parteipräferenzen schließlich bergen keine Überraschungen. Während die Anhänger der CDU/CSU zu 61 % zustimmen, dominiert bei allen anderen Parteien die Ablehnung (PDS 85 % zu 15 %, FDP 68 % zu 32 % und SPD 52 % zu 45 %).

Daß es ein Leben nach dem Tod gibt, diese Kernaussage des christlichen Glaubens findet mehr Zustimmung als die Aussage, daß der Mensch sich für sein Leben vor Gott verantworten muß. Die Bereitschaft zu Verantwortung und Rechenschaft bleibt hinter der Sehnsucht nach dem ewigen Leben zurück. 54 % der Befragten (West 60 %, Ost 34 %) sind der Ansicht, daß es ein Leben nach dem Tod gibt. Erstaunlich ist die große Zustimmung der 16 - bis 24-jährigen (65 % zu 31 %), haben sie doch die Rechenschaftspflicht mit derselben Mehrheit (64 % zu 36 %) abgelehnt. Erstaunlich auch die Resignation der über 60 -jährigen. Sie stimmen dieser Aussage nur noch mit 42 % zu. Die Mehrheit (48 %) lehnt sie ab. Die Rechenschaftspflicht nach dem Tod haben sie dagegen noch mit 56 % zu 37 % bejaht. Von den Katholiken stimmen 71 %, von den Protestanten nur 58 % zu (Muslime 98 %)[27]. Stärkere, wenn auch nicht überragende Zustimmungswerte weisen die mehrmals wöchentlich am Gottesdienst teilnehmenden (83 %), die der Kirche sehr stark verbundenen (82 %) und die sehr religiösen (81 %) auf. Auch die Parteipräferenzen bergen Überraschungen. Am höchsten sind die Erwartungen eines Lebens nach dem Tod nicht bei den Anhängern der CDU/CSU (57 %, ebenso bei den Bündnisgrünen), sondern bei jenen der FDP (59 %). Am geringsten sind sie erwartungsgemäß bei jenen der PDS (19 %).

III. Die Konsequenzen des Glaubens

Der christliche Glaube hat Konsequenzen für den Alltag – nicht nur für die persönliche Beziehung zu Gott, für das Gebet und den Gottesdienst, sondern auch für das tägliche Handeln in Familie und Beruf, in Wirtschaft und Politik, in Wissenschaft und Kultur. Die sittlichen Gebote des Dekalogs und der Bergpredigt sind vom christlichen Glauben nicht zu trennen. An ihrer Umsetzung bewährt sich die Nachfolge Christi. Dies wird von allen christlichen Konfessionen mehr oder weniger deutlich unterstrichen. Die

Untersuchung der Konrad-Adenauer-Stiftung fragte deshalb auch nach der Einschätzung bestimmter Handlungsfelder der Politik, von denen hier nur jene einer Auswertung unterzogen werden, die Fragen des Lebensschutzes und der Bioethik betreffen.[28] Die Formulierung der Fragen ist allerdings nicht so klar, daß die Objektivität der Ergebnisse jedem Zweifel entzogen wäre.

Die Untersuchung wollte wissen, ob man der Aussage „An menschlichen Embryonen darf auf keinen Fall, auch nicht zu medizinischen Zwecken, geforscht werden" zustimme. Eine leichte Mehrheit von 54 % stimmt zu (West 54 %, Ost 55 %), 42 % (West und Ost je 42 %) stimmen nicht zu. Daß es bei dieser Forschung um die Tötung von Embryonen geht, wird in der Frage nicht zum Ausdruck gebracht. Wäre es deutlich gesagt worden, wäre die Zustimmung vermutlich höher. Die Unklarheit der Frage dürfte also das Ergebnis beeinflußt haben. Von den Katholiken lehnen 61 %, von den Protestanten 54 % die Embryonenforschung ab, 33 % bzw. 41 % befürworten sie. Bei den sich als sehr religiös bezeichnenden steigt die Ablehnung auf 60 %, bei den der Kirche sehr stark verbundenen auf 67 % und bei den mehrmals wöchentlich am Gottesdienst teilnehmenden auf 78 %, bei den Anhängern von CDU/CSU sowie Bündnis 90/Die Grünen auf jeweils 57 %, während jene der anderen Parteien unter dem Bevölkerungsdurchschnitt bleiben (FDP 53 %, SPD 51 % und PDS 46 %). Nur bei den PDS-Anhängern spricht sich eine Mehrheit (52 %) für die Forschung an menschlichen Embryonen aus.

In einer anderen Frage wollte die Umfrage wissen, ob die Kirche zur Forschung an menschlichen Embryonen Stellung nehmen soll. Dies bejahen 61 % (West 62 %, Ost 55 %), von den Katholiken 68 %, von den Protestanten 65 %, 38 % verneinen dies (West 37 %, Ost 43 %). Deutlich stärker ist das Lager der Befürworter bei den sehr religiösen (69 %), den der Kirche sehr stark verbundenen

(74 %) und den mehrmals wöchentlich in die Kirche gehenden (76 %). Nur bei jenen, die nie in die Kirche gehen (52 %), die sich als nicht religiös einschätzen (ebenfalls 52 %) und die der Kirche nicht verbunden sind (51 %), haben die Stimmen, die derartige kirchliche Stellungnahmen ablehnen, eine hauchdünne Mehrheit.

Die Frage nach der Euthanasie ist in ihrer Formulierung noch problematischer als jene nach der Embryonenforschung. Die Untersuchung wollte wissen, ob man der Aussage zustimme, „Aktive Sterbehilfe darf auch bei Todkranken nicht angewendet werden". Drei Viertel der Befragten (76 %) lehnen diese Aussage ab, nur 18 % stimmen ihr zu und 4 % wissen nicht, was sie antworten sollen. Da die Frage den Eindruck erweckt, als müsse der, der diese Aussage ablehnt, die Sterbenden allein lassen, da von den medizinischen Alternativen zur Tötung nicht gesprochen wird und vermutlich auch nicht jedem klar ist, daß aktive Sterbehilfe Tötung heißt, ist die Dreiviertelmehrheit nicht überraschend. In der Regel verändert sich die Einstellung zur Euthanasie schnell, wenn die Alternativen der Palliativmedizin und der Hospizbetreuung zur Sprache kommen. Allerdings zeigen auch Allensbach-Untersuchungen, daß die Euthanasie von einer großen Mehrheit in Deutschland befürwortet wird. Im März 2001 sprachen sich 70 % für und nur 12 % gegen aktive Sterbehilfe aus bei 18 % Unentschiedenen. Die Befürworter einer ärztlichen Todesspritze für Schwerkranke auf Verlangen stiegen von 53 % 1973 auf 67 % 2001 (West 64 %, Ost 80 %), die Gegner halbierten sich von 33 % auf 16 % (West 19 %, Ost 6 %).[29]

Von den Katholiken lehnen nach der Untersuchung der Konrad-Adenauer-Stiftung auch nur 21 % die aktive Sterbehilfe ab, von den Protestanten 17 %. Ob die 73 % bzw. 78 %, die der Aussage, sie dürfe Todkranken nicht geleistet werden, nicht zustimmen, als Befürworter der Euthanasie bezeichnet werden können, steht dahin. Anzunehmen ist in jedem Fall, daß sich auch bei sehr klaren Formulierungen der Frage eine Mehrheit für die Euthanasie aussprechen würde. In den verschiedenen Altersgruppen sprechen sich ebenfalls große Mehrheiten für die Euthanasie aus. Am größten ist die Mehrheit bei den 35- bis 44-jährigen (84 %), am geringsten bei den über 60-jährigen (69 %). Nur 23 % der über 60-jährigen sprechen sich dagegen aus. Geschlecht, Bildungsabschluß und Einkommen bringen keine signifikanten Verschiebungen. Auch bei den sich als sehr religiös einschätzenden steigt der Anteil der Euthanasiegegner nur auf 34 %, bei den der Kirche sehr stark verbundenen auf 37 % und bei den mehrmals wöchentlich am Gottesdienst teilnehmenden auf 57 %. Nur bei der letzten Gruppe bilden die Euthanasiegegner eine Mehrheit. Die Befürworter kommen auf 30 %. Bei den der Kirche sehr stark verbunden und den sehr religiösen bleiben sie in der Minderheit. Die Befürworter kommen auf 51 % bzw. 57 %. Auch bei der Korrelierung der Frage mit den Parteipräferenzen zeigt sich, daß die Befürworter der Euthanasie in allen Parteien eine deutliche Mehrheit haben (FDP 85 % zu 14 %, Bündnis 90/Die Grünen 83 % zu 11 %, SPD 78 % zu 18 %, CDU/CSU 77 % zu 20 % und PDS 74 % zu 24 %).

In einem gewissen Kontrast dazu erwarten aber 85 % (West 86 %, Ost 82 %), von den Katholiken gar 89 % und von den Protestanten 88 %, daß die Kirchen zur Sterbehilfe für unheilbar Kranke Stellung nehmen sollen. Dabei wird kaum jemand von den Befragten annehmen können, daß die Kirchen aktive Sterbehilfe billigen.[30] Aber vielleicht ist auch die Frage zu undifferenziert gestellt, da sie nicht zwischen aktiver und passiver Sterbehilfe unterscheidet.

Die Abtreibung ist kein eigenes Thema der Untersuchung. Die Befragten sollten sich lediglich dazu äußern, ob die Kirche zur Zulässigkeit der Abtreibung Stellung nehmen soll. Dies wird von derselben Mehrheit bejaht wie die Frage nach Stellungnahmen zur Forschung an menschlichen Embryonen: 61 % erwarten solche Stellungnahmen (West 62 %, Ost 55 %), 38 % lehnen sie ab (West 37 %, Ost 44 %). Von den Katholiken erwarten dies 69 %, von den Protestanten 65 %. Auch diese Erwartung steht in einem gewissen Kontrast zu den Einstellungen zur Abtreibung. Nach einer Allensbach-Untersuchung vom Juni 2000 sind 26 % (West 22 %, Ost 42 %) für eine völlige Freigabe der Abtreibung in den ersten drei Monaten einer Schwangerschaft, 31 % für eine Freigabe nach obligatorischer Beratung, 25 % für eine weite und nur 10 % für eine enge medizinische Indikationenregelung.[31] Angesichts dieser sehr abtreibungsfreundlichen Einstellungen verwundert es, daß eine große Mehrheit kirchliche Stellungnahmen dazu erwartet. Die größte Mehrheit der Befürworter (66 %) findet sich überraschenderweise bei den Jugendlichen zwischen 16 und 24 Jahren. Hier ist generell eine größere Sensibilität gegenüber Fragen des Lebensschutzes und der Problematik der Tötung ungeborener Kinder zu beobachten. Während die Mehrheit jener, die solche Stellungnahmen erwarten, bei den sehr religiösen auf 76 % und bei den der Kirche sehr stark verbundenen auf 81 % steigt, steigt sie bei den mehrmals wöchentlich am Gottesdienst teilnehmenden überraschenderweise nur auf 69 %. Selbst bei jenen, die nur einmal in der Woche (76 %) oder gar nur einmal im Monat (73 %) in die Kirche gehen, ist sie höher. Eine Korrelierung dieser Frage mit den Parteipräferenzen zeigt, daß die Erwartung solcher Stellungnahmen bei den Anhängern der Bündnisgrünen mit 70 % deutlich höher ist als bei jenen der CDU/CSU (64 %) und der anderen Parteien (PDS 57 %, SPD 55 %, FDP 52 %). Das rechtfertigt aber noch nicht die Schlußfolgerung, daß die Grünen „zur zweiten christlichen Partei in Deutschland aufgestiegen (sind)". Gewiß zeigt die Untersuchung, daß sie „wesentlich wertorientierter sind als das ewige Unions-Anhängsel FDP"[32], aber die Synopse aller Antworten zwingt doch zu dem

Schluß, daß die Diskrepanz zwischen den Christdemokraten und den Grünen noch so groß ist, daß man von zwei Kulturen sprechen muß. Damit sind neue Koalitionsoptionen für die CDU/CSU nicht ausgeschlossen, da ja auch im Verhältnis zu den anderen Parteien zum Teil beträchtliche Differenzen in den Wertorientierungen und den daraus folgenden politischen Zielen vorliegen.

Die Umfrage macht deutlich, daß der christliche Glaube auch jenseits der bioethischen Handlungsfelder Einstellungen prägt und politische Konsequenzen fordert. Eine deutliche Mehrheit möchte die christliche Imprägnierung der Gesellschaft gewahrt wissen. Sie plädiert für eine Bewahrung (44 %) oder Verstärkung (33 %) des Einflusses christlicher Wertvorstellungen in der Politik und für die Beibehaltung des Gottesbezuges der Präambel des Grundgesetzes (56 %). Sie sieht im „C“, also in der Berufung auf das Christentum im Namen von CDU und CSU keinen Mißbrauch des Christlichen, sondern einen selbstgewählten Anspruch, an dem sich diese Parteien messen lassen müssen (60 %). Allerdings meint eine überwältigende Mehrheit (73 %) auch, daß CDU und CSU bei der Umsetzung christlicher Wertvorstellungen in der Politik Defizite haben, dem selbstgewählten Anspruch also nicht gerecht werden. Auch 59 % der Anhänger von CDU/CSU sind dieser Meinung.

Um diese Defizite auszugleichen und die christliche Imprägnierung der Gesellschaft zu bewahren oder wieder zu verstärken, reicht es nicht, der CDU/CSU das „C“ in Erinnerung zu rufen oder an alle Parteien zu appellieren, die christlichen Wurzeln Europas oder das naturrechtliche Fundament des Grundgesetzes nicht zu vergessen. Verfassungsrechtliche Ermahnungen, an der Unverfügbarkeit der Menschenwürdegarantie des Art. 1 GG festzuhalten,[33] oder politikwissenschaftliche Analysen, die die Bürgerloyalität der Christen und ihren Dienst am Gemeinwohl herausarbeiten,[34] sind hilfreich, um der Politik jene Orientierung zu geben, die die Präambel und Artikel 1 des Grundgesetzes von ihr erfordern. Aber auch sie reichen nicht. Wenn Deutschland sich zu Beginn des 21. Jahrhunderts als ein Missionsland präsentiert, dann ist darüber hinaus eine Neuevangelisierung notwendig, bei der die Christen selbst und das heißt die Kirchen gefordert sind, das Evangelium zu verkünden, sei es gelegen oder ungelegen, und ein Zeugnis der Hoffnung zu geben. Das Stuttgarter Schuldbekenntnis der EKD vom Oktober 1945 kann eine Hilfe sein für den täglich neu zu vollziehenden Aufbruch: mutiger zu bekennen, treuer zu beten, fröhlicher zu glauben und brennender zu lieben.

Anmerkungen

[1] Apostelgeschichte 17, 32.

[2] Allensbacher Archiv, IfD-Umfrage 7013, in: Trendmonitor „Religiöse Kommunikation 2003", hrsg. vom Institut für Demoskopie Allensbach und der Medien-Dienstleistung GmbH München, o. J. (2003), S. 16.

[3] Vgl. Lk 6, 26 „Weh euch, wenn euch alle Menschen loben, denn ebenso haben es ihre Väter mit den falschen Propheten gemacht."

[4] Vgl. M. Spieker, Hrsg., Katholische Kirche und Zivilgesellschaft in Osteuropa. Postkommunistische Transformationsprozesse in Polen, Tschechien, der Slowakei und Litauen, Paderborn 2003.

[5] So Franz Höllinger, Religion im Rückwärtsgang, Intellektualismus und Wohlstand zerstören die Kirchenbindung, in: Zeitzeichen, 6. Jg. (2003), Heft 7, S. 26.

[6] George Weigel, Zeuge der Hoffnung. Johannes Paul II., Eine Biographie, Paderborn 2002, S. 836.

[7] Johannes Paul II., Brief an alle deutschen Kardinäle vom 22.2.2001, in: Osservatore Romano (deutschsprachige Wochenausgabe) vom 23.3.2001, S. 9. Die konkreten Probleme der katholischen Kirche in Deutschland, die der Papst in diesem Brief anspricht, betreffen die Lehre an den Theologischen Fakultäten und die Priesterausbildung, das bischöfliche Lehramt, die Entwicklung von Ehe und Familie und die Pastoral an wiederverheirateten Ge-

schiedenen, Probleme in der Ökumene und die Zusammenarbeit von Priestern und Laien.

[8] Manfred Spieker, Kirche und Abtreibung in Deutschland. Ursachen und Verlauf eines Konflikts, Paderborn 2000; Rainer Beckmann, Der Streit um den Beratungsschein, Würzburg 2000.

[9] Apostelgeschichte 17, 34.

[10] Auch die Allensbach-Umfrage 2002 verzeichnet eine Dominanz der evangelischen Christen (36 %) gegenüber den Katholiken (32 %). Trendmonitor „Religiöse Kommunikation 2003", a.a.O., S. 19. Von einer Mehrheit der Katholiken spricht dagegen die Kirchenmitgliedschaftsstudie der EKD 2002, nach der 26,65 Millionen katholisch und 26,45 Millionen evangelisch sind: Kirche – Horizont und Lebensrahmen. Vierte EKD-Erhebung über Kirchenmitgliedschaft, hrsg. vom Kirchenamt der EKD, Hannover 2003, S. 29.

[11] Nach der Allensbach-Untersuchung ist die Diskrepanz zwischen Westdeutschland (79 %) und Ostdeutschland (27 %) noch größer.

[12] Hans-Joachim Veen, Bewährung als Volkspartei. Konfession und Wahlverhalten der Generationen, in: Die politische Meinung 238 (Mai/Juni 1988), S. 58ff.

[13] Allensbacher Jahrbuch der Demoskopie 1993–1997, hrsg. von Elisabeth Noelle-Neumann und Renate Köcher, München 1997, S. 257. Ebenfalls bei 8 % lag der Anteil der Atheisten in Tschechien und Estland, bei 7 % in der Slowakei, bei 5 % in Ungarn und Lettland, bei 2 % in Litauen und bei 1 % in Polen. Zu den Ländern Mittel- und Osteuropas vgl. auch Miklos Tomka/Paul M. Zulehner, Religion in den Reformländern Ost (Mittel) Europas, Ostfildern 1999, S. 206.

[14] Allensbacher Jahrbuch der Demoskopie 1998–2002, hrsg. von E. Noelle-Neumann und R. Köcher, München 2002, S. 355. Noch deutlich höher ist der Anteil der „überzeugten Atheisten" mit 12 % in Frankreich, deutlich geringer mit nur 1 % in den USA.

[15] Das Gesamtergebnis der Sonntagsfrage (Dezember 2002) lautete: CDU/CSU 53 %, SPD 27 %, Bündnis 90/Die Grünen 12 %, FDP 4 %, PDS 2 %.

[16] Allensbacher Jahrbuch für Demoskopie 1993–1997, a.a.O., S. 259. Bei den Katholiken ist die Wertschätzung religiöser Erziehung seitdem noch gestiegen. 2002 war sie für 68 %, bei jungen Familien mit Kindern für 75 % wichtig. Trendmonitor „Religiöse Kommunikation 2003", a.a.O., S. 37.

[17] Nach der Allensbach-Untersuchung, die eine andere Differenzierung vornimmt, gehen 11 % der Katholiken 2002 jeden Sonntag und weitere 15 % fast jeden Sonntag, mithin 26 % regelmäßig in die Kirche. Vgl. Allensbacher Archiv, IfD-Umfrage 4263, in: Trendmonitor „Religiöse Kommunikation 2003", a.a.O., S. 23. Die Umfrage bezog sich nur auf die Katholiken. Nach der EKD-Erhebung über Kirchen-Mitgliedschaft (a.a.O., S. 37) gehen von den Protestanten in Westdeutschland 2002 10 % „jeden oder fast jeden Sonntag" in die Kirche, in Ostdeutschland 15 %.

[18] Von den regelmäßig in die Kirche gehenden Katholiken waren dies 1983 noch 78 %. Vgl. H.-J. Veen, a.a.O., S. 61.

[19] Nach der Allensbach-Untersuchung sagen 2002 rund 7 % „Ich bin religiös, fühle mich aber nicht als Christ". Von den Katholiken sagen dies auch noch 5 %. Vgl. Allensbacher Archiv, IfD-Umfrage 7032, Trendmonitor „Religiöse Kommunikation 2003", a.a.O., S. 40f.

[20] Die Ergebnisse entsprechen einer Allensbach-Umfrage von 1993. Vgl. Allensbacher Jahrbuch für Demoskopie 1993–1997, a.a.O., S. 263.

[21] G. Weigel, Zeuge der Hoffnung, a.a.O., S. 790.

[22] Auf dieses schwierige Verhältnis der Deutschen zu Johannes Paul II. geht G. Weigel im Vorwort zur deutschen Ausgabe seiner Papstbiographie ein, Zeuge der Hoffnung, a.a.O., S. XIIIff.

[23] Nach der Allensbach-Umfrage 4263 von 2002 sind es nur 55 % der Katholiken, die an den dreifaltigen Gott glauben. Trendmonitor „Religiöse Kommunikation 2003", a.a.O., S. 47. Vgl. auch Andreas Püttmann, Wie eine Truppe, die nicht mehr an die eigene Zukunft glaubt. Kirche und Glaube in Deutschland: Die Bestandsaufnahme der Demoskopen, in: Die Tagespost vom 7.6.2003.

[24] Koran, Sure 9, 30. Vgl. auch Sure 5, 77.

[25] Vgl. auch R. Köcher, Nachhut oder Vorhut. Dem Christentum mangelt es an Selbstbewußtsein und Strahlkraft, in: Allensbacher Jahrbuch für Demoskopie 1993–1997, a.a.O., S. 295; auch in: FAZ vom 5.4.1995.

[26] II. Vatikanisches Konzil, Gaudium et Spes 13; M. Spieker, Das Menschenbild der katholischen Soziallehre. Dimensionen personaler Existenz und ihre sozialethischen Konsequenzen, in: Enrique H. Prat, Hrsg., Ökonomie, Ethik und Menschenbild, Wien 1993, S. 52ff.

[27] Nach der Allensbach-Umfrage 4263 sind es nur 56 % der Katholiken, die an ein Leben nach dem Tod glauben.

[28] Vgl. auch den Beitrag von Hermann Kues in diesem Band S. 76.

[29] Allensbacher Jahrbuch der Demoskopie 1998–2002, a.a.O., S. 682f.

[30] Vgl. die eindeutige Ablehnung der Euthanasie durch beide Kirchen in der gemeinsamen Denkschrift des Rates der EKD und der Deutschen Bischofskonferenz, Gott ist ein Freund des Lebens. Herausforderungen und Aufgaben beim Schutz des Lebens, Gütersloh 1989, S. 105ff.

[31] Allensbacher Jahrbuch der Demoskopie 1998–2002, a.a.O., S. 682.

[32] So Stefan Meetschen, Die Union und das „C". Neue Studie der Adenauer-Stiftung erschließt interessante Perspektiven für die Grünen, in: Die Tagespost vom 17.5.2003.

[33] Vgl. die Kritik von Ernst-Wolfgang Böckenförde an der Neuinterpretation von Art. 1, 1 GG im Grundgesetz-Kommentar von Maunz-Dürig durch Matthias Herdegen „Die Würde des Menschen war unantastbar", in: FAZ vom 3.9.2003.

[34] Andreas Püttmann, Ziviler Ungehorsam und christliche Bürgerloyalität. Konfession und Staatsgesinnung in der Demokratie des Grundgesetzes, Paderborn 1994.

Die halbierte Glaubensgesellschaft

Johannes Christian Koecke

Die repräsentative Umfrage der Konrad-Adenauer-Stiftung zu Religion, Politik und Gesellschaft weist zwei Besonderheiten auf: Sie setzt sich zum einen mit dem „C" in der Union auseinander und regt zu weiteren Überlegungen in dieser Frage an. Zum anderen weist sie im Gegensatz zu den allbekannt pessimistischen Umfragen im Hinblick auf Glaube, Religiosität und Kirchenbindung einige differenzierende Elemente auf. Aus der Sicht derjenigen, die das christliche Welt- und Menschenbild als konstitutive Grundlage von Politik ansehen, waren dies auch Zeichen von Hoffnung und Anlass zu einer gewissen Gelassenheit.

Der vorliegende Beitrag soll nun zur Klärung der Frage beitragen, wie die vergleichsweise optimistischen Zahlen eigentlich zu Stande kommen. Welche gesellschaftlichen Gruppen und Altersklassen sind die Stützen von Glaube, Religiosität und Kirchenbindung, welche sprechen sich eher dagegen aus? Wohin tendiert die Jugend? Wie wirken sich Parteipräferenzen auf die Aussagen aus? Gibt es ein einheitliches Bild oder setzen sich die Gruppen je nach Fragestellung neu zusammen?

Glaube und Religiosität – Bezugsgrößen für ein geschlossenes Milieu

Religiosität

Bei der noch nicht im Hinblick auf das Christentum spezifizierten Frage, ob die Befragten sich als „sehr", „ziemlich", „weniger" oder „überhaupt nicht" religiös bezeichnen, lassen sich schon mehrere Elemente einer im Laufe der Analyse sich ergebenden Typologie herausarbeiten.

43 % der Befragten insgesamt geben an, dass sie „sehr" oder „ziemlich" religiös seien. Dies ist gegenüber den 56 %, die sich als „weniger" (38 %) bzw. „überhaupt nicht" (18 %) religiös bezeichnen, nicht die Mehrheit. Geht man aber jetzt die einzelnen Befragungskategorien durch, zeigen sich gewichtige Unterschiede:

- Mit 48 %, die sich als „sehr" oder „ziemlich" religiös einstufen, liegen die westdeutschen Befragten über, mit 23 % die ostdeutschen stark unter dem Durchschnitt. Die unterschiedlichen Bevölkerungszahlen beider Landesteile sorgen dafür, dass sich der Durchschnitt eher dem westdeutschen Wert nähert.
- Auffällig ist die unterschiedliche Altersverteilung: Nur 27 % der 16- bis 24-jährigen und 35 % der 25- bis 34-jährigen Befragten gehören in die „religiöse" Gruppe, dagegen 50 % der über 60-jährigen und 49 % der 45- bis 59-jährigen. Religiosität ist also überwiegend eine Einstellung des mittleren bis älteren Bevölkerungsteils.
- Mit 48 % sind die weiblichen Befragten eher geneigt, sich als „sehr" oder „ziemlich religiös" zu bezeichnen.
- Schulabschluss, Einkommen und Beruf geben im Gegensatz zu den weiter unten behandelten Fragen keine eindeutige Tendenz zu erkennen, allenfalls ein leicht überdurchschnittliches Auftreten der Rentner.
- Bei der Parteipräferenz ist aber deutlich festzustellen,

dass nur die Anhänger der CDU/CSU sich überdurchschnittlich häufig als religiös bezeichnen (51 % gegenüber 40 % der Grünen, 38 % der SPD-Wähler, 19 % der FDP- und 14 % der PDS-Wähler – für fast alle im Kapitel „Glaube und Religiosität" zu behandelnden Fragen gilt im Übrigen diese Reihenfolge).

- Katholiken bezeichnen sich mit 60 % überdurchschnittlich häufig als „sehr" oder „ziemlich religiös", Protestanten stehen dabei mit 48 % zurück.

Diesem Mustertypus des Religiösen (westdeutsch, älter als 45, weiblich, CDU/CSU-Anhänger, eher katholisch) steht der Mustertypus des wenig oder gar nicht Religiösen gegenüber:

- Mit 39 % Befragten, die angeben, „überhaupt nicht" religiös zu sein, ist der Anteil der Ostdeutschen sehr groß (bundesweiter Durchschnitt: 18 %). 76 % der Ostdeutschen bezeichnen sich als „wenig" oder „überhaupt nicht" religiös.
- Ihnen stehen nur wenig die Jüngeren von 16 bis 24 Jahren nach, die in Gesamtdeutschland zu 25 % „überhaupt nicht" und zu 48 %, also fast die Hälfte, „wenig" religiös sind, in summa also 73 % auf der ‚kritischen' Seite. Interessante Nebenbeobachtung: Die jüngeren, in der Mehrheit ja westdeutschen Befragten, schrecken offensichtlich vor dem „überhaupt nicht" zurück (nur 7 Prozentpunkte Abweichung vom Durchschnitt), haben dafür aber eine deutliche Mehrheit bei der vorsichtigeren Antwort „weniger religiös".
- Es herrscht leichtes Übergewicht im ‚negativen' Segment bei den männlichen Befragten.
- Auffallend viele Arbeiter (73 %) bezeichnen sich als wenig oder überhaupt nicht religiös.
- Mit jeweils 81 % sind PDS- und FDP-Anhänger in dieser Kategorie ‚unschlagbar'.

Mit dieser genaueren Analyse sind im Grunde die Muster vorgezeichnet, die im weiteren Verlauf der Untersuchung immer wieder zu finden sind. Es wird nicht nötig sein, dies im einzelnen noch einmal ausführlich aufzulisten; interessanter ist, Abweichungen festzustellen. Die werden dann erst deutlich bei der Einstellung zu Rolle und Bedeutung der Kirchen, denn Glaube und Religiosität sind eine Sache, eine (teilweise) positive Einstellung zur Kirche oder zu „christlichen Werten" eine andere.

Persönlicher Gott – überirdische Macht

Mit der Frage nach der persönlichen Gottesvorstellung berührt man gleichsam den inneren Kern des Themenfeldes Glauben und Religiosität. Was sich hier an gesellschaftlicher Differenzierung zeigt, zeigt sich auch in den anderen thematischen Bereichen wie christliche Glaubensvorstellungen und christliches Menschenbild.

Zur Ausgangslage: 30 % der Befragten insgesamt stimmen dem Satz zu: „Es gibt einen persönlichen Gott", für 40 %, also deutlich mehr, gibt es eine „überirdische Macht", 11 % wissen nicht, was sie glauben sollen, 17 % glauben nicht, dass es einen Gott oder irgendeine überirdische Macht gibt, sind also Atheisten oder Agnostiker.

Die Vorstellung von einem persönlichen Gott, also die am deutlichsten mit christlicher Tradition und Lehre übereinstimmende Vorstellung, wird zwar mit 32 % im Westen deutlich mehr geteilt als im Osten mit 20 %, unterliegt aber klar gegenüber der unscharfen Vorstellung von der überirdischen Macht, die eine Art Sammelbegriff für alles unspezifische christliche bzw. religiöse Denken darstellt und von 44 % im Westen vertreten wird.

Erwartbar war das Ergebnis, dass vor allem die mittleren bis älteren Jahrgänge (45 bis 59 Jahre) an einen persönlichen

Gott glauben (34 %); erstaunlich ist dagegen, dass die Anteile bei den Befragten über 60 Jahre wieder zurückgehen (24 %). In dieser Altersklasse besteht dann auch die größte Zustimmung für den Glauben an eine überirdische Macht (51 %). Sind sonst eigentlich die über 60-jährigen die treuesten Anhänger des christlichen Welt- und Menschenbildes, tritt eine solche Abweichung deutlich nur noch einmal bei der Frage nach einem Leben nach dem Tod auf (s. u.), wo die über 60-jährigen die Gruppe mit der schwächsten Zustimmung stellen.

Als Hypothese, die durch weitere Untersuchungen erhärtet werden müsste, lässt sich formulieren, dass mit dem nahenden Tod bei vielen Menschen offensichtlich bestimmte (keineswegs alle) Glaubensvorstellungen brüchiger werden.

Die Werte sowohl für den persönlichen Gott als auch die überirdische Macht liegen wie schon bei der Religiosität bei Frauen höher als bei Männern. Bildung, Einkommen und Beruf geben Hinweise auf die Transzendenzvorstellung, insofern die Vorstellung von der überirdischen Macht überdurchschnittlich viel von Gutverdienenden (48 %, + 8 Prozentpunkte gegenüber Durchschnitt), leitenden Angestellten/Beamten (50 %, + 10 Prozentpunkte) und Freiberuflern (46 %, + 6 Prozentpunkte) vertreten wird, was bei diesen Gruppen zu Lasten der persönlichen Gottesvorstellung geht. Deutliche Ausschläge nach oben sind bei der Antwort „es gibt einen persönlichen Gott" dagegen nicht zu verzeichnen.

Mit 35 % ist die Zustimmung der Unionsanhänger zur persönlichen Gottesvorstellung nur leicht überdurchschnittlich. Die Anhänger der PDS (13 %), der FDP (21 %) und der SPD (23 %) fallen deutlich ab, die Ergebnisse der Grünen sind mit 29 % leicht unterdurchschnittlich. Am besten schneiden mit 41 % die Sonstigen ab, was vermutlich durch Anhänger religiös motivierter Parteien zu erklären ist.

Wie auch schon von den Ergebnissen im Hinblick auf die Sozialstruktur her zu erwarten, sind die Grünen die führenden Vertreter der Vorstellung einer überirdischen Macht (48 %), Unionsanhänger befürworten mit 44 % allerdings diese Vorstellung eindeutig mehr als die klassische christliche Gottesvorstellung, SPD-Anhänger haben den gleichen Wert, FDP-Anhänger fallen dabei nicht so deutlich ab wie sonst (35 %), nur bei den PDS-Sympathisanten fällt auch die nichtchristliche Transzendenzvorstellung auf steinigen Boden (21 %, minus 19 Prozentpunkte gegenüber dem Durchschnitt).

Katholiken sprechen sich zwar nicht mehrheitlich, aber doch überdurchschnittlich für die persönliche Gottesvorstellung aus (40 %, + 10 Prozentpunkte gegenüber Durchschnitt, + 11 gegenüber Protestanten). Protestanten haben dagegen ein großes Faible für die unverbindlichere Transzendenzvorstellung (50 % Zustimmung für die „überirdische Macht“).

Fasst man dies zusammen, so ist die Vorstellung vom persönlichen Gott eher im Westen, eher bei weiblichen Personen mittleren Alters, eher bei Unionsanhängern und Katholiken zu finden, die unbestimmte Transzendenzvorstellung eher im Westen, eher bei Personen mittleren bis höheren Alters, eher bei Frauen, Gutverdienenden, leitenden Angestellten, Anhängern der Grünen und Protestanten.

Dieses Bild wird kontrastschärfer, wenn man es mit der ablehnenden Antwort „es gibt weder ... noch ...“, also dem atheistischen bzw. agnostischen Potential vergleicht.

Hierbei fällt erwartungsgemäß der hohe Anteil an Ostdeutschen (38 %, + 21 Prozentpunkte gegenüber Durchschnitt) auf. Auch jüngere Personen unter 24 Jahre sind mit 27 % (+ 10 Prozentpunkte) stark vertreten. Männer sind leicht überdurchschnittlich (22 %, + 5 Prozentpunkte). Auch Arbeitslose und Arbeiter finden sich mit je 26 % (+ 9 Prozentpunkte) relativ häufig in dieser Gruppe, in der natürlich die PDS-Anhänger mit 46 % (+ 29 Prozentpunkte) dominieren, in weitem Abstand gefolgt von den SPD-Anhängern (23 %).

Betrachtet man also einmal die Parteipräferenzen in Verbindung mit der Gottesvorstellung zusammengefasst, so stellen sich Unions- und Grünenanhänger als starke Vertreter eines Transzendenzbildes dar, allerdings mit unterschiedlichen Gewichten: bei der Union mehr in Richtung persönlicher Gott, bei den Grünen eher in Richtung überirdische Macht. Die SPD-Anhänger folgen mit starker Neigung zur überirdischen Macht und nennenswertem Potential an genereller Ablehnung. Die FDP-Anhänger schwanken zwischen überirdischer Macht und „weiß nicht richtig" (30 %, + 19 Prozentpunkte gegenüber Durchschnitt), haben aber wenig Zugang zur persönlichen Gottesvorstellung. Die PDS-Anhänger sind die einzigen, bei denen die generelle Ablehnung der Transzendenzvorstellungen überwiegt.

Beten

Der persönliche Gott ist auch ein persönlicher Bezugspunkt, jemand, den man im Gebet anspricht. Von einer überirdischen Macht sagt man eventuell noch, dass sie „da sei", dass sie „über uns walte", ansonsten bleibt sie fern.

Dass dies in der Bevölkerung so stringent nicht gesehen wird, zeigt sich daran, dass immerhin zwei Drittel (67 %), also mehr als doppelt so viel wie Vertreter der persönlichen Gottesvorstellung, angeben, dass sie überhaupt, wie oft auch immer, beten. Dies setzt sich zusammen aus 19 %, die „ein- oder mehrmals im Jahr", 12 %, die „ein- oder mehrmals im Monat", 12 %, die „ein- oder mehrmals die Woche" sowie (immerhin) 24 %, die „ein- oder mehrmals am Tag" beten.

Schaut man sich jetzt einmal die Extrempositionen an, treten die vertrauten Muster wieder auf: Der tägliche Beter ist eher im Westen zu finden (28 %), ist über 45 Jahre (27 % bzw. 33 % über 60 Jahre), deutlich eher weiblich (33 % zu 15 % bei den Männern), hat eher einen einfachen Schulabschluss (29 % mit Hauptschulabschluss zu 21 % mit Abitur), eher geringer verdienend (32 % zu 22 % der Gutverdienenden). Unionsanhänger stechen mit 27 % nur wenig heraus, ansonsten zeigt sich die übliche Reihenfolge: Grüne 20 %, SPD 19 %, FDP 16 %, PDS 7 %. Katholiken haben auch dabei ein deutliches Übergewicht (37 % zu 26 % Protestanten).

Nie beten dagegen mit deutlicher Mehrheit Ostdeutsche (59 %) und jüngere Befragte (42 % (!) der 16- bis 24-jährigen, 36 % der 25- bis 34-jährigen). Männer sind überdurchschnittlich vertreten (38 %). Arbeiter stechen mit 45 % deutlich heraus. Die Parteipräferenzliste von oben tritt hier gespiegelt auf: PDS-Sympathisanten mit 81 %, FDP-Anhänger mit 48 % und SPD-Anhänger mit 34 %.

Christliche Glaubensinhalte

Die Betrachtung der Zustimmung bzw. Ablehnung zentraler christlicher Glaubensinhalte fördert keine wesentlich neuen Erkenntnisse zu Tage. Das Zustimmungsmuster „westlich", „zweite Lebenshälfte", „weiblich", „geringere Ausbildung", „Unionsanhänger" „katholisch" wird bestätigt, verstärkt sich aber bei den Dogmen noch einmal auf der Seite der Personen mit geringer Bildung:

- Dass Christus von den Toten auferstanden ist, glauben 60 % der Befragten mit Volks- oder Hauptschulabschluss, aber nur 40 % der Befragten mit Abitur.
- dass Gott in drei Personen existiert: 55 % Zustimmung bei Hauptschulabschluss, 38 % bei Abitur
- dass Jesus Christus zugleich Gott und Mensch war:

61 % Zustimmung bei Hauptschulabschluss, 43 % bei Abitur
- jüngstes Gericht: 54 % Zustimmung bei Hauptschulabschluss gegenüber 34 % bei Abitur.

Die christlichen Glaubensinhalte sind der Prüfstein, an dem sich die Geister deutlicher scheiden als bei den bisherigen Fragen, weil die Fragealternative klarer ist und mit der „überirdischen Macht" keine ‚Erklärungsnotstandsinstanz' zur Verfügung steht:
- Im Osten ergibt sich nur noch ein Drittel Zustimmung für die Dogmen. Dies ist geringfügig mehr als bei der Frage nach dem persönlichen Gott (20 %), was wohl daran liegt, dass von den 24 % Ostdeutschen, die an eine „überirdische Macht" glauben, einige hier zugestimmt haben.
- Bei jungen Befragten ist die Lage vergleichbar; erst bei Fragen, die mit Auferstehung und Jüngstem Gericht zu tun haben, werden sie aufgeschlossener (vgl. unten Christliches Menschenbild). Bei älteren Befragten dreht sich das Verhältnis zwischen Zustimmung und Ablehnung um.
- Alle erfragten christlichen Glaubensinhalte finden bezogen auf die Parteipräferenz nur noch bei Unionsanhängern eine Mehrheit.
- Katholiken liegen in der Zustimmung durchschnittlich 10 Prozentpunkte höher als Protestanten, beide aber teilen die Inhalte mehrheitlich.

Christliches Menschenbild

In der Diskussion um die Weltgestaltung aus dem christlichen Glauben heraus wird gerne ein Unterschied gemacht zwischen dem christlichen Weltbild als Kernbereich des Glaubens und dem christlichen Menschenbild als weniger dogmenzentrierter Auffassung. Während das christliche Weltbild, Schöpfung, Menschwerdung Gottes, Auferstehung, Gericht gemeinhin als nur für überzeugte Christen, nicht aber für Glaubensferne oder Angehörige anderer Religionen vermittelbar gilt, wird vermutet, das christliche Menschenbild könne seine Attraktivität für weite Teile der Gesellschaft entfalten.

Die Umfrage erlaubt die Gegenprobe, nämlich die Überprüfung, ob das christliche Menschenbild, also z. B. die Auffassung, der Mensch sei von Gott geschaffen, wirklich weitere Akzeptanz findet oder auf die Bevölkerungsgruppen beschränkt bleibt, die sich in Fragen von Religiosität und Glauben zuvor schon als der Rückhalt erwiesen haben.

Die Ergebnisse der Umfrage legen eine differenzierte Antwort nahe.

Zunächst zeigen die Zahlen bezogen auf die Gesamtbevölkerung, dass die Vermutung größerer Akzeptanz des christlichen Menschenbildes zumindest tendenziell richtig ist: Bewegten sie sich bei den Glaubensinhalten nur zwischen 43 % und 52 %, so rangieren sie beim christlichen Menschenbild, sieht man einmal ab von den beiden Ausreißern, der Frage nach der Fehlbarkeit des Menschen (85 % Zustimmung) und der nach der Nichtzulässigkeit von aktiver Sterbehilfe (18 % Zustimmung), zwischen 51 % und 60 %. Dies zeigt aber auch, dass die Bevölkerung Glaubensdinge eher mosaikhaft behandelt. Nur 30 % glauben an einen persönlichen Gott, aber 60 %, dass Gott in jedem menschlichen Leben wirksam und erfahrbar ist. Möglicherweise hat aber auch die Formulierung „persönlicher Gott" eine besondere Reserve hervorgerufen.

Liegen also die „christlich" formulierten Elemente des christlichen Menschenbildes im Durchschnitt 8 Prozentpunkte in der Akzeptanz höher als die christlichen Glaubensinhalte, so ändert sich doch an der Akzeptanzstruktur bis auf eine Ausnahme nichts Wesentliches: die Befürworter stammen zu einem erheblichen Teil wieder aus dem Westen (im Durchschnitt 26 Prozentpunkte höher als im Osten!), sind mehrheitlich über 45 Jahre, eher weiblich, eher von geringerer Schulbildung und neigen eher der CDU oder den Grünen zu.

Einzige Ausnahme bildet die Frage nach dem Leben nach dem Tode. Bei weiterhin bestehendem fundamentalen West-Ost-Unterschied sind es hier plötzlich die Befragten unter 24 Jahren, die die relativ stärkste Gruppe bilden und mit 11 Prozentpunkten über dem bundesweiten Durchschnitt liegen. Parallel dazu fallen die Befragten über 60 Jahre mit 12 Prozentpunkten unter den Durchschnitt. Schlüsse aus diesen wenigen Zahlen zu ziehen, ist schwierig, doch ist die Koinzidenz mit der Frage nach der Auferstehung Christi auffällig. Es bestätigen sich Untersuchungsergebnisse, nach denen bestimmte ‚Mosaiksteinchen' des christlichen Glaubens (Leben nach dem Tode, Engel), vielleicht wegen ihrer Kompatibilität mit Trendreligionen, akzeptiert werden.

Einer der Ausreißer ist sehr aufschlussreich: Der Aussage „Der Mensch ist grundsätzlich unvollkommen und fehlbar" stimmen 85 % aller Befragten zu. Diese Schutzklausel vor totalitärer Überhebung findet auch im Osten der Republik hohe Akzeptanz (81 %) und auch jüngere Befragte stimmen ihr deutlich zu (76 % der 16- bis 24-jährigen). Im Unterschied zu den vorherigen Fragen vermeidet der Fehlbarkeitssatz in der gestellten Form aber auch jeglichen Bezug zur Transzendenz, zum christlichen Gott, er ist universal-humanistisch formuliert und kann auch von Agnostikern unterschrieben werden.

Daraus folgt, dass das christliche Menschenbild nur dann den Sprung aus dem vorgeprägten Milieu schaffen kann, wenn es sich terminologisch seiner ‚Anstößigkeit' entledigt, wenn es zu einer allgemeinen Weltweisheit homogenisiert wird. Die Bevölkerung hat offenkundig kein Problem mit den in geistigen Raffinierungsprozessen gewonnenen ‚Werten' der christlichen Botschaft und des christlichen Menschenbildes, mit der moralischen Essenz gleichsam, sie kann aber nur noch eingeschränkt, d. h. je nach ‚Anstößigkeit' noch gerade oder nicht mehr mehrheitlich, die religiösen Grundlagen der Werteessenz mittragen.

Dass nur 18 % der Bevölkerung der Aussage zugestimmt haben, „aktive Sterbehilfe darf auch bei Todkranken nicht angewendet werden", ist auf den ersten Blick aus Sicht der Kirche und christlicher Politiker schockierend. Sollte der Lebensschutz auf der Seite des Lebensendes schon so weit erodiert sein? Auf Basis der vorliegenden Zahlen lässt sich die Frage nicht abschließend beantworten. Vergleiche mit anderen Umfragen, z. B. der im Oktober 2003 veröffentlichten Erhebung der EKD zur Kirchenmitgliedschaft, legen aber die Hypothese nahe, dass sich die aktive Sterbehilfe allmählich enttabuisiert und über die Begriffe ‚Würde' und ‚Entscheidungsfreiheit' auch bei Kirchenmitgliedern zur Option wird.

Kirche – Identifikationspunkt und ferne Größe

Glaube und Kirche werden gemeinhin in einem Atemzug genannt. Wenn von der ‚Säkularisierung' die Rede ist, beschreibt man unisono den Rückgang von Bindungen sowohl an die Transzendenz als auch an die Institution, die – soziologisch formuliert – die Hinwendung zur Transzendenz organisiert.

Die Umfrage der Konrad-Adenauer-Stiftung erlaubt keinen Zeitvergleich, sondern nur, einen Jetztzustand festzustellen, der in punkto Glaube, Religiosität und christliches Menschenbild ein 50-50-Bild der deutschen Gesellschaft zeigt, auf der Habenseite im wesentlichen gestützt durch die mittlere und ältere westliche Bevölkerung.

Wechselt man den Blick auf den Bereich Kirche, zeigt sich ein verändertes Bild, das die einfache Analogisierung von Glaube und Kirche verbietet. Die Beurteilung von Kirche *kann*, aber *muss nicht* den gleichen Mustern folgen, die bei den Glaubensfragen zu beobachten sind. Kirche ist in den Augen vieler auch (vielleicht sogar nur noch) ein gesellschaftlicher Akteur, wird als solcher beurteilt und bewertet und muss nicht zwingend – vor allem da nicht, wo er ‚im Trend' liegt – in den Abwärtssog gezogen werden. Es ist auffällig, wie differenziert und bunt sich Akzeptanz und Ablehnung kirchlicher Aktivitäten herleiten: Bevölkerungsgruppen, die bei den Glaubensfragen sich meist ablehnend äußern, können in bestimmten Aspekten kirchlichen Handelns, z. B. bei den gesellschaftlichen Stellungnahmen, viel Positives erkennen – und sich davon doch nicht leiten lassen.

Kirchenbindung / Kirchgang

Dies gilt für Kirchenbindung und Kirchgang mit Sicherheit nicht, ist es doch dabei nicht möglich, aus der Ferne zu urteilen. Zustimmung bedeutet hier Identifizierung, und die ist nicht möglich ohne das Fundament des christlichen Glaubens. Es nimmt daher nicht Wunder, dass die Muster aus dem vorhergehenden Kapitel sich wiederholen.

Zunächst einmal ist festzustellen, dass 21 % sich insgesamt für „sehr stark" oder „stark" mit der Kirche verbunden halten, 9 Prozentpunkte weniger, als angeben, an einen persönlichen Gott zu glauben. 49 % halten dies in der Schwebe („etwas" verbunden) und immerhin 30 % geben an, überhaupt nicht mit der Kirche verbunden zu sein. Das sind also wesentlich mehr Befragte, als sich als „überhaupt nicht religiös" bezeichnen. Die Ablehnung von Kirchenbindung ist längst nicht im gleichen Maße marginalisiert wie das Bekenntnis zum Atheismus oder Agnostizismus. Bei Ostdeutschen und jüngeren Befragten unter 24 Jahren liegt die Zahl sogar bei 50 Prozent. Starker Rückhalt für die Kirchen ist in diesen Gruppen nur noch bei 11 % (Ostdeutsche) oder 7 % (16- bis 24-jährige) gegeben.

Sehr starke oder starke Kirchenbindung ist ansonsten überdurchschnittlich bei Personen über 60 Jahren (+ 9 Prozentpunkte gegenüber dem Durchschnitt), geringeren Bildungsgrades (+ 3 Prozentpunkte), bei CDU-Anhängern (+ 8 Prozentpunkte) und bei Katholiken (+ 12 Prozentpunkte).

Die Beobachtung wiederholt sich beim Kirchgang. Den traditionellen wöchentlichen Kirchgang unternehmen nur noch 9 % der Bevölkerung, weitere 13 % gehen mindestens einmal im Monat zur Kirche; zusammen also ungefähr so viele, wie sich als „sehr stark" oder „stark" verbunden bezeichnet haben. Der wöchentliche Kirchgang kommt in halbwegs nennenswerter Form (14 %) nur noch bei den über 60-jährigen, Rentnern und Geringerverdienenden vor; CDU-Anhänger und Grüne weichen nicht voneinander ab, stechen aber beide auch kaum heraus (beide 11 %), mit 18 % sind Katholiken deutlich erkennbar, Protestanten mit 8 % unterdurchschnittlich.

„Nie" in die Kirche gehen dagegen vor allem Ostdeutsche (37 %), Jüngere (34 %), Arbeiter (36 %) und besser Gebildete (26 %).

Kirche vor Ort

Eines der auffälligeren Ergebnisse der Umfrage ist die Bedeutung, die Kirche ‚vor Ort' hat, also die gegebene bzw. erwünschte Nähe zu einem Geistlichen im Gespräch. Immerhin 65 % der Befragten, die Mitglied einer christlichen Konfession sind oder waren, kennen den/die Pfarrer/in ihrer Gemeinde persönlich, 43 % aller Angehörigen einer christlichen Konfession geben an, dass sie sich mit ihm auch schon einmal intensiv unterhalten hätten. Von diesen wiederum wünschen sich 54 %, dies öfter zu tun.

Wenn also zwei Drittel aller Christen in Deutschland ihre/n Pfarrer/in persönlich kennen, fast die Hälfte sich schon einmal intensiv mit ihr/ihm unterhalten hat und davon die Mehrheit eine Wiederholung wünscht, ist dies ein deutliches Zeichen für die Akzeptanz und Verwurzelung der Kirche in der Gemeinde, ja geradezu ein Plädoyer für den direkten persönlichen Ansatz von Kirche.

Es ist nun wichtig zu wissen, welche Klientel dabei angesprochen werden kann; ist es nur wieder die bereits bekannte, die in den Glaubensfragen sich als die stabilste erwies und ihre Verbundenheit mit der Kirche bezeugt? Das Ergebnis ist aufschlussreich. Zwar erreichen die glaubensstarken Gruppen auch hier die Spitzenwerte, aber der Abstand zu den Milieus, die in den oben behandelten Fragen deutlich zurückliegen, ist längst nicht so groß. So sind es immerhin 58 % der Ostdeutschen (Westdeutsche: 66 %), die ihren Pfarrer kennen, 41 % (zu 44 % im Westen), die sich mit ihm intensiv unterhalten haben und 49 % (zu 54 % im Westen), die dies öfter zu tun wünschen.

Auch die Problemgruppe Jüngere unter 24 Jahren kennt ihren Pfarrer persönlich (62 %), hat sich allerdings schon nicht mehr so häufig intensiv mit ihm unterhalten (37 % gegenüber 43 % im bundesweiten Durchschnitt) und scheint wenig Lust zu verspüren, dies öfter zu tun (26 %, entspricht minus 28 Prozentpunkte gegenüber Durchschnitt!). Wer das Gemeindeleben kennt, weiß, wie schwer es den Geistlichen fällt, Jugendliche – zugespitzt formuliert – außerhalb der Sakristei zu erreichen (was keineswegs nur an ihnen liegt!).

Als eine weitere Besonderheit kommt hinzu, dass dieser persönliche Kontakt zwischen Pfarrer und Bevölkerung neben den allgegenwärtigen Älteren auch von den Bessergestellten der Gesellschaft getragen wird, im Gegensatz dazu Arbeiter und Arbeitslose in auffälliger Weise an diesem Dialog nicht teilnehmen. Dies muss nicht mit einem mangelnden Interesse erklärt werden: Zwar sagen nur 32 % der Arbeitslosen, dass sie sich mit dem Pfarrer bereits intensiv unterhalten hätten (zum Vergleich: leitende Angestellte 52 %), aber 71 % (leitende Angestellte: 61 %) geben an, dies gerne öfter tun zu wollen. Es wäre schade, wenn aus diesen Ergebnissen das Bild einer Honoratiorenkirche abgeleitet werden müsste, die die Problemzonen unserer Gesellschaft nicht mehr persönlich erreicht, sondern nur noch über sie in kirchlichen Stellungnahmen spricht.

Politisch gesehen sind es die CDU-Anhänger, im geringeren Maße die Grünen, die ‚Kirche vor Ort' stützen. Die CDU-Anhänger haben überdurchschnittliche persönliche Kenntnis ihres Pfarrers (70 %, + 5 Prozentpunkte mehr als Durchschnitt), haben sich mehr als andere mit ihm intensiv unterhalten (47 %, + 4 Prozentpunkte) und wünschen mehr als andere, dies häufiger zu tun (58 %, + 4 Prozentpunkte).

Es nimmt nicht besonders Wunder, dass die Ebene des Bischofs von den insgesamt freundlichen Ergebnissen zu ‚Kirche vor Ort' wenig berührt wird. Nur 33 % insgesamt kennen den Namen ihres Bischofs, darunter vorrangig Ältere, CDU-Anhänger und Katholiken (52 %, mit deutlichem Abstand vor den Protestanten mit 26 %). Nur 17 %, darunter vor allem Katholiken mit häufigem Kirchgang, sind ihm schon mal persönlich begegnet.

Aufgaben der Kirche

Zu der Frage, wie man die Aufgaben der Kirchen beurteilt, was als wichtige, was als weniger wichtige Aufgabe eingestuft wird, kann man sich auch äußern, wenn man sich selber nicht der Kirche verbunden fühlt oder gläubig ist. Zielten die bisher analysierten Fragen nach der inneren Überzeugung der Befragten, also wie sie persönlich zu Glaube und Kirche stehen, sind die Fragen nach Aufgaben und Stellungnahmen der Kirche Beurteilungsfragen, die man auch aus der Distanz beantworten kann.

Im Folgenden wird daher zu beobachten sein, dass sich die bis zu diesem Punkt der Untersuchung relativ festgefügte Milieustruktur auflöst und dass Gruppen, die bisher abseits standen, an vorderster Front mitmischen. So können z. B. PDS-Anhänger zusammen mit Katholiken mit häufigem Kirchgang der Ansicht sein, dass Hilfe für Familien in Not eine genuine Aufgabe der Kirchen sei.

Es ist interessant zu beobachten, wie sich zu jeder Frage nach einzelnen Tätigkeitsfeldern der Kirchen ein eigenes Milieu zusammensetzt:

- *Hilfe für Familien in Not* ist mit 87 % eine allgemeine breit akzeptierte Tätigkeit der Kirchen, besonders aber jüngere Befragte, geringer Verdienende, Grüne und PDS-Anhänger sprechen sich dafür aus. Damit sind Betroffene und sozial Engagierte in einem Boot, mögen sie jeweils auch noch so kirchenfern sein.
- *Der Betrieb von Krankenhäusern* findet insgesamt mehrheitlichen Rückhalt (56 %), erfreut sich aber besonders bei Ostdeutschen, geringer Verdienenden, Arbeitslosen (die sonst der Kirche sehr fern stehen) und FDP-Anhängern einer besonderen Beliebtheit.
- *Seelsorge* und *Gestaltung von Gottesdiensten* werden als zentrale Aufgaben angesehen und haben daher so hohe Umfragewerte, dass Nuancen nicht deutlich hervortreten.
- An dem *Betrieb von Kindergärten* scheiden sich die Geister in West und Ost: 63 % der Westdeutschen, aber nur 48 % der Ostdeutschen (Durchschnitt: 59 %) sehen dies als Aufgabe der Kirchen an. Weiterhin fällt die Reserve auf, die das Bildungsbürgertum gegen die kirchlichen Kindergärten hegt. Personen mit Abitur, leitende Angestellte, Grüne und FDP-Anhänger zeigen besonders niedrigere Zustimmungswerte.

- Dafür sind diese Gruppen wieder auf der Zustimmungsseite, wenn es um die *Schwangerenkonfliktberatung* geht, die umgekehrt auf besondere Ablehnung im Osten trifft. Sind es landesweit 47 %, die diese Aufgabe der Kirchen unterstützen, so bekennen sich nur 36 % der Ostdeutschen dazu. Interessant ist auch, dass die sonst überdurchschnittlich bei den Akzeptanzwerten vertretenen Frauen hier unterdurchschnittlich zustimmen.
- Grüne, Arbeitslose und Personen zwischen 35 und 44 Jahren, die in der Umfrage sonst nirgendwo auffällig sind, stehen dagegen besonders hinter der *Entwicklungshilfe* als kirchlicher Aufgabe.
- Die *Mitgestaltung von Rundfunk- und Fernsehprogrammen* ist allgemein als Aufgabe der Kirchen wenig gewünscht (nur 23 % dafür), es können sich dafür überdurchschnittlich auch nur die ganz treuen Kirchgänger über 60 Jahre erwärmen.
- Hinter der *Militärseelsorge* (allgemein 72 % Zustimmung) stehen vor allem ältere Leute, Rentner, Leitende Angestellte und erstaunlicher Weise ein unisono gestimmtes demokratisches Spektrum aus CDU-, SPD-, FDP- und Grünenanhängern. Die PDS steht völlig abseits (40 %).

Der *Betrieb von Schulen* durch die Kirchen ist ein eigenes, höchst interessantes Kapitel der Untersuchung. Zu dieser Frage hat sich ein common sense gebildet, der im großen und ganzen folgendes besagt: Es mag eine Zeit gegeben haben, in der Schulen in kirchlicher Trägerschaft als passé galten. Mit der Renaissance des Bildungsbewusstseins in den letzten Jahren ist dieser Progressismus seinerseits anachronistisch geworden. Man setzt auf gute Bildungsangebote und dazu zählen eben auch Schulen in kirchlicher Trägerschaft.

Die Zahlen der Umfrage sprechen eine etwas andere Sprache. Zunächst ist die allgemeine Zustimmung für die

Schulträgerschaft als kirchliche Aufgabe nicht groß: Nur 28 % der Gesamtbevölkerung halten den Betrieb von Schulen für eine kirchliche Aufgabe. Forscht man nach, wer denn hinter dieser Meinung steht, so begegnen einem viele alte Bekannte: Personen über 60 Jahre, gering Verdienende, Rentner, ungewöhnlicherweise Arbeitslose, CDU-Anhänger und Katholiken.

Auf der anderen, der ablehnenden Seite, finden sich all diejenigen wieder, die den vorhin formulierten angeblichen Commonsense eigentlich mitvertreten können müssten: Die besser Verdienenden (+ 4 Prozentpunkte über dem Durchschnitt der Ablehner von 70 %), besser Ausgebildeten (+ 3 Prozentpunkte), leitende Angestellte (+ 12 Prozentpunkte!), Freiberufler (+ 5 Prozentpunkte), FDP- und Grünenanhänger (+ 17 bzw. + 5 Prozentpunkte). Dass man auch im Osten den kirchlichen Schulen skeptischer gegenübersteht, ist dann nicht mehr verwunderlich.

Die weiteren Fragen zu Schulen in kirchlicher Trägerschaft bestätigen dann aber nur die bekannten Trends: Die höhere Zustimmung im Westen, bei CDU-Anhängern, bei Katholiken und bei den Älteren. Die anderen Gruppen verhalten sich nur leicht vom (zustimmenden) Durchschnitt nach unten abweichend, so dass ein einfaches Sittengemälde (‚Elite lehnt kirchliche Schulen ab') nicht zu malen ist (aber auch nicht dessen einfaches Gegenstück).

Da, wo in der Konzeption der Umfrage eigentlich die ‚Hic-Rhodos-hic-salta-Stelle' eingebaut war, da, wo also die persönliche Probe aufs Exempel gemacht werden musste („Würden Sie ihr Kind auf eine kirchliche Schule schicken?"), die allgemein zu gleichen Teilen mit „ja" wie mit „nein" beantwortet wird (48 % „ja", 47 % „nein"), zeigt sich außer bei den oben genannten Gruppen kein besonderer Ausschlag nach oben und nach unten.

Kirchliche Stellungnahmen

Über kirchliche Stellungnahmen lässt sich noch trefflicher urteilen, ohne einen direkten Bezug zur Kirche zu haben. Sie sind für die meisten Teil eines allgemeinen ‚weißen Rauschens' von Verlautbarungen, Statements, Papieren und Vorschlägen und teilen daher auch deren Schicksal: wenig wahrgenommen und noch schneller vergessen zu werden.

Nur 19 % der Gesamtbevölkerung geben an, dass sie kirchliche Stellungnahmen bisher für ihre Meinungsbildung herangezogen haben. Darunter ragen deutlich die besser Ausgebildeten zwischen 45 und 59 Jahren heraus: Personen mit Abitur: 30 %, Monatsnettoverdienst über 3000 EUR: 31 %, leitende Angestellte 35 %. Grünenanhänger übertreffen in dem Punkt sogar CDU-Leute (30 % zu 23 %).

Diese Bild wird vollständig mit den Antworten auf die Frage: „Können sie sich an Stellungnahmen der letzten Zeit erinnern?" bestätigt: Zwar sind es gegenüber der obigen Zahl mehr, die sich erinnern können (39 % zu 60 %, die sich nicht erinnern können), doch sind es genau dieselben Gruppen, die hier überdurchschnittliche Werte erzielen.

So entsteht auch demoskopisch das Bild zweier verschiedener Kirchen: eine, in die man geht und an die man glaubt (die Kirche als universales Heilssakrament) und eine andere, von der man redet, deren Angebote man nutzt und deren Verlautbarungen man wahrnimmt (die Kirche als gesellschaftlicher Akteur). Mit dem Mut zur Vereinfachung könnte man sagen, dass ein ganz bestimmtes Milieu der Kirchen- und Glaubenstreuen, das zwischen 20 und 30 % der Bevölkerung liegt, sich auf beiden Seiten von Kirche bewegt, dass aber der größere Rest in ganz unterschiedlichen Zusammensetzungen nur noch Zugang zu der anderen, zu der ‚gesellschaftlichen' Seite der Kirche hat.

Die ‚Verlautbarungskirche' ist dabei die einzige, in der das gehobene Bildungsbürgertum seine Domäne hat. Zugespitzt formuliert, ist Kirche für das gehobene Bildungsbürgertum noch weniger als ein gesellschaftlicher Akteur, sie ist ein Stichwortgeber unter vielen, in dieser Funktion geachtet und bemerkt, mehr nicht.

Besieht man im einzelnen, wer zu welchen Stellungnahmen sich wie äußert, muss man sich zunächst vor Augen führen, dass es in den generellen Zahlen ein klares Gefälle gibt: Stellungnahmen zu Kernthemen der Kirchen wie Menschenrechte, Krieg und Frieden sowie Sterbehilfe werden allgemein stark befürwortet; wenn die Kirchen sich zu Fragen wie Wirtschaftsordnung und Sozialgesetzgebung äußern, entwickeln weit weniger Menschen Verständnis.

Darüber hinaus macht man folgende Feststellungen:

- *Ostdeutsche* begrüßen stärker Stellungnahmen zur Arbeitslosigkeit, zur Zuwanderung von Ausländern, zur Sozialgesetzgebung und zu Krieg und Frieden.
- *Jüngere Befragte* sind meist auf der ablehnenden Seite, nur Stellungnahmen zur Zulässigkeit von Abtreibung finden bei ihnen überdurchschnittliche Zustimmung.
- Stellungnahmen zur *Sterbehilfe* sind ein Bildungsthema, die ‚einfachere' Bevölkerung ist eher der Ansicht, dass die Kirchen dazu nicht Stellung beziehen sollen.
- *CDU-Anhänger* begrüßen Stellungnahmen zur Sterbehilfe, zur Abtreibung, zu Ehe und Familie und zur Forschung an Embryonen, sind aber überdurchschnittlich gegen Stellungnahmen zur Wirtschaftsordnung, zur Zuwanderung, zum Zusammenleben mit Ausländern und zur Sozialgesetzgebung, also Themen, in denen die Kirchen schon seit längerem eine konträre Auffassung vertreten.
- *Grünenanhänger* befürworten alle Stellungnahmen auf überdurchschnittliche Weise und erweisen sich als die treuesten Anhänger der ‚Papierkirche'.
- *Arbeiter* können mit kirchlichen Stellungnahmen we-

nig anfangen, sie haben zu allen Themen unterdurchschnittliche Zustimmungswerte.
- *Arbeitslose* sind auf der Seite der Kirchen, wenn es um Themen geht, die sie betreffen: Wirtschaftsordnung, Arbeitslosigkeit, Sozialgesetzgebung.
- *‚Katholische' Themen* sind Wirtschaftsordnung, Abtreibung, Ehe und Familie, Menschenrechte und Forschung an Embryonen, *‚evangelische' Themen* sind Arbeitslosigkeit, Zusammenleben mit Ausländern, Sozialgesetzgebung sowie Krieg und Frieden.
- Die mit der Kirche *stark Verbundenen* begrüßen alle Stellungnahmen.

So erhärtet sich der Eindruck, dass die Stellungnahmen nicht qua Kirche beurteilt werden, also durch ihren Ursprung in der Kirche für die Befragten kein besonderes Gepräge erhalten, sondern, wie beliebige Äußerungen anderer Anbieter, der jeweiligen Subjektivität in der Beurteilung unterworfen sind.

Der Papst

Der Papst als Oberhaupt der katholischen Kirche spielt eine eigene Rolle in der öffentlichen Wahrnehmung, besonders in Deutschland. Einerseits ist er, was die Fassbarkeit, die Sichtbarkeit angeht, ‚mehr' als ‚die' Kirche, andererseits verantwortet er die Kirche und wird daher auch Bezugspunkt für Zustimmung oder Kritik an der Kirche insgesamt. Die deutsche Öffentlichkeit, latent cismontan, immer auf dem Sprung, wenn etwas ‚aus Rom' kommt, ist daher hin und her gerissen zwischen Faszination und Skepsis; der Papst ist herausgehoben und singulär.

Bildet sich dies nun demoskopisch ab oder greifen die alten Muster in Bezug auf Kirche?

Die klassisch antirömisch formulierte Frage: „Soll die

katholische Kirche in Zukunft unabhängiger vom Papst handeln können oder soll es so bleiben wie bisher?" wird zwar allgemein auch romkritisch beantwortet: 67 % meinen, dass die Kirche in Deutschland unabhängiger handeln können sollte, 22 % begrüßen den Status quo, doch ist es interessant, wer sich auf der romkritischen und wer auf der Status-quo-Seite einfindet:

- Für eine Beibehaltung des jetzigen Zustandes votieren überdurchschnittlich viel Ostdeutsche, jüngere Befragte, die ‚einfache Bevölkerung', CDU-Anhänger und Katholiken mit starker Kirchenverbundenheit und wöchentlichem Kirchgang.
- Für mehr Autonomie plädieren dagegen in überdurchschnittlicher Weise westliche Eliten, also besser Verdienende, leitende Angestellte sowie Grüne und Evangelische.

Eine ähnliche Konstellation ergibt sich bei der Frage, ob man es für richtig hält, dass der Papst sich zu gesellschaftlichen Fragen in der Welt äußert, was allgemein 60 % der Befragten teilen. Auch da sind es Ostdeutsche, jüngere Befragte und weniger gut Gestellte, die den Papst stärker als der Durchschnitt unterstützen. Die Grünenanhänger gesellen sich bei dieser Frage wieder dazu, was aber vermutlich mehr mit ihrer Vorliebe für das gesellschaftliche Engagement der Kirche zu tun hat.

Es wurde gefragt, ob der Papst eine beeindruckende Persönlichkeit sei. Eine Mehrheit von 53 % (zu 43 %) teilt diese Auffassung. Auch hier treten wieder die Ostdeutschen und die ‚einfachen Leute' hervor, unterstützt von CDU-Anhängern und Katholiken mit starker Kirchenbindung. Die 16- bis 34-jährigen, die gut Ausgebildeten und Verdienenden dagegen lassen sich vom Charisma des Heiligen Vaters nicht erfassen und haben deutlich negative Werte

(z. B. leitende Angestellte: 32 % „beeindruckend", 64 % nicht beeindruckend").

Dieses Muster ist auch bei der Frage nach der Attraktivität des Papstes bei Jugendlichen zu beobachten. Wieder sind es die Ostdeutschen, die die hohe Meinung vom Oberhaupt der Kirche stärker teilen. Nur die Jungen sind nicht davon überzeugt, dass der Papst bei ihresgleichen beliebt ist.

Fazit: Hoffnungszeichen und blockierte Milieus

Wie steht es nun – in wenigen Worten zusammengefasst – um Glaube und Kirche in Deutschland? Lässt die Umfrage der Konrad-Adenauer-Stiftung mehr Gelassenheit und Optimismus aus Sicht der Christen in Kirchen und Politik zu als bisherige Umfragen?

Zunächst ist dies eine Frage der Redlichkeit auf der einen und des Selbstbewusstseins auf der anderen Seite der Betrachtung. Wenn Kommentatoren ein düsteres Bild malen und Kirchenvertreter als melancholische Betrachter solcher Bilder Schlange stehen, darf man allenthalben nicht sehr viel Optimismus erwarten. Die symbiotische Verbindung von Anklage und Selbstzweifel funktioniert in Deutschland.

So können die Kirchen auch erst am Anfang eines Umdenkprozesses sein, dessen Ziel sein muss, alles recht, und nicht allen *es* recht zu machen. Denn *alle* gibt es für die Kirche nicht mehr automatisch, die Menschen müssen gewonnen und überzeugt werden:

- 20–30 % der Bevölkerung ‚stehen fest im Glauben' und stimmen in allen wesentlichen Fragen mit ihrer Kirche überein. Sie sind die treuen ‚Stammkunden', die sich auf dem ‚Sinnmarkt' keinen anderen Anbieter suchen.
- Weitere 20–30 % der Bevölkerung haben ein durchaus wohlwollendes Verhältnis zum christlichen Glauben

und den Kirchen. Beide zusammen bilden die eine Hälfte der halbierten Glaubensgesellschaft, die die christlichen Glaubenssätze teilen, das christliche Menschenbild unterstützen und durch Kirchenbindung und Kirchgang ihr persönliches Verhältnis zur Kirche ausdrücken.

- Der Rest der Bevölkerung, also 50–60 % sind potentiell, um im Bilde zu bleiben, ‚Laufkunden', die gewonnen werden müssen, was bei einer knappen Hälfte davon, dem kirchenfeindlichen oder agnostischen Potential (ca. 20–25 % der Gesamtbevölkerung), kaum noch gelingen kann.

Die hoffnungsvollen Zeichen, die die Umfrage bietet, sind die guten Werte für:

- einen persönlichen Ansatz von Kirche
- Ausübung der ‚Kernkompetenzen'
- Charisma (am Beispiel des Papstes)
- positive Bewertung des Attributs ‚christlich'

Diese vier Elemente bieten für die Kirchen die Chance, über ihr natürliches Potential hinaus Menschen für die Botschaft Christi interessieren und gewinnen zu können. Sie stellten in der Umfrage die einzigen Hinweise dar, wo die Kirchen über das ihnen angestammte Milieu hinausreichen konnten.

Was nun aber die ‚treue Hälfte' selbst angeht, so muss aus der Sicht der Kirche, aus der Sicht christlich inspirierter Politik, aber auch jedes gläubigen Christen selbst zweierlei irritieren:

1. Es fallen für diese Seite des Spektrums nicht nur in Einzelfragen, sondern grundsätzlich entscheidende Gruppen der Gesellschaft aus: die Ostdeutschen und die Jugend. Es liegt auf der Hand, dass die jetzt 16- bis 24-jährigen Glaubensfernen irgendwann in öffentlicher Verantwor-

tung stehen werden. Unklar ist, ob sie dann noch den jetzt geäußerten Auffassungen zuneigen oder inzwischen andere gebildet haben. Aber auch unabhängig davon brauchen Kirche und Politik junge Christen, brauchen einen christlichen Aufbruch, der auch für die ferner Stehenden attraktiv ist. Wenn die Anhänger von christlichem Glauben und Kirche immer nur als ‚altersgraue' Hälfte der Gesellschaft sichtbar werden, bleibt Kirche ein defensives Potenzial.
Auch der monolithische Anteil der Ostdeutschen auf der glaubens- und kirchenfernen Seite stimmt bedenklich. Was bedeutet dies vor dem Hintergrund wachsender innerer Einheit in Deutschland? Übernehmen Ostdeutsche westliche Denkmuster oder fügt sich die ostdeutsche Variante der Kirchenferne mit westlicher Indifferenz zusammen?
2. Eine andere Irritation stellt die Verabschiedung des arrivierten, im Zenit seiner Schaffenskraft stehenden und gut gebildeten Bürgertums nicht aus allen, aber aus vielen Segmenten von Glaube und Kirche dar. Solange Kirche noch Träger von Ordnung war, stimmten diese Gruppen ihr zu, als Vermittler der Botschaft von der Erlösung durch Jesus Christus wird sie dort kaum noch gehört.

Es ist müßig darüber zu spekulieren, ob sich und wie sich dies noch ändern könnte, aber die Zahlen sprechen eine so deutliche Sprache in Bezug auf die Attraktivität der oben genannten Elemente Personalität, Kernkompetenz und Charisma, dass man vermuten darf, hier so etwas wie ein Menetekel sehen zu müssen.

Niemand kann von der Auswertung einer synchronen Umfrage erwarten, dass sie auch noch sagt, wohin die Reise geht. Zu sehr sind wir inzwischen an Zäsuren gewöhnt, als dass wir noch zu Extrapolationen bereit wären.

So empfiehlt es sich – endlich doch wieder gelassen –, dem Beispiel des langmütigen Gärtners aus Jesu Gleichnis vom unfruchtbaren Feigenbaum zu folgen, der auf die Ungeduld seines Herren mit dem Rat reagiert, Geduld zu üben: „*Jener aber antwortete ihm: ‚Herr, lass ihn noch dieses Jahr, bis ich rings um ihn aufgegraben und Dung gestreut habe, vielleicht wird er in Zukunft Frucht bringen; wenn aber nicht, dann magst Du ihn umhauen.*'" (Lukas, 13,6–9)

Die Kirchen sollten wissen, wie fruchtbar der Boden noch ist, den sie bewirtschaften. Die Umfrage der Konrad-Adenauer-Stiftung zeigt, dass sie sich weder in ihr ‚kleines, frommes Gemüsegärtchen' zurückziehen müssen, noch sich der Illusion hingeben dürfen, ‚flächendeckend' zu sein.

Islam in Deutschland

Emine Demirbüken

1. Muslime in Deutschland – Historischer und aktueller Abriss

Nur wenige wissen, dass der Islam in Deutschland eine sehr lange Tradition besitzt. Die Geschichte des Islam in Deutschland hat nicht erst im Jahre 1961, zum Zeitpunkt der Gastarbeiteranwerbung begonnen, sondern schon wesentlich viel früher. Man kann die Anwesenheit des Islam in unserem Land bis zu Preußenkönig Friedrich Wilhelm I. zurückverfolgen.

Wenn wir in die Geschichte zurückblicken, wird es uns überraschen, dass die ersten zwanzig „Langen Kerls", die der Herzog von Kurland dem Preußenkönig zur Verfügung stellte, nicht deutsch-preußischer Abstammung, sondern tatsächlich türkischer Herkunft waren! Schon damals beeindruckte Friedrich Wilhelm I. durch seine weltanschauliche Toleranz, die ihn großen Wert auf religiöse Pflichterfüllung „seiner Mohammedaner" legen ließ. Damit legte er den Grundstein für eine Tradition, die von seinem Sohn nicht nur weitergeführt, sondern weit übertroffen wurde.

Denn wir kennen sicher alle die weise Antwort Friedrichs des Großen auf eine Anfrage aus dem Jahre 1740, ob denn auch Katholiken in der damals protestantischen Stadt Frankfurt/Oder Bürgerrechte erlangen dürften: „Alle Religionen sind gleich und gut, wenn nur die Leute, die sich zu ihnen bekennen (Originalzitat: „... so sie profesieren, Erlige leute seindt ..."), und wenn die Türken und Heiden kämen und wollten hier im Lande wohnen, denn würden wir ihnen Moscheen bauen" (Originalzitat: „... so wollen wie sie Mosqueen und Kirchen bauen.").

Die ersten zwanzig preußisch-türkischen „Langen Kerls" bildeten den Ausgangspunkt geschlossener muslimischer Truppenteile in der preußischen Armee. Diese preußischen Muslime waren stets ergebene Soldaten Friedrichs des Großen und standen in Schlachten und Feldzügen in seinen Diensten. Sie schlugen sich sowohl in der grossen Schlacht von Preußisch-Eylau gegen Napoleon im Jahre 1807 als auch in vielen kleinen Gefechten wie 1758 bei Zorndorf und 1759 bei Kay.

Der preußische König gab seiner Zufriedenheit mit seinen muslimischen Soldaten Ausdruck in einem Königswort, das den Rechtsstatus der islamischen Gemeinde im Preußischen Reich begründete, und die Ausübung dieser Religion und die den muslimischen Untertanen angestammte Lebensform sicherte. Denn im Gefolge muslimischer Soldaten kamen auch muslimische Kaufleute, Diplomaten, Forscher, Entdecker und Schriftsteller nach Preußen und wurden allesamt mit königlichen Privilegien ausgestattet. Ihr Selbstverständnis bestand darin, als Brückenbauer zwischen Okzident und Orient zu fungieren, einem Verständnis von Kulturübergreifender Interessenbestimmung, von dem wir heute sicher eine Menge lernen könnten.

Diese muslimischen ‚Neubürger' ließen sich für immer nieder, d. h. sie ließen sich auch in Preußen bestatten. Jeder, der den Berliner Columbiadamm in Neukölln kennt, kennt auch den islamischen Friedhof, der auf einem Standortwechsel aus der Kreuzberger Blücherstrasse beruht. Dieses Areal, das König Friedrich Wilhelm II. als Gräberfeld für seine Soldaten dienen sollte, war ursprünglich Eigentum des Osmanischen Reiches und erster islamischer Grundbesitz auf preußisch-deutschem Boden.

Durch diesen geschichtsträchtigen Friedhof als Zeugnis

islamischen Lebens, auf dem auch der erste türkische Gesandte und Botschafter am Berliner Hof, Ali-Aziz-Efendi, seit 1798 seine letzte Ruhe fand, werden heute viele Führungen unternommen.

Die erste Gebetsstätte, d. h. die erste Moschee, entstand in Wunsdorf bei Zossen, in der Nähe von Berlin. Hier, wo ein „Mohammedanisches Gefangenenlager" angelegt worden war, ließ Kaiser Wilhelm II. im Jahre 1914 eine Moschee bauen und legte einen Soldatenfriedhof mit einem Denkmal Mohammeds an. Das Interessante an dieser Angelegenheit ist, dass Muslimen jede bildliche Darstellung Gottes oder seiner Gesandten streng verboten ist. Diese Tatsache war Kaiser Wilhelm II., der den muslimischen (türkischen) Soldaten Freundlichkeit und Respekt erweisen wollte, sicher nicht bewusst.

Als interkulturell geschulte Menschen des 21. Jahrhunderts wissen wir heute selbstverständlich, dass solche gut gemeinten Werke beim Adressaten zu ungewollten Missverständnissen und sogar zu diplomatischen Verwicklungen führen können.

Die 1922 in Berlin-Charlottenburg gegründete muslimische Gemeinde wurde 1930 zur „Deutsch-Muslimischen Gesellschaft", deren Einzigartigkeit darin bestand, auch Juden und Christen als Mitglieder aufzunehmen. Heute Bestand hat noch immer das 1927 gegründete „Islam-Archiv-Deutschland", das im Jahre 1942 den Status eines eingetragenen Vereins zugesprochen bekam und heute seinen Sitz im westfälischen Soest hat. In den darauf folgenden Jahren haben sich viele muslimische Gemeinden und Organisationen gegründet, auf die im Weiteren näher eingegangen wird. Aber zunächst muss festgestellt werden, dass die neuere muslimische Gesellschaft in Deutschland in engem Kontext mit der Arbeitsmigration seit Anfang der sechziger Jahre des 20. Jahrhunderts steht. Die Gastarbeitergeneration und deren Nachkommen aus der Türkei, aus Tunesien, aus

Marokko und Ex-Jugoslawien reimportierten sozusagen den Islam nach Deutschland.

Als nach vielen Jahren beide Seiten zu ihrem Erstaunen feststellen mussten, dass sie sich nicht voneinander trennen konnten, die Anwesenheit der Gastarbeiter dauerhaft sein würde, verlagerten sich auch die religiösen Bedürfnisse in die neue Heimat. Mit dem Zuzug der Familienangehörigen (überwiegend Ehegatten und Kinder) und dem familiären Nachwuchs ergab sich die Notwendigkeit der Gründung von Infrastrukturen, die die bundesrepublikanische Gesellschaft nicht aufwies. In den neu gegründeten muslimischen Einrichtungen ergaben sich sehr bald vielfältige und unterschiedliche Strömungen. Parallel dazu entwickelten sie in Wechselwirkung mit den Kulturen der jeweiligen europäischen Aufnahmeländer ihre religiösen Traditionen auch auf spezifische Art und Weise weiter.

Genau an diesem Punkt setzt Bassam Tibi an, wenn er von Euro-Islam spricht, der seiner Ansicht nach nichts anderes ist als eine gelungene Synthese zwischen weiter entwickeltem Islam und dem Bekenntnis zur Verfassung sowie der demokratisch-pluralistischen Gesellschaftsordnung. Auch die Gleichberechtigung zwischen Mann und Frau sieht Bassam Tibi in dieser Symbiose gewahrt, denn Koran und Gleichstellung der Geschlechter seien ihrem Wesen nach kein Widerspruch. Nach Bassam Tibi muss jeder Moslem, der in Europa lebt, sein Selbstverständnis darin sehen, eine Brücke zwischen Moderne und islamisch-kultureller Identität zu schlagen. Bassam Tibis Forderung nach einem Euro-Islam stieß auf viele Widerstände, insbesondere einige islamische Organisationen lehnten sie mit der Begründung ab, es sei nicht nötig, den Islam regional zu definieren oder den Islam neu zu interpretieren. Der Begriff Euro-Islam wird uns noch lange Zeit beschäftigen, weil wir uns noch in der Anfangsphase einer solchen Diskussion befinden, nicht nur weil er Widerstände der unterschiedlichsten islamischen

Organisationen hervorruft, sondern auch weil die Industrieländer aufgefordert sind, auf die Muslime stärker zuzugehen.

Aber die allgemeine Verwirrung ist nicht sehr erstaunlich, denn analog zu den 56 islamisch geprägten Ländern, kann man genauso viele unterschiedliche Ausprägungen des Islam feststellen. Der türkische säkularisierte Islam, der das Tragen von Kopftüchern in öffentlichen Einrichtungen Funktionsträgerinnen verbietet, hat ebenso wenig mit dem persischen Islam zu tun, wie der kuwaitische mit dem malaysischen. Der Islam wird in all diesen Ländern sehr unterschiedlich interpretiert und praktiziert. Genauso wenig wie es den einen Islam gibt, gibt es eine Einheitlichkeit des islamischen Rechtsverständnisses der Muslime, ja der gesamten islamischen Welt.

Im Gegensatz zur Organisationsform der christlichen Großkirchen kennt der Islam weder Institutionen noch Hierarchien noch einen Priesterstand. Er besitzt keine Zentralinstanz, die in Glaubensfragen für alle Muslime einzig maßgeblich ist. Die Einheitlichkeit der als Richtschnur geltenden Lehr- und Glaubenssätze wird durch den Idschma, die Übereinstimmung der Gemeinde mit den Rechtsgelehrten der verschiedenen Rechtsschulen hergestellt. Die dritte monotheistische abrahamitische Weltreligion Islam ist eine Gesetzesreligion und leitet seine Vorschriften aus Koran, Sunna und Hadith ab. Weil diese keine endgültig befriedigenden Antworten auf immer wieder neue Fragen geben konnten, entstanden vier Rechtsschulen die berühmten Lehrern ihren Namen verdanken: die Hanefitische, Malikitische, Schafiitische und Hanbalitische. Jede von ihnen hat ihre Ausbreitung und Dominanz in bestimmten Teilen der islamischen Welt. Alle diese Schulen besitzen orthodoxen Charakter, wobei man seinen jeweiligen Existenzanspruch herleitet von dem Hadith-Ausspruch Mohammeds: „Die Meinungsverschiedenheit in meiner Gemeinde ist ein Zeichen Göttlicher Barmherzigkeit."

Trotz dieser Rechtsgelehrten, die den Koran auf unterschiedliche Weise interpretieren, gelten diese genauso wenig wie die Imame oder die Hodschas als Vermittlerinstanzen zwischen Gott (Allah) und dem Menschen, denn im Islam gibt es keinen Vermittler zwischen Gott und dem Individuum, d. h. jeder ist einzig und allein Gott und seinem Gewissen verpflichtet. Die ‚Imame' haben lediglich die Funktion von Vorbetern und Vermittlern in verschiedenen Lebens- und Konfliktlagen. Auch die ‚Hodschas' sind keine Priester, sondern ‚Lehrer' des Islam. Im Grunde kann jeder, der sich mit den Inhalten und Verhaltensvorschriften des Islam auskennt, eine muslimische Gemeinde führen. In der Praxis übernimmt eine solche Rolle meist ein durch Alter und Lebenserfahrung gereifter und geprägter Mann. Die Macht und der Einfluss, den sich manche geistliche Führer anmaßen, haben mit dem Islam selbst nichts zu tun.

In der Türkei wird seit vielen Jahren stark darauf geachtet, dass die Imame eine wissenschaftlich fundierte theologische Ausbildung an den Universitäten erhalten, damit die Imame, die in den öffentlichen Schulen und Koranschulen lehren, den säkularisierten Islam nicht in Gefahr bringen. Damit erhalten sie den Auftrag, den Islam als religiöse Lehre und Weltanschauung zu vermitteln. Parallel dazu entwickelte sich eine Kultur der öffentlichen Debatte um den Islam und seine Rolle in der Gesellschaft, die heute sehr kontrovers geführt wird.

Wie wir auch hier wieder sehen, existiert *der* Islam ebenso wenig wie *das* Christentum. Wie auch im Islam existieren im Christentum neben Katholizismus und Protestantismus unterschiedliche christliche Kirchen, wie z. B. die griechische, serbische und russische Orthodoxie, daneben auch Strömungen und Abspaltungen wie die Neuapostolische Kirche, die Baptisten, die Mormonen, die Zeugen Jehovas, die Siebentagesadventisten usw. Mit zunehmender Globalisierung schwappen viele solcher christlicher Ausrichtungen sowohl aus Osteuropa als auch aus den USA nach Westeuropa über. So wird es immer schwieriger, in diesem ‚religiösen Pluralismus' die Übersicht zu behalten.

Wieso sollte es sich im Islam anders verhalten? Neben den Sunniten, die mit etwa neunzig Prozent die Mehrheit der Muslime bilden, und den Schiiten, mit etwa zehn Prozent in der Minderheit, gibt es anerkannte Glaubensgruppen wie die liberalen und weltoffenen Aleviten, unterschiedliche islamische Mystikergruppen (Sufismus/Derwische) sowie eigenständige Religionsgemeinschaften wie die Drusen (Libanon), die Vorstellungen des schiitischen Islam mit gnostischen verbinden, oder Sekten wie die erst in jüngster islamischer Zeit entstandenen Wahhabiten (Saudi-Arabien). Zu den alten islamischen Sekten gehören z. B. die Ahmaddiyas (Nordindien). Kurz gesagt, der Islam umfasst ein breites Spektrum von politisch-ideologischen Ausrichtungen über den volkstümlich-traditionellen Islam bis hin zum staatlich organisierten und säkularisierten Islam. Wie im Christentum ist es auch hier nahezu unmöglich, alle Formen des gelebten Islam zu überblicken.

Noch schwieriger wird es, wenn all diese in ihrer Heimat traditionell gewachsenen und gesellschaftlich-strukturell verankerten Gruppen versuchen, ihren ausgewanderten ‚Mitgliedern' in der neuen Heimat ein religiöses Zuhause zu geben und sie dort verankern. Das führt häufig zum Spagat zwischen strenger privat-religiöser Orthodoxie und säkularisierter gesellschaftlicher Umwelt. Grosse Teile der muslimischen Gesellschaft leben auf der einen Seite ein modernes, säkularisiertes Leben – besonders die gebildeten Schichten versuchen, religiös-privates Leben mit den Werten und Regeln der Industriegesellschaft zu vereinbaren – und auf der anderen Seite eine private Orthodoxie, die sich von ihren sonstigen Lebenswelten unterscheidet. Die Frage ist, wie sich diese Lebenswelten zueinander verhalten und miteinander vereinbaren lassen?!

Eine verstärkte öffentliche Debatte um eine Kompatibilität von gesellschaftlicher Realität und islamischem Leben führen wir erst seit knapp 15 Jahren in Deutschland. Dabei befinden wir uns noch in den Kinderschuhen eines Klärungsprozesses, während uns die Realitäten des Lebens zum Teil schmerzhaft überholen. Wir haben eigentlich nur noch die Wahl, uns von diesen Realitäten überrollen zu lassen oder begreifend und gestaltend einzugreifen. Das betrifft Kindertagesstätten, Schulen, Ausbildungseinrichtungen, öffentliche Verwaltungen und den gesamten sozialen Bereich.

In diesem Zusammenhang sind die jüngst erschienenen Ergebnisse einer Umfrage der Konrad-Adenauer-Stiftung aus dem Jahre 2002 zum Thema „Religion und Politik in Deutschland" unter 2000 Bundesbürgern sehr interessant und für weitere politische und gesellschaftliche Weichenstellungen sehr aufschlussreich. Demzufolge stimmten 39 Prozent der Befragten der Aussage zu, Islam und Christentum verträten die *gleichen Werte*; 46 Prozent lehnen diese Aussage ab, wobei die Zustimmung mit Bildung und Einkommen zunimmt. Die Parteipräferenz spielt hierbei eine geringe Rolle; lediglich die FDP-Anhänger bilden mit 29 Prozent eine Ausnahme, alle anderen liegen zwischen 39 und 44 Prozent. Die Zustimmung ist bei den Katholiken mit 41 Prozent höher als bei den Protestanten (35 Prozent).

Nur 14 Prozent stimmen der Aussage zu, die christliche Religion sei der islamischen *überlegen,* 69 Prozent jedoch lehnen diese Aussage ab. Die Anhänger von Union, SPD und FDP liegen mit 12- bis 16-prozentiger Zustimmung zu dieser Aussage in etwa gleich; bei PDS und Grünen liegt die Zustimmung bei nur fünf Prozent. Bei dieser Fragestellung ist die Abhängigkeit von Bildung und Einkommen noch größer. Die Zugehörigkeit zu einer christlichen Konfession spielt bei dieser Aussage keine Rolle, jedoch der Grad von Zugehörigkeitsgefühl und Bindung an die Kirche. Während 30 Prozent der sehr stark mit der Kirche Verbundenen der Aussage zustimmen, die christliche Religion sei der islamischen überlegen, bejahen nur zehn Prozent derjenigen, deren Bindung an die Kirchen weniger stark ist, diese Aussage.

Dass das Christentum *toleranter* sei als der Islam, wird von 43 Prozent der Befragten bejaht, ebenso viele lehnen diese Aussage ab. Auch hier fällt auf, dass eine solche Bewertung umso mehr Unterstützung findet, je geringer Bildung und Einkommen, aber auch je älter die Befragten sind. Die Abhängigkeit von der Parteipräferenz ist in diesem Bereich sehr deutlich: Während PDS und Grüne bei 22 und 25 Prozent liegen, stimmen 40 Prozent der SPD- und gar 50 Prozent der Unions- bzw. 51 Prozent der FDP-Anhänger der Aussage zu (Katholiken 41 Prozent). Auch hier ist wieder festzustellen, je verbundener mit der Kirche der Anteil derer ist, die meinen, das Christentum sei toleranter, (54 Prozent stark verbunden, 30 Prozent nicht verbunden), umso größer ist der Anteil derer, die meinen, das Christentum sei toleranter. Dieser Wert wird auch bestätigt bei Christen, die häufig zur Kirche gehen: 60 Prozent von denen, die mehrmals in der Woche die Kirche besuchen, halten das Christentum für toleranter als den Islam gegenüber 34 Prozent von denjenigen, die nie in die Kirche gehen.

Diese Untersuchung der Konrad-Adenauer-Stiftung deutet daraufhin, dass das Verhältnis zwischen Muslimen und Christen in Deutschland doch weitaus besser ist, als es in der allgemeinen Öffentlichkeit wahrgenommen wird. Ein Indiz dafür, dass die Realität ein anderes Bild zeichnet als viele Diskussionen vermitteln.

Immerhin haben inzwischen 40 Prozent der Bürger Muslime in ihrer Nachbarschaft, durch die sie sich selten gestört fühlen. Auch hier ist wieder interessant, dass die Frage, ob sie sich gestört fühlen oder fühlen würden, mit nein beantwortet wird, je jünger, gebildeter und einkommensstärker die Befragten sind.

Von denen, die sich gestört fühlen würden, würden sich 78 Prozent durch andere Nationalitäten, wie z. B. Italiener oder Griechen in der Nachbarschaft nicht gestört fühlen. Die Wenigsten fühlen sich per se durch ‚Ausländer' gestört. Und hier genau muss auch der Ansatz der Integrationsarbeit liegen!

Diese Integrationsarbeit muss auch so ehrlich sein können, zu sagen, dass weder die pauschalisierenden negativen Zuordnungen bezüglich des Islam zutreffen noch die ebenso verallgemeinernden einseitig positiven Bewertungen des Islam, die davon ausgehen, dass dieser die toleranteste Religion überhaupt sei. Der Wahrheitsgehalt solcher Auffassungen kann hier schwerlich hinterfragt und abschließend bestätigt werden. Die Wahrheit wird – wie auch bei den anderen Religionen – irgendwo in der Mitte liegen.

Bei der Suche nach Wahrheit glauben selbstverständlich auch einige, extreme Wege gehen zu müssen und bergen ein gefährliches Potential. Darum sehen wir uns etwas genauer an, wie es um ihren Rückhalt in der muslimischen Gesellschaft in Deutschland bestellt ist. Eine Umfrage des Zentrums für Türkeistudien in Essen hat ergeben, dass sich nur sieben Prozent als streng gläubig einstufen und die Fundamentalisten nur einen Bruchteil dieser sieben Prozent ausmachen. Gerade diejenigen, die sich einbilden, Verkünder der einzigen islamischen Wahrheit und Vertreter der muslimischen Gesellschaft zu sein, betragen laut Zentrum für Türkeistudien von den Mitgliederzahlen her gesehen, nur etwa zwei Prozent. Jedoch darf hier nicht der Fehler begangen werden, Mitgliederzahlen analog zu ihrer Stärke zu setzen, – ich werde später darauf näher eingehen. Denn so wenig wie ‚fundamentalistische Irrläufer' in der muslimischen Gesellschaft wirklich verankert sind, so wenig darf man sich darüber täuschen, wie groß der Zusammenhalt der muslimischen Gesellschaft im Konfliktfall ist.

Wir müssen darum gebildeten und moderaten Muslimen wesentlich stärker einen anerkannten Platz in der Gesellschaft bieten und sie institutionell einbinden, so dass sie einerseits ihre religiöse Identität leben können und andererseits ihre Loyalität gegenüber dem Rechtsstaat unter Beweis stellen. Das ist der einzige Weg heraus aus der Gefahr polarisierender Kämpfe, die die Verhältnisse auf die Spitze treiben und in einen offenen ‚Kulturkampf' münden könnten. Dazu gehört auch die schwierige und langwierige Auseinandersetzung mit den unterschiedlichen islamischen Organisationsformen und die Überprüfung, wie sie sich verhalten. Respektieren sie die individuellen Menschenrechte, respektieren sie die Verfassung und das Grundgesetz sowie religiösen und weltanschaulichen Pluralismus und die Gleichberechtigung der Geschlechter? Diese Fragen müssen hinreichend geklärt werden, um seriöse und ernst zu nehmende Ansprechpartner zu gewinnen. Es sollte uns inzwischen klar geworden sein, dass es unter Muslimen nicht nur einen einzigen Ansprechpartner geben kann und darf. Denn innerhalb der muslimischen Gesellschaft sind die Widersprüche und kulturellen Auseinandersetzungen mindestens so groß wie innerhalb der deutschen.

Und dabei wird auch klar: so vorteilhaft für den einzelnen Moslem, weil eigentlich freiheitlich, das Fehlen institutionalisierter Strukturen sein kann, so schwierig ist es für staatliche deutsche Stellen, in diesem Dickicht die richtigen Ansprechpartner als Vertreter des Islam zu finden. Wichtig ist allerdings, keinen einzigen Verband – der vom Verfassungsschutz nicht als extremistisch eingestuft ist – zu ignorieren. Denn wie wir bereits festgestellt haben, sind die islamischen Strukturen gänzlich anders als bei den christlichen Kirchen.

So stellt sich die Entwicklung islamischen Lebens in Deutschland und auch in Europa meist auf allen Ebenen als schwierig dar, obwohl es durchaus Modelle gibt, die zeigen, dass es ohne Probleme geht, sowohl in Deutschland auf Landes- und Bundesebene als auch in anderen europäischen Staaten. In Frankreich hat die Stadt Paris z. B. einen Vertreter – Konsul – als Ansprechpartner von den islamischen Organisationen wählen lassen. Trotz unterschiedlicher Organisationsstrukturen funktioniert das. Ob allerdings ähnliches auf deutsche Verhältnisse ohne weiteres übertragbar wäre, mag dahin gestellt sein. Jeder Staat und in Deutschland jedes Bundesland muss für sich klären, wie es mit den unterschiedlichen Gemeinden und Ausrichtungen umgehen und einen Konsens finden will.

Wie oben bereits angedeutet, müssen wir uns allerdings davor hüten, eine Pauschalisierung des Islam im Guten wie im Bösen vorzunehmen. Denn es besteht im eigentlichen Sinne kein Grund, sich vor dem Islam als Religion zu ‚fürchten'. Die Geschichte lehrt uns, dass der viel beschworene Dschihad (wobei sich die Geister darüber streiten, ob es sich dabei um einen geistigen oder weltlichen Kampf handelt) nicht unbedingt ein ‚Schreckgespenst' sein muss, das keinerlei Toleranz gegenüber Andersgläubigen zulässt. Zwar betrachteten sich beispielsweise die Türken als Gotteskrieger für einen sunnitischen Islam orthodoxer Prägung per se, aber sie waren klug genug, in ihrem Herrschaftsgebiet die Interessen verschiedener religiöser und ethnischer Gruppen zu respektieren und es nicht zu offenen Kämpfen kommen zu lassen. So wahrten sie den inneren Frieden und machten sich keine unnötigen Gegner oder Feinde. Sie hatten kein Problem damit, Ende des 15.

Jahrhunderts den vor Verfolgungen und Zwangsbekehrungen durch den katholischen König flüchtenden spanischen und portugiesischen Juden, den Sephardim, eine neue Heimat im Osmanischen Reich zu geben. Diesen Juden ging es übrigens in Europa unter arabischer Herrschaft am besten. Sie gelangten dort als Leibärzte, Mathematiker und Philosophen zu bedeutendem Einfluss und entfalteten sich damit in Tätigkeitsbereichen, zu denen ihnen im übrigen Europa der Zutritt verwehrt war. Von islamischer religiöser Toleranz profitierten im 16. und 17. Jahrhundert auch verschiedene protestantische Gruppierungen, die vor der Gegenreformation nach Ungarn, damals ebenfalls Teil des Osmanischen Reiches, flüchten mussten.

Da es im Islam (dem Text des Koran zufolge) anders als im Christentum – entgegen vieler anders lautender landläufiger Vorstellungen – weder die Begrifflichkeit noch den Auftrag der Mission gibt, der Islam sich in seinem ursprünglichen Selbstverständnis als eher ‚einladende' Religion versteht, kam es in islamischen Herrschaftsgebieten selten zu direkten Zwangsbekehrungen. Denn im Grunde toleriert der Islam Judentum und Christentum als monotheistische Religionen, die zwar nicht gleichberechtigt, aber nichtsdestotrotz existenzberechtigt sind, so lange sie dem Islam nicht feindselig gesonnen sind.

Mit einem Gedicht aus dem West-Östlichen Diwan von Johann Wolfgang von Goethe, der dem Islam gegenüber eine sehr positive Einstellung hatte, möchten wir den geschichtlichen Rückblick abschließen:

„Närrisch, dass jeder in seinem Falle
Seine besondere Meinung preist!
Wenn Islam Gott ergeben heißt,
In Islam leben und sterben wir alle."

2. Statistische Daten

Wenn es um die zahlenmäßige Erfassung von Bürgern muslimischen Glaubens in Deutschland geht, stellen wir fest, dass es bis heute darüber keine genauen Daten gibt. Fast alle Untersuchungen, die sich damit befassen, müssen sich auf die Volkszählung vom 25. Mai 1987, bei der die Religionszugehörigkeit erstmalig auch der Muslime erfragt wurde, berufen. Neueres Material existiert bislang nicht. So darf vermutet und spekuliert werden. Unabhängig von den 47.966 Personen bei der Volkszählung, schätzt man die Anzahl der eingebürgerten Immigranten aus weitgehend muslimischen Staaten auf ca. 44.000 Personen. Berücksichtigt man die konvertierten deutschen Staatsbürger, dürfte sich die Zahl der Muslime in der Bundesrepublik Deutschland auf etwa 3 Millionen belaufen. Über die Zahl der deutschen Muslime gibt es keine genauen Angaben, jedoch wird sie vom Islam-Archiv in Soest auf ca. 112.000 geschätzt.

Die ca. 10 Prozent aus der Türkei stammenden Aleviten (vorwiegend aus der Türkei) stellen nach den Sunniten (80 %) die zweitgrößte islamische Gruppe dar. Abgesehen von den Sunniten, Aleviten, Schiiten (ca.10 %), wäre hier noch eine der kleinsten Gruppen, die Ahmaddiyas, mit 60.000 zu nennen, deren islamische Glaubensrichtung in Pakistan seit 1974 nicht anerkannt wird. Daneben existieren noch zahlenmäßig relativ bedeutungslose Vertreter anderer islamischer Gruppierungen, und zwar besonders aus dem Iran, Irak, Libanon (Drusen), Syrien.

Eine statistische Erhebung anlässlich einer Großen Anfrage der Abgeordneten Dr. Jürgen Rüttgers, Erwin Marschewski, Wolfgang Zeitlmann und weiterer Angeordneter und der Fraktion der CDU/CSU zum Thema „Islam in Deutschland" vom 15. Juni 1999 kommt zu folgenden Ergebnissen bzgl. der Anzahl der sich in Deutschland aufhaltenden Menschen aus überwiegend muslimischen Ländern (vgl. Drucksache 14/4530, Dt. Bundestag).

Zwischen 1988 und 1999 halten sich Ausländer aus überwiegend muslimischen Herkunftsländern sowie eingebürgerte Personen auf:

Herkunftsländer	*Ausländerstand* 31.12.1999	*Einbürgerungen* 1988 bis 1999	*Gesamt*
Türkei	2 053 564	317 731	2 371 295
Bosn.-Herzeg.	167 690	15 506	183 196
Iran	116 446	8 297	124 743
Marokko	81 450	28 026	109 476
Afghanistan	71 955	13 773	85 728
Ungeklärt*	51 164	13 634	64 798
Libanon	54 063	9 280	63 343
Irak	51 211	3 822	55 033
Pakistan	38 257	8 186	46 443
Tunesien	24 260	13 284	37 544
Syrien	24 421	6 789	31 210
Algerien	13 811	3 235	17 046
Jordanien	11 190	4 973	16 163
Indonesien	10 756	1 092	11 848
Eritrea	3 873	5 835	9 708
Bangladesch	6 532	1 455	7 987
Sudan	4 697	321	5 018
Libyen	2 643	147	2 790
Jemen	1 586	152	1 738
Saudi Arabien	738	26	764
Sonstige**	1 230	32	1 262
Gesamt	*2 808 723*	*458 336*	*3 267 059*
Summe o. Türken	755 159	140 336	895 764

* überwiegend Palästinenser

** Bahrain, Brunei, Katar, Kuwait, Oman, V. A. Emirate

Quelle: AZR, StBA, eigene Berechnungen

3. Das Fundament des Islam: Die fünf Säulen

Die Glaubensgrundsätze des Islam beruhen auf den fünf sogenannten Pfeilern des Islam:

Der *erste* ist das Glaubensbekenntnis: „Es gibt keinen Gott außer Gott, Mohammed ist der Gesandte Gottes".

Das *zweite* Gebot ist das fünfmalige tägliche Gebet gen Mekka. Vor dem Gebet muss jeder Gläubige die islamisch-rituelle Waschung vollziehen. Insbesondere das gemeinsame Freitagsgebet in der Gemeinde hat einen sehr hohen Stellenwert. Beim Gebet besteht meist Geschlechtertrennung.

Das *dritte* Gebot beinhaltet das Fasten im Monat Ramadan. Die Muslime fasten in der Zeit vor der Morgenröte bis zum Sonnenuntergang. Der Ramadan erfordert, auf alle Formen sinnlicher Genüsse zu verzichten. Dadurch soll ein Akt der Gleichheit zwischen Reich und Arm symbolisiert werden. Darüber hinaus steht das Fasten für eine Reinigung und Stärkung des Inneren. Außerdem wurde im Monat Ramadan der Koran zuerst offenbart. Der Monat wird mit dem zweitwichtigsten großen islamischen Fest abgeschlossen, dem dreitägigen Fastenbrechen (arabisch: id al-fitir, türkisch: Seker Bayrami).

Das *vierte* Gebot ist die Pilgerfahrt nach Mekka. Jeder Gläubige sollte mindestens einmal im Leben – wenn die Mittel dazu vorhanden sind – eine Pilgerfahrt (Hadsch) nach Mekka unternehmen. Während dieser Zeit trennt sich der Pilger weitestgehend von weltlichen Dingen und tritt in einen Zustand der völligen Reinheit und Hingabe an Gott (Allah). Dazu gehört auch, die Kaaba siebenmal zu umrunden. Nach der Pilgerfahrt erhalten die Pilger die heilige Anrede „Haddscha" (Pilgerin) und „Haddsch" (Pilger).

Das *fünfte* Gebot ist die Almosensteuer, die insbesondere zur Spannungsminderung zwischen Arm und Reich beitragen soll. Jeder Moslem muss seinem Vermögen entsprechend einmal im Jahr das Pflichtalmosen zahlen.

Neben den fünf Geboten des Islam ist jeder Moslem gehalten, keinen Alkohol zu trinken, kein Schweinefleisch und kein Fleisch von verendeten Tieren zu essen. Das Tier muss geschächtet werden, d. h. völlig ausbluten, und das Essen sollte dem Hadith möglichst nur mit der „reinen" rechten Hand erfolgen.

4. Die Ausführung: Moscheen / Gebetsruf / Bestattungen / Schlachtung / Kopftuch

Für die muslimischen Gläubigen sind Moscheen nicht nur Gebetsstätten und Zentren für religiöse Versammlungen, wie z. B. das Freitagsgebet, sondern auch Stätten der Begegnung und der Kommunikation; sie können also für Muslime eine bedeutende integrative Funktion und für alle religiösen und ethnischen Gruppen eine Brückenfunktion inne haben, zu einem Ort des Dialoges zwischen Christen und Muslimen bzw. Deutschen und Immigranten werden.

Jüngstes Beispiel für einen gelungenen interreligiösen Dialog wurde der Ökumenische Kirchentag vom 28. Mai bis 1. Juni 2003 in Berlin unter dem Gesamtmotto „Ihr sollt ein Segen sein." Fünf Tage lang wurde in Synagogen, Kirchen, Moscheen und Gebetshäusern der Aleviten im Rahmen von Foren, Workshops und religiösen Andachten versucht zu erkunden, was die Religionsgemeinschaften gemeinsam bewegt, was sie trennt und was sie eint.

Das religiöse Leben der Muslime spielt sich zum größten Teil in den Moscheen ab. Das unterscheidet sie von den Kirchen, in denen zwar Gottesdienste und Gebete verrichtet werden, aber sonst nur wichtige religiöse Ereignisse wie Kindertaufe, Kommunion, Hochzeit und Trauerzeremonien stattfinden.

Interessant in diesem Zusammenhang ist wieder das zahlenmäßige Verhältnis von moderaten und radikalen

Muslimen in Moscheen: Alle, d. h. 100 Prozent der Islamisten, gehen in Moscheen, aber nur etwa fünf Prozent der Moscheegänger sind politisch Islamisten und von ihnen ist auch wiederum nur eine Minderheit radikal und gewaltbereit. Die große Mehrheit will nur zu Gott (Allah) beten, sich ihm unterwerfen und mit den übrigen Muslimen ins Gespräch kommen. Die insgesamt fünf Prozent Islamisten gibt es nicht in sämtlichen Moscheen, sondern sie konzentrieren sich auf einige Moscheen und haben dort dann auch prozentual dadurch einen höheren Anteil. Dabei kommt es selbstverständlich darauf an, ob die jeweilige Moscheegemeinde Islamisten gegenüber eine positive Grundhaltung hat und ihnen eine politische Heimat gibt. So kommen, zwar einige Moscheen für die politischen Islamisten gar nicht in Frage, andere jedoch, die zu bestimmten islamischen Organisationen gehören, werden stark von diesen in Anspruch genommen. Es ist daher wichtig zu fragen, in welcher Trägerschaft eine Moschee steht, aber es wäre falsch zu glauben, Moscheen seien Stützpunkte ‚islamischer Eroberung'. Eine Besonderheit islamischen Lebens in Deutschland ist, dass die meisten Moscheen als Gebetshäuser (heute etwa 2.380) in der Öffentlichkeit kaum erkennbar sind. Die Gebetsstätten befinden sich meistens in Wohnhäusern, gewerblichen Räumen und Hinterhöfen (s. dazu die Veröffentlichungen von Thomas Lemmen).

Neben der 1914 erbauten Wunsdorfer Moschee (s.o.) entstand die erste klassische Moschee in Deutschland im Jahre 1924 in Berlin-Wilmersdorf. Nach dem Kriege wurde die erste Moschee der Bundesrepublik Deutschland, die Imam Ali Moschee, 1961 in Hamburg eingerichtet. Der folgte 1964 die Bilal-Moschee in Aachen und 1967 das Islamische Zentrum in München. Im Verlauf der kommenden Jahre wurden auch immer mehr erkennbare Moscheen mit Kuppeln und Minaretten gebaut. Heute gibt es 141 Moscheen mit Minarett, 154 Moscheen befinden sich im Bau oder in der Planung (die Zahlen laut Zentralinstitut Islam-Archiv, Soest).

Nach einer langen Zeit weitgehend unsichtbarer islamischer Religionsausübung, die mit dem als vorübergehend verstandenen Bleibestatus stark zusammenhing, dokumentiert der Bau neuer Moscheen nicht nur den Wunsch, hier eine Heimat zu finden, sondern auch ein wachsendes Selbstbewusstsein als muslimischer Bestandteil einer auch religiös-pluralistischen Gesellschaft. Diese Moscheen stehen fast ausschließlich in der Trägerschaft islamischer Gemeinden, die mit dem Rechtsstatus eines eingetragenen Vereins existieren, d. h. die Moscheen werden auch von diesen Vereinen, die in ganz Deutschland (auch in Europa) verbreitet sind, gebaut. Die meisten Moscheen und Gebetsstätten werden von den Organisationen DITIB (Türkisch-Islamische Union der Anstalt für Religion e.V.), VIKZ (Verband der islamischen Kulturzentren e.V.), ATIB (Türkisch-Islamische Kulturvereine in Europa e.V.) und IGMG (Islamische Gemeinschaft Milli Görüs e.V.) geführt (im Verlauf meines Beitrages werde ich auf diese Organisationen noch näher eingehen). Unabhängig von den Moscheebauten der jeweiligen muslimischen Gemeinschaften stehen diese in engem Zusammenhang mit den Organisationen und Verbänden ihrer Herkunftsländer.

Da die islamischen Gemeinschaften in Deutschland im Gegensatz zu den jüdischen und christlichen Gemeinden keine Körperschaften des öffentlichen Rechts sind, besteht kein rechtlicher Anspruch auf Errichtung öffentlicher Gebetsstätten bei aller im Grundgesetz verankerten Religionsfreiheit und deren Ausübung. Darum kommt es bei der Errichtung von Moscheen regelmäßig zu rechtlichen Auseinandersetzungen, deren Argumentationsgrundlagen auch vor den Gerichten baurechtliche Bestimmungen, befürchtete Verkehrsbehinderungen und erhöhte Lärmpegel darstellen.

Bemerkenswert hierzu ist wieder die Umfrage der Konrad-Adenauer-Stiftung: 64 Prozent der Befragten würde der Bau einer Moschee in der Nachbarschaft nicht stören gegenüber 33 Prozent, die daran Anstoß nehmen würden. Auch hier stellen wir wieder einen engen Zusammenhang zwischen Alter, Bildung und Einkommen fest: Je jünger und je höher Bildung und Einkommen, desto weniger würde eine Moschee in der Nachbarschaft stören. Von den CDU/CSU-Anhängern würde sie 55 Prozent nicht stören, bei der SPD 66 Prozent, bei der FDP 69 Prozent, bei PDS und Bündnis'90/Die Grünen 87 Prozent. Auch hier ist es wieder interessant, dass nur 31 Prozent der Katholiken ein solcher Bau stören würde, aber 37 Prozent der Protestanten. Marginale Unterschiede gibt es in Bezug zu Kirchganghäufigkeit und Religiosität, d. h. je mehr die befragte Person ihre Religion ausübt, um so weniger störend empfindet sie eine Moschee in unmittelbarer Nähe. Wichtig wäre es, dass die Ergebnisse solcher Untersuchungen von den Verantwortlichen in politisch-gesellschaftliches Handeln einbezogen würden!

Zum Komplex Moscheebau gehört auch der *Gebetsruf* des Muezzins vom Minarett (Gebetsturm). Er geht darum mit großen Befürchtungen von Anwohnern bei Bauvorhaben einher. Auch dieser Bereich führt mit schöner Regelmäßigkeit zu teilweise sehr emotionalen öffentlichen Debatten und hat an verschiedenen Standorten zu unterschiedlichen rechtlichen Konsequenzen geführt.

Abschließend lässt sich feststellen, dass bei der Betrachtung und Beurteilung dieser Probleme stets die Lebensverhältnisse vor Ort Grundlage einer abschließenden Bewertung bilden müssen.

Ähnlich verhält es sich bei den rituellen islamischen *Bestattungen.* Viele deutsche Kommunen haben inzwischen islamische Grababteilungen auf den Friedhöfen ausgewiesen und mit muslimischen Vertretern Übereinkünfte getroffen. Zwei islamische Bestattungsvorschriften bereiten beiden Seiten immer noch Probleme: Die islamische Bestattung kennt keine Särge; die Toten werden in sieben Meter lange Leinentücher gewickelt und dürfen nur in seltenen Ausnahmefällen in einem Sarg begraben werden. Aber während dieses Problem vergleichsweise klein ist, ergibt sich ein weitaus größeres bei den Bemessungszeiten der Ruhefristen: Während in Deutschland die Ruhefrist nach 25 Jahren abläuft, kennt der Islam keine zeitliche Begrenzung. Weil man bisher zu keiner abschließenden Regelung gekommen ist, darf es niemanden verwundern, dass noch viele Muslime ihre Verstorbenen in die Herkunftsländer überführen lassen.

Trotz des Bundesverfassungsgerichtsurteils, demzufolge ein zu schlachtendes Tier ohne Betäubung geschächtet werden darf, stellt das Schlachten nach islamischem Ritus in der Ausführung weiterhin ein großes Problem dar. Sowohl der Koran als auch die Sunna (Überlieferung des Propheten Mohammed) verlangen, dem Schlachttier ohne Betäubung die Halsschlagader zu durchtrennen, dabei Allah anzurufen und das Tier restlos ausbluten zu lassen. Ein weiteres wichtiges Charakteristikum islamischen Schlachtens ist das Ausrichten des Tierkopfes nach Mekka. Ausdrücklich verboten und nicht islamisch ist es, dem Tier vermeidbare Schmerzen zuzufügen. Für das Schächten ohne Betäubung sprechen sich die großen islamischen Verbände, wie z. B. der Islamische Arbeitskreis in Deutschland (IAK) und der Zentralrat der Muslime in Deutschland e.V. (ZMD) aus, aber auch kleinere islamische Gemeinschaften schließen sich der Auffassung an, der betäubungslose Zustand sei zwingend vorgeschrieben. Trotz dieser Position der Muslime in Deutschland gibt es nach wie vor eine noch nicht abgeschlossene Rechtsprüfung durch Islam-Gelehrte.

Bei ihrer Klage vor dem Bundesverfassungsgericht sahen die Muslime in Deutschland insbesondere das Gleichheitsprinzip in der Ausübung ihrer Religion als verletzt an, denn

Juden in Deutschland ist das Schächten ohne Betäubung erlaubt.

So wie auch die übrigen vielfältigen Lebensformen der Immigranten in unserem Land, gehört auch das *Kopftuch* mittlerweile zum öffentlichen Erscheinungsbild, sei es in Betrieben, öffentlichen Verkehrsmitteln, Universitäten oder Schulen. Dabei ist das Kopftuchgebot auch für islamische Rechtsgelehrte nicht eindeutig und erlaubt diverse Interpretationen, angefangen bei der einfachen Bedeckung des Kopfes mit einem Kopftuch, bis hin zur Verhüllung des ganzen Körpers durch den Tschador. Wichtig dabei sind auch nationale und kulturelle Traditionen in den Herkunftsländern. Für das deutsche Recht sind, was das private Tragen eines Kopftuches oder Tschadors in der Öffentlichkeit und in öffentlichen Gebäuden anbelangt, diese grundsätzlich als Teil der Religionsausübung und der freien Entfaltung der Persönlichkeit geschützt. Umstritten und widersprüchlich sind die Rechtsauffassungen der Bundesländer, was das Tragen von Kopftüchern u. ä. bei der Ausübung eines öffentlichen Amtes, insbesondere in der Schule, betrifft.

Dazu gibt es sehr unterschiedliche Rechtssprechungen. Baden-Württemberg z. B. verweist bzgl. einer beamteten muslimischen Lehrerin auf die besondere Neutralitätspflicht auf dem Gebiet der Religion und des Glaubens im Schulbereich. Danach ist der Dienstherr berechtigt, Kleidung mit einem solchen – möglicherweise auch politisch zu missdeutenden – Symbolcharakter zu verbieten.

Ebenfalls in Baden-Württemberg schlug das sogenannte Kopftuchverbot für eine Lehramtsanwärterin durch das Bundesverwaltungsgericht 1998 hohe Wellen. Nach diesem Urteil verweigerte man neben der Kultusministerin Anette Schavan fraktionsübergreifend der muslimischen Lehreramtskandidatin Fereshta Ludin die Übernahme in den Staatsdienst.

Ganz anders wurde ein Fall in Niedersachsen (Lüneburg) entschieden. Hier hat das Verwaltungsgericht Lüneburg der Klage einer muslimischen Lehramtsbewerberin stattgegeben und die Schulbehörden angewiesen, sie zumindest auf Probe in den Schuldienst zu übernehmen. Dagegen legte allerdings die Bezirkregierung Berufung ein und vertrat die Auffassung der Landesregierung, der Dienstherr sei berechtigt, das Tragen eines Kopftuches im Dienst zu untersagen.

Aber nicht nur hier streiten sich die Geister, sondern selbst die islamischen Rechtsgelehrten sind sich nicht einig in der Bewertung der Körperbedeckung und können keine eindeutige Antwort auf die Frage nach der Forderung des Koran, die körperlichen Reize zu verdecken, geben und streiten darüber, ob das Kopftuch vorgeschrieben ist oder nicht.

Die größte muslimische Gemeinde in Deutschland, nämlich die Türken, geraten gerade in dieser Frage sehr oft in Widerspruch zu sich selbst: In der Türkei wurde mit Atatürk der Laizismus als eines der Grundprinzipien in der Verfassung von 1937 verankert, das Tragen von Kopftüchern ist Parlamentarierinnen und Lehrerinnen bzw. Hochschullehrerinnen sowie Angestellten im öffentlichen Dienst verboten. Nach vielen Jahren wird nun dieses unantastbare Grundprinzip durch die jetzige Regierung der religiös-konservativen AKP (Gerechtigkeits- und Entwicklungspartei, die 2001 gegründet wurde und von dem Istanbuler Ex-Bürgermeister Recep Tayyip Erdogan geführt wird) auf den Prüfstand gestellt.

Wie bei allen anderen Kontroversen islamischer Fragen der Religionsausübung darf man auch hier nicht in den Fehler verfallen, das Tragen des Kopftuchs zu überschätzen und ihm immer den Ausdruck politisch-symbolhaften Charakters zuschreiben, wenngleich das Kopftuch von radikalen Gruppen missbraucht wird, wenn es als zwingende Vorschrift des Islam durch den Koran behauptet wird.

Der Koran selbst gebietet nicht direkt den Schleier oder

gar den Tschador, aber eine Verhüllung, die Anstand und Sitte wahrt. Die 14. Sure fordert den Propheten Mohammed auf: „Oh Prophet, sage deinen Gattinnen und deinen Töchtern und den Töchtern der Gläubigen, sie wollten etwas von ihrem Überwurf über sich herunterziehen. Das bewirkt eher, (als ehrbare Frauen) erkannt und dass sie nicht belästigt werden." Gleichzeitig lässt Gott (Allah) durch den Propheten übermitteln: „Sprich zu den gläubigen Männern, sie sollen ihre Blicke senken und ihre Scham bewahren. Das ist lauterer für sie."

Blickt man in die Geschichte zurück, stellt man schnell fest, dass das Tragen von Kopftüchern und Schleiern sich gerade in den höfisch-städtischen Mittelschichten ausbreitete, wohingegen einfache Frauen, z. B. Beduininnen und körperlich schwer Arbeitende nicht in aller Strenge die Verschleierung praktizieren mussten. Ganz schnell fand der Schleier Verbreitung im Iran und Irak; übrigens mussten auch Jüdinnen und Christinnen in diesen Ländern sich an das Verschleierungsgebot halten. Abgesehen von der geschichtlichen Tradition des sich Verschleierns, gibt es wie oben angemerkt, zwar unterschiedliche Lehrmeinungen, aber kein eindeutiges Dogma in dieser Frage.

5. Islamischer Religionsunterricht

Wie schon erwähnt, nahmen mit dem Familiennachzug und der hier aufwachsenden jüngeren Generation Bedürfnis und Notwendigkeit eines islamischen Religionsunterrichts für muslimische Kinder an deutschen Schulen zu. Eine einheitliche Regelung für einen islamischen Religionsunterricht wird durch die alleinigen Kompetenzen der Bundesländer in dieser Angelegenheit verhindert. So gibt es auch bei diesem Thema sehr unterschiedliche Handhabungen und kontroverse Diskussionen.

Bevor wir auf diese Unterschiede einiger Bundesländer eingehen, möchten wir noch einmal die Untersuchung der Konrad-Adenauer-Stiftung zur Frage der Religionsausübung heranziehen: Danach sind 64 Prozent der Befragten der Meinung, die in Deutschland lebenden Muslime sollten ihre Religion ohne Einschränkung ausüben können. 31 Prozent lehnen diese Aussage ab, wobei kaum signifikante Unterschiede bei Alter, Schulabschluss und Einkommen zu verzeichnen sind. Aber während 83 Prozent der PDS und 73 Prozent von Bündnis'90/Die Grünen-Anhänger einer solchen freien Religionsausübung zustimmen, sind es bei CDU/CSU lediglich 61 Prozent, bei der SPD 64 Prozent und bei der FDP 66 Prozent. In dieser Frage spielt die Bindung an die Kirche keine große Rolle, ebenso wenig die Kirchganghäufigkeit und die Bedeutung der Religion im Elternhaus. Interessant ist nur auch hier wieder die größere Toleranz der Katholiken, die zu 69 Prozent ihre positive Einstellung dokumentieren gegenüber 62 Prozent der Protestanten.

Auf fast gleichem Niveau wird der Aussage zugestimmt, die Muslime sollten bei der Religionsausübung stärker Rücksicht auf die deutsche Bevölkerung nehmen. Hier stimmten 67 Prozent mit ja und 27 Prozent mit nein. Mit steigender Bildung und steigendem Einkommen findet diese Aussage größere Zustimmung. Hier liegen Union und SPD-Anhänger mit 70 Prozent gleichauf; relativ gering ist die Zustimmung bei den Grünen mit 43 Prozent und relativ hoch bei den FDP-Anhängern mit 77 Prozent. Je verbundener mit der Kirche je häufiger der Kirchenbesuch, umso mehr wünscht man sich stärkere Rücksichtnahme durch die Muslime (84 Prozent).

Da auch hier wieder Bildung einer der wichtigsten Schlüssel zu tolerantem Verhalten ist, müsste die politische Konsequenz aus der Untersuchung der Konrad-Adenauer-Stiftung sein, an diesem Punkt sowohl bei der deutschen als auch bei der Einwanderergesellschaft anzusetzen. Dazu gehört auch, einen verbindlichen religionskundlichen Islamunterricht an deutschen Schulen zu installieren. Wenn wir den vielen vorangegangenen Diskussionen nicht endlich Taten folgen lassen und eine durch die Rahmenrichtlinien der Kultusminister kontrollierte religionskundliche Unterweisung für muslimische Schüler einführen, werden wir langfristig die Zukunft unserer Kinder nicht kontrollierbaren extremistischen Gruppen in die Hände legen.

Grundsätzlich kann man zwar davon ausgehen, dass der gute Wille aller Parteien in dieser Frage vorhanden ist, jedoch fehlt eine ausreichende Infrastruktur, wie z. B. an deutschen Hochschulen ausgebildete Lehrkräfte für Islamkunde. Genauso ungeklärt ist die Frage, in welcher Sprache der Unterricht abgehalten werden soll. Auch hier streiten sich die Geister: Während die eine Seite sagt, dass er in deutscher Sprache stattfinden solle, damit alle muslimischen Schüler, unabhängig von ihrer Nationalität, daran teilnehmen können, sagt die andere Seite, es sei nötig, den Islam in der Landessprache zu vermitteln, die entweder Arabisch oder Türkisch sein müssten. Jedoch vertreten wir die Auffassung, dass religionskundlicher Unterricht nicht mit religiöser Unterweisung gleichzusetzen ist und in deutscher Sprache für alle muslimischen Kinder verbindlich gestaltet werden sollte. Außerdem haben so auch deutsche Kinder die Möglichkeit, eine ihnen fremde Religion kennen zu lernen.

Die Situation in den Bundesländern

In allen Bundesländern findet eine religionskundliche islamische Unterweisung in türkischer, arabischer, bosnischer Sprache oder in Farsi (Iran) statt. Dieser Unterricht besteht in fast allen Bundesländern als muttersprachlicher Ergänzungsunterricht, bei ersteren meist in der allgemeinen Verantwortung des türkischen Generalkonsulats oder in Zusammenarbeit mit diesem.

Weil Nordrhein-Westfalen beispielsweise keinen geeigneten Ansprechpartner für das Fach „Islam" fand, entschied es sich 1999 selbstständig zu handeln und per Runderlass ein staatlich religionskundliches Fach „Islamische Unterweisung" als Schulversuch zu starten. Der Unterricht wird in deutscher Sprache abgehalten.

Auch im Bundesland Bayern fand sich kein adäquater Ansprechpartner für den „Islam", so dass 1986 eine Bildungsplankommission gegründet wurde, die „ religiöse Unterweisung türkischer Schüler islamischen Glaubens" in türkischer Sprache auf freiwilliger Basis anbot. Die Rahmenpläne hierzu waren den in der Türkei verbindlichen Lehrplänen für den „Religions- und Ethikunterricht" angelehnt.

In Berlin allerdings haben die deutschen staatlichen Stellen es seit knapp 25 Jahren nicht geschafft, zu einem einigermaßen zufriedenstellenden Ergebnis zu kommen. Bis jetzt ist die Hauptstadtdiskussion in dieser Frage von einer beschämenden Ignoranz geprägt, und das leistet sich eine Stadt, die als Metropole wegweisende Akzente für die Zukunft setzen müsste! Die äußerst mühselige und kleinkarierte Diskussion verliert sich in Detailfragen und übersieht dabei die immer größer werdenden Probleme. Obwohl Berlin in der Lage wäre, aus den vielfältigen Erfahrungen anderer Bundesländer zu lernen, leistet sie sich den Luxus, von Zeit zu Zeit über neue Modelle zu diskutieren, um sie anschließend zu verwerfen. Wir können nur hoffen, dass der Druck der Verhältnisse, sich im Zuge der EU-Osterweiterung zur Ost-West- Metropole in der Mitte Europas entwickeln zu müssen, die Hauptstadt auch zur Klärung dieser Fragen herausfordert.

In Berlin wird der islamische Religionsunterricht von

verschiedenen Religionsgemeinschaften angeboten. Die Islamische Föderation, die sich die Erlaubnis zur Erteilung des Unterrichts 1998 vor dem Oberwaltungsgericht Berlin erstritt, und das Urteil im Jahre 2000 vom Bundesverwaltungsgericht bestätigen lassen konnte, lehrt z. Zt. an fünfzehn Berliner Schulen. Im Schuljahr 2002/2003 nahmen laut Islamischer Föderation 1607 Schülerinnen und Schüler am islamischen Religionsunterricht teil; z. Zt. liegen der Islamischen Föderation rund 3500 Anmeldungen vor, und täglich werden es mehr.

Als zweite Organisation hat das Kulturzentrum der Anatolischen Aleviten (AAKM) in Berlin im Spätherbst 2000 beantragt, bekennenden alevitischen Unterricht erteilen zu dürfen. Das Zentrum lehrt z. Zt. an zehn Berliner Schulen.

6. Islamische Organisationen / Körperschaften des öffentlichen Rechts

Mit der Arbeitsmigration entstanden in Deutschland nicht nur kulturelle, sondern auch politische und religiöse Organisationen. Im Laufe der Zeit haben sich die vielen Gemeinden und Organisationen zu Dachverbänden zusammengeschlossen, so dass der Islam in Deutschland überwiegend durch diese großen Verbände wahrgenommen und repräsentiert wird. Keiner dieser Dachverbände kann aber für sich in Anspruch nehmen, Vertreter aller Muslime in Deutschland zu sein.

Es würde den Rahmen dieses Beitrages sprengen, wollte man dieses Dickicht einer Unzahl von kleineren und größeren islamischen Zusammenschlüssen, Gruppen und Vereinen lichten und hier in seiner ganzen Breite wiedergeben. Darum werden wir uns auf die wesentlichen und bedeutenden großen Organisationen beschränken, wobei hinzuzufügen ist, dass viele der kleinen Gemeinden diesen Dachverbänden angehören.

Bei der Darstellung der Dachverbände könnte man folgende grobe Enteilung vornehmen:

Da wären zum ersten die Organisationen mit zentralistischen Strukturen, zum zweiten die dezentralistisch strukturierten zu nennen, dem folgen föderativ verwaltete und Formen der Organisation, die sich aus Elementen der eben erwähnten zusammensetzen, sozusagen Mischformen.

Zentralistische Verbände zeichnen sich dadurch aus, dass nur der Dachverband als eingetragener Verein firmiert, während ihre Mitgliedsverbände und -vereine keine juristischen Personen darstellen und abhängig vom Dachverband agieren müssen. Dazu gehören u. a. der Verband der islamischen Kulturzentren e.V. (VIKZ) mit Sitz in Köln, der 300 Zweigstellen in Deutschland hat, und die Islamische Gemeinschaft in Deutschland e.V. (IGD) mit Sitz in München.

Dezentrale Verbände haben eigenständige eingetragene Mitgliedsvereine. Im Gegensatz zu den zentralistisch organisierten Verbänden besitzen diese Mitgliedsvereine juristische Autonomie. Zu diesen Vereinen gehört die Türkisch-Islamische Union der Anstalt für Religion e.V. (DITIB), die 1984 in Köln gegründet wurde, und die in enger Verbindung zum türkischen Staat steht. DITIB sind ca. 770 Mitgliedsvereine angeschlossen.

Föderative Verbände sind Ergebnisse von Zusammenschlüssen eingetragener Vereine. Diese Eigenständigkeit bleibt trotz Zugehörigkeit zum Verband gewahrt. Aufsichtsräte wachen über eine gleichberechtigte Beteiligung seiner Mitgliedsvereine.

Zu dieser Verwaltungsform gehören die Islamischen Föderationen, die Föderation der Türkisch-Demokratischen

Idealistenvereine in Europa e.V. (ADÜTDF), die Union der Türkisch-Islamischen Kulturvereine in Europa e.V. (ATIB) und die Föderation der Aleviten Gemeinden in Europa e.V. (AABF).

Um die Entwicklung der islamischen Organisationen in Deutschland darzustellen, werden wir im Folgenden einige chronologisch vorstellen.

1952/1954 Gründung der Deutschen Muslim Liga e.V. Hamburg

Der im Jahre 1952 gegründete Verein wurde 1954 ins Hamburger Vereinsregister eingetragen und ist der älteste deutsch-muslimische Zusammenschluss der Nachkriegszeit. Im Laufe der Jahre entwickelte sich insbesondere die Ortsgruppe der Deutschen Muslim Liga Bonn e.V. zu einer eigenständigen und starken Organisation, die auch bei Nichtmuslimen als Dialogpartner anerkannt ist. Die Bonner Ortsgruppe wird 1989 als eigenständiger Verein im Vereinsregister Bonn geführt. Der Verein verfolgt das Ziel, muslimischen Frauen und Männern ein religiöses Zuhause zu bieten und den interreligiösen Dialog auszubauen. Sie sind u. a. Mitglied in der christlich-islamischen Gesellschaft e.V. (CIG) und der Weltkonferenz der Religionen für Frieden (WCRP). Bei der ständigen europäischen Konferenz der Juden, Christen und Muslime (JCM), die seit 25 Jahren tagt, hat die DML Bonn die Trägerschaft inne und ist Gründungsmitglied des Zentralrates der Muslime in Deutschland e.V.

1958/1960 Gründung der Islamischen Gemeinschaft in Deutschland e.V. (IGD)

Am 9. März 1960 gründete sich die Islamische Gemeinschaft in Deutschland e.V. *(IGD)* mit Sitz in München. Der Verein baute in den Jahren 1967 bis 1973 das islamische Zentrum München (IZM) auf, wozu auch eine Moschee gehört.

1974 folgte ein islamischer Kindergarten und 1981 eine staatlich anerkannte islamische Grundschule. Der IGD wird nachgesagt, dass sie unter dem Einfluss der ägyptischen Muslimbruderschaft steht, weil sie vor vierzig Jahren durch den prominenten Muslimbruder aus Ägypten, Dr. Said Ramadan, gegründet wurde, der viele Jahre den Vorsitz des Vereins inne hatte. Die Muslimbrüder sind eine politische Organisation, die die Errichtung einer islamischen Staats- und Gesellschaftsordnung anstrebt. Wegen der Leitung des Zentrums für islamische Frauenforschung und Frauenförderung (ZIF) mit Sitz in Köln durch die Schwester von Mehmet Sabri Erbakan (bis 2002 Generalvorsitzender der Islamischen Gemeinschaft Milli Görüs, IGMG), das auch zum IGD gehört, werden der IGD Verbindungen zur IGMG nachgesagt. Wie diese Verbindungen aussehen und die Zusammenarbeit sich gestaltet, ist sehr schwer zu durchschauen.

1964 Muslimische Studentenvereinigung (MSV) innerhalb der IGD

Der MSV gehört zwar zur IGD, versteht sich aber als unabhängige islamische Einrichtung. Aber auch ihr werden oben genannte Querverbindungen nachgesagt. Sie sind Mitglied der Föderation der islamischen Organisationen in Europa (FIO) und der Internationalen Islamischen Föderation von Studentenorganisationen (IIFSO). Ihr gehören bundesweit 16 islamische Studentenvereinigungen und Hochschulgruppen an.

1964 Gründung des Islamischen Zentrums Aachen e.V. / Bilal-Moschee (IZA)

Mit dem Beginn des Baus der Moschee begann die Geschichte des islamischen Zentrums Aachen (Bilal-Moschee) e.V. (IZA) 1978, das aus einer 1970 gegründeten selbstständigen Moscheestiftung hervorging. Der Name der Moschee geht auf den schwarzafrikanischen Sklaven Bilal zurück, der von Muslimen freigekauft und vom Propheten Mohammed zum ersten islamischen Gebetsrufer ernannt wurde. Durch diese Handlung wollte der Prophet Mohammed ein Zeichen dafür setzen, dass der Islam allen Andersgläubigen, unabhängig von Rasse und Nationalität, offen steht. Dafür soll die Bilal-Moschee auch heute stehen.

Die Moschee sieht neben dem Gebet und der religiösen Erziehung ihre Aufgabe auch darin, Fortbildungsveranstaltungen für Muslime zu organisieren und den Dialog mit anderen Religionen zu fördern. Mit dem Zusammenschluss im Bundesverband für islamische Tätigkeiten e.V. 1987 entstand eine Organisation arabischer Moscheen aus Köln, Bonn, Bergisch Gladbach und anderen Gemeinden. Die Bilal-Moschee ist auch Gründungsmitglied des Zentralrates der Muslime in Deutschland e.V. Auch ihr werden Verbindungen zur arabischen Welt, insbesondere den syrischen Muslimbrüdern, als deren Sitz die Bilal-Moschee gilt, nachgesagt. Allerdings distanzieren sich das IZA und alle zu ihm gehörenden Vereine von jeglicher Gewaltanwendung.

1995 Gründung der Islamischen Gemeinschaft Milli Görüs (IGMG)

Die Geschichte der IGMG geht auf die Gründung der Türkischen Union e.V. im Jahre 1972 zurück. Dieser folgte 1976 die Türkische Union Europa e.V., die seit 1983 unter dem Namen Islamische Union Europa e.V. firmiert. Seit 1985 besteht die Islamische Vereinigung der neuen Weltsicht in Europa (AMGT/Avrupa Milli Görüs Teskilatlari e.V.), die Nachfolgerin der o. g. Islamischen Union, als Resultat der politischen Auseinandersetzungen mit dem als „Khalifen von Köln" bekannten Cemalettin Kaplan.

Im Jahre 1994 und 1995 kam es zu erneuten Umbenennungen: AMGT wurde zur Europäischen Moscheebau- und -unterstützungsgemeinschaft e.V. (EMUG), während der AMGT-Ortsverein Bonn zur Islamischen Gemeinschaft

Milli Görüs e.V. (IGMG) wurde. Letztere steht für die religiös-kulturellen und sozialen Inhalte, EMUG mit Sitz in Köln für wirtschaftlich finanzielle Aufgaben der Organisation. Die Islamische Gemeinschaft Milli Görüs e.V. ist die größte nichtstaatliche islamische Organisation in Deutschland und in Europa. Die IGMG hat ein eigenes Institut zur Erforschung der Wirtschafts- und Sozialordnung in Deutschland und arbeitet mit dem Zentralinstitut Islam-Archiv Deutschland in Soest zusammen. Ihr wird auf dieses großer Einfluss nachgesagt. In den meisten deutschen Verfassungsschutzberichten wird IGMG als „extremistisch" eingestuft.

Der Verfassungsschutzbericht 2002 weist „enge ideelle und personelle Verbindungen zwischen Necmettin Erbakan und seiner Partei in der Türkei, z. Zt. die SP (Saadet Partisi – Glückseligkeitspartei, eine Nachfolgepartei der in der Türkei verbotenen Wohlfahrtspartei, d. V.) und der IGMG in Deutschland" aus. Die aktuelle Situation in der Türkei mit der Spaltung der Traditionalisten (Necmettin Erbakan) und den Reformern (Recep Tayyip Erdogan) wirft die Frage auf, welchen Einfluss diese Entwicklung auf die IGMG haben wird.

Die ‚Mischform' der Organisationsstruktur macht eine Übersicht der Vereine, Zusammenschlüsse und Zweigstellen der Islamischen Gemeinschaft Milli Görüs e.V. schwer. Man könnte zur besseren Übersicht folgende Kategorisierung vornehmen: Zu Typ eins gehören die nach 1985 entstandenen Vereine, deren Namensbestandteil „AMGT-Ortsverein" ist. Rechtsgeschäfte dürfen nur mit Genehmigung der Zentrale getätigt werden. Zum zweiten Typ gehören die Vereine, die auf den ersten Blick nicht als Ortsvereine zu erkennen sind, und Milli Görüs gegenüber weitgehend eigenständig agieren können. Trotzdem bestehen enge Organisationsverflechtungen, z. B. mit dem Moslemischen Sozialwerk in Europa e.V. (MSE), der Deutschsprachigen Islamischen Frauengemeinschaft (DIF) sowie dem Institut für Internationale Pädagogik und Didaktik (IPD). Zum dritten Typ gehören alle als Islamische Föderationen bekannten Vereinszusammenschlüsse. Die Islamischen Föderationen werden durch den Verfassungsschutz als Landesverbände der IGMG (Milli Görüs) beobachtet. Unter anderem versucht auch die Islamische Föderation Berlin durch zahlreiche Klagen und einstweilige Verfügungen Aussagen und Veröffentlichungen über Verflechtungen der Islamischen Föderation und Milli Görüs zu verhindern. Obwohl zeitweise durch richterliche Anordnung verboten, darf mit Beschluss des Landgerichtes Berlin seit dem 1. Februar 2002 aber wieder behauptet werden, dass enge Verflechtungen zwischen IFB und IGMG bestehen. Die Islamischen Föderationen einiger Bundesländer sind eigenständige Mitglieder des Islamrates, dem nachgesagt wird, dass er von Milli Görüs dominiert und kontrolliert wird.

1973 Gründung des Verbandes der Islamischen Kulturzentren e.V. (VIKZ)

Der VIKZ, der als anerkannter gemeinnütziger Verein seinen Sitz in Köln hat, legt großen Wert darauf, als parteipolitisch neutral sowie verfassungs- und gesetzestreu zu gelten und arbeitet nur mit solchen islamischen Organisationen zusammen, die diese Einstellung teilen. Begründer des VIKZ waren islamisch-religiös geschulte Arbeiter sowie Imame aus privaten und staatlichen Predigerschulen der Türkei. Die jetzigen Imame entstammen größtenteils der zweiten Generation und haben hier ihre religiöse Unterweisung bekommen. Diese jüngeren Prediger sind in Deutschland sozialisiert worden, gingen hier zur Schule und sind besser in der Lage, sich auf die ‚bipolare' Welt ihrer Gemeinde zu beziehen.

Der Verein sieht seine Hauptaufgabe darin, die in Europa lebenden Muslime religiös zu betreuen. Der Verband der Islamischen Kulturzentren arbeitet mit vielen islamischen Organisationen zusammen, die aufgrund ihrer Satzung eine ähnliche Zielrichtung verfolgen.

Von 1986 bis 1988 gehörte der VIKZ dem Islamrat an, deren Mitbegründer er auch war, und von 1994 bis 2001 war der VIKZ Mitglied im Zentralrat der Muslime in Deutschland. In den Jahren 1979 und 1996 stellte der Verband Anträge auf die Anerkennung als Körperschaft des öffentlichen Rechtes, die beide abgelehnt wurden. Der VIKZ wird dieses Ziel aber nicht aus den Augen verlieren, denn seine Mitglieder verstehen ihren Aufenthalt in Deutschland als dauerhaft. Das dokumentieren sie u. a. durch den Ankauf von Gebetsräumen und durch den Erwerb bisher angemieteter Moscheen.

Als VIKZ nahe gelten zwei islamische Organisationen, und zwar der 1985 gegründete Islamische Wohlfahrtsverband e.V. und das Islamische Bildungswerk e.V.

Ersterer fördert die Wohlfahrt von Muslimen in Deutschland und darf als Träger sozialer Einrichtungen fungieren. Das Bildungswerk hingegen widmet sich der Erwachsenen- und Familienbildung. Die Angebote richten sich nicht nur an Muslime. Darüber hinaus organisiert der VIKZ eigenständige Wallfahrten ins Heilige Land und unterhält einen Bestattungsfonds und die „Merkez Handels GmbH für Konsumgüter."

1978 – Gründung der Föderation der Türkisch-Demokratischen Idealistenvereine in Europa e.V. (ADÜTDF)

Diese Organisation, die seit 1996 auch unter dem Namen Deutsch-Türkische Föderation (ATF) bekannt ist, verfolgte in den Anfängen keine primär religiösen Ziele, sondern setzte ihren Schwerpunkt bei der Bewahrung türkischer Identität. Durch den Zusammenschluss etlicher türkischer Vereine sollte in Frankfurt am Main ein Interessenverband ins Leben gerufen werden, um die Kooperation und Solidarität in Europa ansässiger Bürger türkischer Herkunft zu fördern. Im Laufe der Zeit kam neben der nationalen Schwerpunktsetzung der türkisch-islamische Aspekt hinzu. Es entstanden religiöse Einrichtungen sowie Korankurse, Gebetsstätten und Kultur- und Sportvereine. Die ADÜTDF ist weder im Islamrat noch im Zentralrat der Muslime als Mitglied vertreten.

1979 – Gründung der Islamischen Gemeinschaft der deutschsprachigen Muslime & Freunde des Islam in Berlin e.V. (IGDMB)

Der Verein, der im Jahre 1979 durch Mohammed Herzog gegründet wurde und heute noch immer von ihm geführt wird, beruft sich auf die Tradition der 1945 aufgelösten Deutsch-Moslemischen Gesellschaft zu Berlin. Seit 1983 ist der Zusammenschluss ein eingetragener Verein. Bemerkenswert an diesem Verein ist, dass hier nahezu alle Nationalitäten vertreten sind. Konvertierte Deutsche besuchen sehr gerne diese Gruppe, die im Interkulturellen Haus in Berlin-Schöneberg ihren Sitz hat. Aber auch Nichtmuslime sind hier willkommen, d. h. alle Religionen werden hier freundlich empfangen. Das hängt sicherlich auch damit zusammen, dass der langjährige Vorsitzende des Vereins, Amir Mohammed Herzog, in vielen interreligiösen Gruppen mitarbeitet, u. a. im Arbeitskreis der Evangelischen Akademie Berlin „Juden, Christen und Muslime", der seit 1991 monatlich tagt.

Volkstümlich, mit Herz und Berliner Schnauze, schafft er es immer wieder, beispielsweise dem Bundesgrenzschutz, den Schülern der Polizeischule, Lehrern, Erziehern und den Kindern und Jugendlichen den Islam auf eine unorthodoxe und plastische Art nahe zu bringen. Insbesondere die Jugendlichen fühlen sich bei Mohammed Herzog aufgehoben und verstanden und begründeten mit ihm zusammen das Wild Style Project (WSP), eine HipHop-Gruppe, die Völkerverständigung, Antirassismus, Interreligiosität, gesellschaftliche Integration und Friedensarbeit auf ihre Fahnen geschrieben hat.

1984 – Gründung der Türkisch-Islamischen Union der Anstalt für Religion e.V. (DITIB)

Bereits im Jahre 1982 gründete sich DITIB in Berlin, 1984/85 in Köln und ist der mittlerweile weitaus größte türkisch-islamische Verband und definiert seine Aufgabe, als religiöser Ansprechpartner der Türken in Deutschland zu fungieren.

Darunter versteht DITIB die religiöse Unterweisung und Betreuung seiner Gemeindemitglieder und deren Familien und sieht sich als deren Ansprechpartner in allen Lebenslagen. In seinen Einrichtungen bietet DITIB nicht nur Gebetsräume an, sondern macht darüber hinaus soziale, sportliche und kulturelle Angebote. Auch im Bildungsbereich ist er nicht untätig: Er bildet Laienprediger aus, unterhält Sprachkurse, führt Eingliederungsmaßnahmen durch.

Der Verband steht in direkter Verbindung zum Amt für Religiöse Angelegenheiten der türkischen Republik und untersteht dem türkischen Ministerpräsidenten. Die Aufgabe dieser Behörde sind z. B. Einrichtung und Unterhaltung von Moscheen, die Durchführung von Korankursen, die Organisation von Wallfahrten nach Mekka, die Verbreitung eigener religiöser Schriften und Entsendung von studierten Islamtheologen als Lehrer und hauptamtliche Vorbeter sowohl in die Koranschulen von DITIB als auch an deutsche Schulen für den muttersprachlichen Ergänzungsunterricht am Nachmittag. Diese Lehrer und Vorbeter werden nach ca. fünf Jahren wieder abberufen. Für sie ist die laizistische Verfassung der Türkei maßgebend, wobei in Deutschland eng mit den türkischen Konsulaten vor Ort zusammengearbeitet wird. Zur Tradition von DITIB gehört, dass seit seinem Bestehen immer der Religionsattaché der türkischen Botschaft den Vorsitz hatte. Eine wichtige Entwicklung ist der Ausbau des interreligiösen Dialoges, für den DITIB eigens einen Ansprechpartner benannt hat und dokumentiert so als einzige islamische Organisation in Deutschland die Wichtigkeit eines solchen Auftrages.

1986 – Gründung des Islamrates für die Bundesrepublik Deutschland / Islamischer Weltkongress e.V.

Die Gründungsmitglieder des Islamrates, ins Leben gerufen 1986 in Berlin, waren der VIKZ, die Islamische Gemeinschaft Jama'at un-Nur Köln e.V., die Sufigemeinde Les Amis de I'Islam e.V. (Alawia) und der Islamische Weltkongress/Deutsche Sektion e.V. (IWKD). Der VIKZ jedoch trennte sich 1988 vom Islamrat, während die damalige Islamische Vereinigung der neuen Weltansicht in Europa (AMGT), heute Islamische Gemeinschaft Milli Görüs (IGMG) 1990 eintrat. Der Islamrat ist offiziell registriert beim Zentralinstitut Islam-Archiv Deutschland e.V. in Soest. Zu seinen Zielen gehört, als Körperschaft des öffentlichen Rechts anerkannt zu werden und die Installierung eines islamischen Religionsunterrichts an deutschen Schulen. Er versteht sich eigenen Worten zufolge als „autonome islamische Glaubensgemeinschaft in der Bundesrepublik Deutschland im Sinne der deutschen Verfassung. Der Islamrat fühlt sich der Geschichte des Islam in Deutschland verpflichtet und betrachtet sich als Brücke zwischen Deutschland und der islamischen Welt."

Inzwischen spielt der Islamrat eine nicht unwesentliche Rolle als Ansprechpartner bei religiös-islamischen Fragen nicht nur für Muslime, sondern auch für Deutsche, auch wenn die Arbeit des Verbandes von zahlreichen internen Auseinandersetzungen überschattet war: Dem damaligen Vorsitzenden Hasan Özdogan wurden Verbindungen zu staatlichen libyschen Organisationen nachgesagt, so dass er 2002 vom damaligen Generalsekretär der Islamischen Gemeinschaft Milli Görüs, Ali Kizilkaya, abgelöst wurde.

1994 – Gründung des Zentralrates der Muslime in Deutschland e.V. (ZMD)

Der Zentralrat der Muslime in Deutschland hat seine Ursprünge im 1986 gegründeten Islamischen Arbeitskreis in Deutschland (IAK). Die ursprüngliche Intention bestand darin, zu bestimmten islamisch-religiösen Fragen eine einheitliche Position verschiedener islamischer Gruppierungen in der Öffentlichkeit zu vertreten. Dazu gehört – damals wie heute – die Einführung islamischen Religionsunterrichts als ordentliches Lehrfach an deutschen Schulen und das sehr umstrittene islamische Schächten ohne Betäubung.

Bereits seit 1995 wird er von dem bekannten Vorsitzenden Dr. Nadeem Elyas geleitet. Er entstand, um wichtige religiöse Fragen islamischen Lebens in der Bundesrepublik Deutschland zu erörtern und zu klären. Der ZMD ist pluralistisch, was sowohl die Nationalitäten, die religiösen Ausrichtungen als auch die gesellschaftspolitischen Auffassungen anbelangt. Darüber hinaus schien er von keiner politischen Organisation im Ausland überlagert zu sein. So konnte er sich als unabhängiger Ansprechpartner profilieren, obwohl dieses Image durch die Tatsache, dass Nadeem Elyas Mitglied der offiziellen Delegation der Islamischen Weltliga ist, die im Juni 2002 mit hochrangigen deutschen Vertretern Gespräche führte, beschädigt ist. Diese Liga besteht seit 1962 in der heiligen Pilgerstadt Mekka, vertritt auf internationaler Ebene muslimische Interessen, betreut islamische Minderheiten in der Diaspora und ist missionarisch ausgerichtet. Die Islamische Weltliga – die auch in Deutschland seit einiger Zeit tätig ist – wird von Saudi-Arabien finanziert und vertritt in dieser Eigenschaft den dort beheimateten streng orthodoxen wahhabitischen Islam. Es ist verständlich, dass dadurch das Image eines unabhängigen Zentralrates der Muslime in Deutschland Schaden genommen hat.

Für viel Diskussionsstoff in der Öffentlichkeit sorgte die im Jahre 2002 publizierte Islamische Charta, eine Grundsatzerklärung zum Verhältnis von Muslimen zur Bundesrepublik Deutschland und ihrer gesellschaftlichen Ausrichtung. Als Grund dafür wird angegeben, dass die Muslime in der deutschen Mehrheitsgesellschaft bisher keine klare und verbindliche Position zu deren verfassungsrechtlichen Grundlagen Demokratie, Pluralismus und Menschenrechte eingenommen haben. Die aus 21 Punkten bestehende Islamische Charta hatte nicht die gewünschte Resonanz in der muslimischen Gemeinde in Deutschland, während sie in der deutschen Gesellschaft sehr gut aufgenommen und als Grundlage für weitere Diskussionen gesehen wurde.

1994 – Föderation der Aleviten Gemeinden in Europa e.V. (AABF)

Die Aleviten verstehen sich als autarke religiös-kulturelle Gemeinde und gelten als liberal. 1991 erfolgte die Gründung der Vereinigung der Aleviten Gemeinden e.V. mit Sitz in Köln. Daraus entstand die o. g. Föderation. Laut Satzung sieht sie ihre primäre Aufgabe darin, „die kulturelle Identität und die religiösen oder philosophischen Werte der in Europa lebenden Aleviten zu bewahren bzw. die Entwicklung dieser Werte zu fördern" (Vgl. § 2 Abs.6).

Die Föderation hat ein laizistisches Staatsverständnis und setzt sich für eine demokratische Erziehung ihrer Jugendlichen und deren Integration in die deutsche Gesellschaft ein, ohne ihre Identität als Aleviten aufzugeben. Im Gegensatz zu den übrigen islamischen Organisationen gibt es bei den Aleviten keine Moscheen, denn eine der Überlieferung besagt, dass nach Ali, der Schwiegersohn des Propheten Mohammed, in einer Moschee ermordet wurde. Eine weitere Überlieferung besagt: „ Der wahre Glaube ist im Herzen, nicht auf der Zunge", d. h. „... dass Aleviten generell am Wesen und nicht an der Form orientiert sind" (Vgl. Kehl-Bodrogi, „Aleviten (nicht nur) in Berlin", Berlin 2002). Ausgehend von diesen unterschiedlichen Überlieferungen halten die Aleviten ihre religiösen Andachten nicht in Moscheen, sondern in eigenen Gebetsstätten ab, die sich Cem-Häuser nennen. Die Aleviten in Deutschland stehen in enger Beziehung zu den Aleviten in der Türkei. Sie sind häufig politisch besonders bewusst und unterstützen Bestrebungen für eine demokratische und moderne Türkei. Sie stehen dort wie auch in Deutschland sozialdemokratischen Kreisen nahe. Die Aleviten lassen sich keinem der o. g. Verbände politisch oder weltanschaulich zuordnen. Auch die AABF bemüht sich seit 1995 um die Anerkennung als Körperschaft des öffentlichen Rechts.

1994 – Gründung der Vereinigung Islamischer Gemeinden der Bosniaken in Deutschland (VIGB);
– Dachverband der albanischen Moscheen: Union der Islamisch-Albanischen Zentren in Deutschland i. Gr. (UIAZD)

Mit dem Auseinanderfallen Jugoslawiens wurden frühere jugoslawisch-muslimische Vereinsnamen geändert und führten fortan die ethnische Zugehörigkeit in ihren Namen, vorwiegend bosnische oder albanische. Punktuell schlossen sich auch bosnisch-albanische Vereine zusammen. Aus einem Zusammenschluss von zwölf bosnisch-islamischen Vereinen ging 1994 die Vereinigung der Bosniaken in Deutschland (VIGB) e.V. mit Sitz in Kamp-Lintfort hervor. Daneben bezeichnet sich die Union der Islamisch-Albanischen Zentren in Deutschland als Dachverband der albanischen Moscheen. Sie sind bei dem seit 1982 bestehenden Islamisch-Albanischen Kulturzentrum Hamburg e.V. angesiedelt. Während der VIGB sowohl im Zentralrat der Muslime als auch im Islamrat vertreten ist, ist die UIAZD nur Mitglied im Zentralrat der Muslime. Die muslimischen Albaner und Bosnier sind nach den Türken die zweitgrößte muslimische Bevölkerungsgruppe in Deutschland.

7. Exkurs

Wie der Darstellung der islamischen Organisationen zu entnehmen ist, sind sie fast alle bemüht, die Anerkennung als Körperschaft des öffentlichen Rechts zu erlangen. Das kommt nicht von ungefähr. Denn dieser Status, den die christlichen Kirchen, der Zentralrat der Juden in Deutschland oder auch die Heilsarmee in Deutschland besitzen, gewährt eine Reihe sehr wichtiger rechtlicher Privilegien. Dazu zählen u. a. Teilhaberechte im öffentlichen Leben, wie z. B. ein Sitz im Rundfunkrat, Steuerprivilegien sowie staatlicher Schutz bei religiöser Betätigung. Zu letzterem zählt auch z. B. der Anspruch auf den Bau von eigenen Gebetsstätten (Moscheen) und entsprechende Berücksichtigung in Flächenbebauungsplänen. Im Falle einer Anerkennung besteht darüber hinaus ein Rechtsanspruch für den Zuzug neuer Mitglieder der Religionsgemeinschaften. Erste Voraussetzung für eine Anerkennung ist Gesetzestreue und damit verbunden, dass die anerkannte Religionsgemeinschaft garantiert, ihre Hoheitsgewalt nur in Übereinstimmung mit der Verfassung auszuüben. Bei der Prüfung ihrer Anträge gilt deren bisheriges Verhalten als ausschlaggebend. Eine weitere wichtige Voraussetzung ist, dass die Religionsgemeinschaft durch ihre Verfassung und die Zahl ihrer Mitglieder die Gewähr der Dauer bietet wie z. B. der Zentralrat der Juden in Deutschland.

8. Ausblick

Sicherlich stellt der Themenkomplex Islam in seiner inhaltlichen und strukturellen Vielfalt für den Außenstehenden ein zunächst schwer durchschaubares Konglomerat verschiedenster Ausrichtungen und Ausprägungen dar. Umso wichtiger ist es, Versäumtes nachzuholen und sich der Auseinandersetzung mit dem Islam zu stellen. Eine Kontinuität in der Debatte dürfte zu mehr beiderseitigem Vertrauen und zu größerer Offenheit führen, denn diese Eigenschaften sind unabdingbar, um einen liberalen Islam in der Gesellschaft zu etablieren und die vorhandenen Ängste und Befürchtungen abzubauen. Dazu gehören Schulungen, Aufklärungsarbeit, Dialoge, Begegnungen u. ä. Denn nur solche Bemühungen werden auf lange Sicht extremen Positionen und deren Vertretern den Boden entziehen. Jede Art von religiösem und politischem Extremismus hat in diesem Land nichts zu suchen und muss energisch mit allen zur Verfügung stehenden rechtsstaatlichen Instrumentarien bekämpft werden. Man sollte sich allerdings davor hüten, die Religion des Islam mit Extremismus gleichzusetzen, der die Trennung von Religion und Staat aufheben möchte. Der weitaus größte Teil der Muslime in Deutschland ist friedlich und der Gesellschaft zugewandt. Diesen Menschen würde man bitter Unrecht tun, wenn man sie pauschalisierend mit Radikalen gleichsetzen würde. Darum ist es wichtig, bei aller Vorsicht sich einen differenzierten Blick zu bewahren. Die muslimische Gesellschaft mit ihren vielen Organisationen hingegen ist aufgefordert, ihre inhaltliche religiöse Weiterentwicklung zu forcieren und Religion und Gesellschaft weitgehend kompatibel zu gestalten. Für einige Organisationen gilt es, ihren jeweiligen Alleinvertretungsanspruch, ‚der Ansprechpartner' für den Islam zu sein, aufzugeben und damit ihr Legitimationsdilemma zu überwinden. Das würde Kräfte frei setzen, die sich mit der gemeinsamen gesellschaftlichen Zukunft beschäftigen, um das notwendige Wirgefühl zu erzeugen, das alle gesellschaftlichen Gruppierungen befähigt, an einem modernen Europa zu arbeiten.

Ergebnisse der Repräsentativ-Umfrage der Konrad-Adenauer-Stiftung zum Thema „Religion und Politik"

Vorbemerkung

Im Dezember 2002 hat das Institut für Markt- und Politikforschung *dimap* im Auftrag der Konrad-Adenauer-Stiftung eine repräsentative Telefonumfrage unter 2000 Bundesbürgern über 16 Jahren durchgeführt. Dabei wurden je 1000 Personen in den alten und neuen Ländern befragt. Die überproportionale Anzahl der ostdeutschen Befragten war nötig, um für den Osten repräsentative Ergebnisse zu bekommen, die Ergebnisse wurden dann wieder proportional gewichtet.

Im folgenden Anhang wird ein Ausschnitt des vollständigen Datenmaterials der Umfrage abgedruckt. Eine Begrenzung war nötig, weil sonst der Rahmen der Publikation gesprengt worden wäre. Es sind alle gestellten Fragen und deren Ergebnisse bezogen auf alle Befragten dokumentiert. Von den differenzierenden Kriterien sind die aus unserer Sicht wichtigsten aufgenommen: Zugehörigkeit zu den alten oder neuen Ländern, Alter, Geschlecht, Parteipräferenz, Zugehörigkeit zu einer christlichen Konfession, Kirchgangshäufigkeit.

Der Vollständigkeit halber sei erwähnt, dass die im Gesamtdatensatz zusätzlich ausgewiesenen Kriterien Schulabschluss, Einkommen, Tätigkeit, Beruf, Religionszugehörigkeit, Kirchenbindung, Religiosität und Bedeutung der Religion im Elternhaus aus den genannten Platzgründen nicht aufgenommen worden sind. Sie haben sich teilweise wegen Redundanz, teilweise wegen zu geringer absoluter Zahlen, teilweise wegen zu geringer Schwankungsbreite nicht als besonders aussagekräftig erwiesen. Sofern sie in einem bestimmten Zusammenhang doch relevant sein sollten, werden sie auch in den Beiträgen erwähnt.

Frage 1: Die katholische und evangelische Kirche melden sich häufig bei gesellschaftlichen und politischen Debatten zu Wort. Ich lese Ihnen jetzt eine Reihe von Themen vor, zu denen die Kirchen öffentlich Stellung beziehen. Sagen Sie mir bitte zu jedem Thema, ob die Kirchen dazu öffentlich Stellung nehmen sollen oder nicht.

		Deutschland		Alter in Jahren					Geschlecht	
	Ges.	West	Ost	16-24	25-34	35-44	45-59	60+	männl.	weibl.
a) Fragen der Wirtschaftsordnung etwa zur Mitbestimmung, dem Verhältnis von Arbeitgebern zu Arbeitnehmern oder zur Globalisierung										
sollen Stellung nehmen	34	34	35	30	29	29	37	41	34	34
sollen nicht Stellung nehmen	64	64	61	69	67	69	60	58	64	64
weiß nicht/keine Angabe	2	2	4	1	4	2	3	1	2	2
Summe	100	100	100	100	100	100	100	100	100	100
b) Fragen der Arbeitslosigkeit										
sollen Stellung nehmen	53	52	59	37	42	49	59	63	51	55
sollen nicht Stellung nehmen	46	47	40	63	57	49	40	36	48	44
weiß nicht/keine Angabe	1	1	1	–	1	2	1	1	1	1
Summe	100	100	100	100	100	100	100	100	100	100

		Deutschland			Alter in Jahren				Geschlecht	
	Ges.	West	Ost	16-24	25-34	35-44	45-59	60+	männl.	weibl.
c) Sterbehilfe für unheilbar Kranke										
sollen Stellung nehmen	85	86	82	85	87	81	86	86	83	86
sollen nicht Stellung nehmen	14	14	16	15	13	19	14	11	16	13
weiß nicht/keine Angabe	1	–	2	–	–	–	–	3	1	1
Summe	100	100	100	100	100	100	100	100	100	100
d) Zulässigkeit von Abtreibung										
sollen Stellung nehmen	61	62	55	66	58	54	65	62	64	58
sollen nicht Stellung nehmen	38	37	44	33	41	45	34	36	35	41
weiß nicht/keine Angabe	1	1	1	1	1	1	1	2	1	1
Summe	100	100	100	100	100	100	100	100	100	100
e) Schutz von Ehe und Familie durch den Staat										
sollen Stellung nehmen	72	73	70	67	77	67	72	77	75	71
sollen nicht Stellung nehmen	26	25	28	33	23	32	26	20	25	26
weiß nicht keine Angabe	2	2	2	–	–	1	2	3	–	3
Summe	100	100	100	100	100	100	100	100	100	100
f) Fragen der Achtung der Menschenrechte										
sollen Stellung nehmen	92	92	93	86	92	90	96	94	91	94
sollen nicht Stellung nehmen	8	8	7	14	8	10	4	5	9	6
weiß nicht/keine Angabe	–	–	–	–	–	–	–	1	–	–
Summe	100	100	100	100	100	100	100	100	100	100

	Deutschland			Alter in Jahren					Geschlecht	
	Ges.	West	Ost	16-24	25-34	35-44	45-59	60+	männl.	weibl.
g) Zuwanderung von Ausländern										
sollen Stellung nehmen	52	51	59	33	53	52	56	57	50	55
sollen nicht Stellung nehmen	46	47	39	66	46	47	42	40	49	43
weiß nicht/keine Angabe	2	2	2	1	1	1	2	3	1	2
Summe	100	100	100	100	100	100	100	100	100	100
h) Zusammenleben mit hier lebenden Ausländern										
sollen Stellung nehmen	67	67	68	55	62	68	70	72	70	65
sollen nicht Stellung nehmen	32	32	31	44	37	32	29	25	30	33
weiß nicht/keine Angabe	1	1	1	1	1	–	1	3	–	2
Summe	100	100	100	100	100	100	100	100	1001	100
i) Gestaltung der Sozialgesetzgebung, etwa der Sozialhilfe, der Renten- oder der Gesundheitsgesetzgebung										
sollen Stellung nehmen	42	40	50	33	36	41	45	47	40	44
sollen nicht Stellung nehmen	57	59	49	67	64	58	54	52	60	55
weiß nicht/keine Angabe	1	1	1	–	–	1	1	1	–	1
Summe	100	100	100	100	100	100	100	100	100	100

		Deutschland		Alter in Jahren					Geschlecht	
	Ges.	West	Ost	16-24	25-34	35-44	45-59	60+	männl.	weibl.
j) Forschung an menschlichen Embryonen										
sollen Stellung nehmen	61	62	55	60	61	58	65	60	61	60
sollen nicht Stellung nehmen	38	37	43	40	38	41	34	37	38	38
weiß nicht/keine Angabe	1	1	2	–	1	1	1	3	1	2
Summe	100	100	100	100	100	100	100	100	100	100
k) Krieg und Frieden										
sollen Stellung nehmen	87	86	89	88	85	86	87	88	86	88
sollen nicht Stellung nehmen	12	13	10	12	14	14	13	10	14	11
weiß nicht/keine Angabe	1	1	1	–	1	–	–	2	–	1
Summe	100	100	100	100	100	100	100	100	100	100

	Parteipräferenz					
	Ges.	SPD	CDU/CSU	B90/Grüne	FDP	PDS
a) Fragen der Wirtschaftsordnung, etwa zur Mitbestimmung, dem Verhältnis von Arbeitgebern zu Arbeitnehmern oder zur Globalisierung						
sollen Stellung nehmen	34	31	31	47	23	29
sollen nicht Stellung nehmen	64	66	68	50	77	55
weiß nicht/keine Angabe	2	3	1	3	–	16
Summe	100	100	100	100	100	100
b) Fragen der Arbeitslosigkeit						
sollen Stellung nehmen	53	50	54	53	45	52
sollen nicht Stellung nehmen	46	49	45	46	55	34
weiß nicht/keine Angabe	1	1	1	1	–	14
Summe	100	100	100	100	100	100
c) Sterbehilfe für unheilbar Kranke						
sollen Stellung nehmen	85	79	85	90	95	83
sollen nicht Stellung nehmen	14	20	14	10	5	17
weiß nicht/keine Angabe	1	1	1	–	–	–
Summe	100	100	100	100	100	100

		Parteipräferenz				
	Ges.	SPD	CDU/CSU	B90/Grüne	FDP	PDS
d) Zulässigkeit von Abtreibung						
sollen Stellung nehmen	61	55	64	70	52	57
sollen nicht Stellung nehmen	38	42	35	29	47	42
weiß nicht/keine Angabe	1	3	1	1	1	1
Summe	100	100	100	100	100	100
e) Schutz von Ehe und Familie durch den Staat						
sollen Stellung nehmen	72	66	77	77	62	68
sollen nicht Stellung nehmen	26	33	22	23	38	32
weiß nicht/keine Angabe	2	1	1	–	–	–
Summe	100	100	100	100	100	100
f) Fragen der Achtung der Menschenrechte						
sollen Stellung nehmen	92	91	93	94	97	93
sollen nicht Stellung nehmen	8	8	7	6	3	7
weiß nicht/keine Angabe	–	1	–	–	–	–
Summe	100	100	100	100	100	100
g) Zuwanderung von Ausländern						
sollen Stellung nehmen	52	48	49	69	48	69
sollen nicht Stellung nehmen	46	49	50	30	52	30
weiß nicht/keine Angabe	2	3	1	1	–	1
Summe	100	100	100	100	100	100

	Ges.	SPD	Parteipräferenz CDU/CSU	B90/Grüne	FDP	PDS
h) Zusammenleben mit hier lebenden Ausländern						
sollen Stellung nehmen	67	67	65	79	61	77
sollen nicht Stellung nehmen	32	31	34	20	39	22
weiß nicht/keine Angabe	1	2	1	1	–	1
Summe	100	100	100	100	100	100
i) Gestaltung der Sozialgesetzgebung, etwa der Sozialhilfe, der Renten- oder der Gesundheitsgesetzgebung						
sollen Stellung nehmen	42	40	37	48	30	41
sollen nicht Stellung nehmen	57	59	62	51	70	59
weiß nicht/keine Angabe	1	1	1	1	–	–
Summe	100	100	100	100	100	100
j) Forschung an menschlichen Embryonen						
sollen Stellung nehmen	61	59	63	73	66	53
sollen nicht Stellung nehmen	38	40	36	27	32	47
weiß nicht/keine Angabe	1	1	1	–	2	–
Summe	100	100	100	100	100	100
k) Krieg und Frieden						
sollen Stellung nehmen	87	86	87	93	90	87
sollen nicht Stellung nehmen	12	13	12	7	10	13
weiß nicht/keine Angabe	1	1	1	–	–	–
Summe	100	100	100	100	100	100

	Ges.	Mitglied einer christlichen Konfession bin kath.	war kath.	bin evang.	war evang.
a) Fragen der Wirtschaftsordnung, etwa zur Mitbestimmung, dem Verhältnis von Arbeitgebern zu Arbeitnehmern oder zur Globalisierung					
sollen Stellung nehmen	34	43	24	37	27
sollen nicht Stellung nehmen	64	56	75	61	70
weiß nicht/keine Angabe	2	1	1	2	3
Summe	100	100	100	100	100
b) Fragen der Arbeitslosigkeit					
sollen Stellung nehmen	53	55	38	58	51
sollen nicht Stellung nehmen	46	44	61	42	48
weiß nicht/keine Angabe	1	1	1	–	1
Summe	100	100	100	100	100
c) Sterbehilfe für unheilbar Kranke					
sollen Stellung nehmen	85	89	70	88	84
sollen nicht Stellung nehmen	14	10	29	12	15
weiß nicht/keine Angabe	1	1	1	–	1
Summe	100	100	100	100	100
d) Zulässigkeit von Abtreibung					
sollen Stellung nehmen	61	69	46	65	47
sollen nicht Stellung nehmen	38	29	53	35	51
weiß nicht/keine Angabe	1	2	1	–	2
Summe	100	100	100	100	100

		Mitglied einer christlichen Konfession			
	Ges.	bin kath.	war kath.	bin evang.	war evang.
e) Schutz von Ehe und Familie durch den Staat					
sollen Stellung nehmen	72	79	60	76	62
sollen nicht Stellung nehmen	26	19	37	23	37
weiß nicht/keine Angabe	2	2	3	1	1
Summe	100	100	100	100	100
f) Fragen der Achtung der Menschenrechte					
sollen Stellung nehmen	92	95	84	94	90
sollen nicht Stellung nehmen	8	5	16	5	10
weiß nicht/keine Angabe	–	–	–	1	–
Summe	100	100	100	100	100
g) Zuwanderung von Ausländern					
sollen Stellung nehmen	52	54	52	55	46
sollen nicht Stellung nehmen	46	44	46	43	52
weiß nicht/keine Angabe	2	2	2	2	2
Summe	100	100	100	100	100
h) Zusammenleben mit hier lebenden Ausländern					
sollen Stellung nehmen	67	68	60	74	61
sollen nicht Stellung nehmen	32	31	39	25	38
weiß nicht/keine Angabe	1	1	1	1	1
Summe	100	100	100	100	100

	Ges.	Mitglied einer christlichen Konfession bin kath.	war kath.	bin evang.	war evang.
i) Gestaltung der Sozialgesetzgebung, etwa der Sozialhilfe, der Renten- oder der Gesundheitsgesetzgebung					
sollen Stellung nehmen	42	41	33	46	39
sollen nicht Stellung nehmen	57	58	66	53	60
weiß nicht/keine Angabe	1	1	1	1	1
Summe	100	100	100	100	100
j) Forschung an menschlichen Embryonen					
sollen Stellung nehmen	61	68	49	65	54
sollen nicht Stellung nehmen	38	30	50	33	45
weiß nicht/keine Angabe	1	2	1	2	1
Summe	100	100	100	100	100
k) Krieg und Frieden					
sollen Stellung nehmen	87	87	77	90	84
sollen nicht Stellung nehmen	12	11	23	9	15
weiß nicht/keine Angabe	1	2	–	1	1
Summe	100	100	100	100	100

	Ges.	Kirchgangshäufigkeit						
		Mehrm. die Woche	1x die Woche	Mind. 1x im Monat	Mehrm. im Jahr	1x im Jahr	Selt. als 1x im Jahr	Nie
a) Fragen der Wirtschaftsordnung, etwa zur Mitbestimmung, dem Verhältnis von Arbeitgebern zu Arbeitnehmern oder zur Globalisierung								
sollen Stellung nehmen	34	40	59	44	33	29	36	22
sollen nicht Stellung nehmen	64	52	41	55	65	66	62	75
weiß nicht/keine Angabe	2	8	–	1	2	5	2	3
Summe	100	100	100	100	100	100	100	100
b) Fragen der Arbeitslosigkeit								
sollen Stellung nehmen	53	63	80	64	55	55	44	39
sollen nicht Stellung nehmen	46	37	20	34	45	44	56	60
weiß nicht/keine Angabe	1	–	–	2	–	1	–	1
Summe	100	100	100	100	100	100	100	100
c) Sterbehilfe für unheilbar Kranke								
sollen Stellung nehmen	85	91	97	85	90	86	84	73
sollen nicht Stellung nehmen	14	9	3	13	9	14	14	26
weiß nicht/keine Angabe	1	–	–	2	1	–	2	1
Summe	100	100	100	100	100	100	100	100

	Kirchgangshäufigkeit							
	Ges.	Mehrm. die Woche	1x die Woche	Mind. 1x im Monat	Mehrm. im Jahr	1x im Jahr	Selt. als 1x im Jahr	Nie
d) Zulässigkeit von Abtreibung								
sollen Stellung nehmen	61	69	76	73	67	58	51	46
sollen nicht Stellung nehmen	38	31	22	25	32	40	48	53
weiß nicht/keine Angabe	1	–	2	2	1	2	1	1
Summe	100	100	100	100	100	100	100	100
e) Schutz von Ehe und Familie durch den Staat								
sollen Stellung nehmen	72	74	89	81	73	73	72	61
sollen nicht Stellung nehmen	26	13	9	18	24	25	28	38
weiß nicht/keine Angabe	2	13	2	1	3	2	–	1
Summe	100	100	100	100	100	100	100	100
f) Fragen der Menschenrechte								
sollen Stellung nehmen	92	95	97	99	96	89	92	84
sollen nicht Stellung nehmen	8	5	3	–	4	10	8	15
weiß nicht/keine Angabe	–	–	–	1	–	1	–	1
Summe	100	100	100	100	100	100	100	100
g) Zuwanderung von Ausländern								
sollen Stellung nehmen	52	80	61	63	49	53	47	48
sollen nicht Stellung nehmen	46	20	36	36	49	45	52	50
weiß nicht/keine Angabe	2	–	3	1	2	2	1	2
Summe	100	100	100	100	100	100	100	100

		Kirchgangshäufigkeit						
	Ges.	Mehrm. die Woche	1x die Woche	Mind. 1x im Monat	Mehrm. im Jahr	1x im Jahr	Selt. als 1x im Jahr	Nie
h) Zusammenleben mit hier lebenden Ausländern								
sollen Stellung nehmen	67	85	75	78	70	65	64	58
sollen nicht Stellung nehmen	32	15	25	20	29	33	36	40
weiß nicht/keine Angabe	1	–	–	2	1	2	–	2
Summe	100	100	100	100	100	100	100	100
i) Gestaltung der Sozialgesetzgebung, etwa der Sozialhilfe, der Renten-oder der Gesundheitsgesetzgebung								
sollen Stellung nehmen	42	66	58	44	40	45	38	37
Sollen nicht Stellung nehmen	57	34	42	55	59	53	62	63
weiß nicht/keine Angabe	1	–	–	1	1	2	–	–
Summe	100	100	100	100	100	100	100	100
j) Forschung an menschlichen Embryonen								
sollen Stellung nehmen	61	76	78	67	65	61	57	46
sollen nicht Stellung nehmen	38	24	20	31	34	38	42	52
weiß nicht/keine Angabe	1	–	2	2	1	1	1	2
Summe	100	100	100	100	100	100	100	100

		Kirchgangshäufigkeit						
	Ges.	Mehrm. die Woche	1x die Woche	Mind. 1x im Monat	Mehrm. im Jahr	1x im Jahr	Selt. als 1x im Jahr	Nie
k) Krieg und Frieden								
sollen Stellung nehmen	87	95	95	89	88	87	91	78
sollen nicht Stellung nehmen	12	5	5	10	11	11	8	22
weiß nicht	1	–	–	1	1	2	1	–
Summe	100	100	100	100	100	100	100	100

Frage 2: Haben Sie persönlich schon einmal Erklärungen der katholischen Kirche wie zum Beispiel Bischofsworte oder Stellungnahmen der evangelischen Kirche für Ihre Meinungsbildung herangezogen oder war das noch nicht der Fall?

		Deutschland		Alter in Jahren					Geschlecht	
	Ges.	West	Ost	16-24	25-34	35-44	45-59	60+	männl.	weibl.
Herangezogen	19	20	14	11	14	21	25	19	21	17
war noch nicht der Fall	81	79	86	89	85	79	75	80	78	83
weiß nicht/keine Angabe	–	1	–	–	1	–	–	1	1	–
Summe	100	100	100	100	100	100	100	100	100	100

		Parteipräferenz				
	Ges.	SPD	CDU/CSU	B90/Grüne	FDP	PDS
Herangezogen	19	16	23	30	17	12
war noch nicht der Fall	81	84	77	70	83	87
weiß nicht/keine Angabe	–	–	–	–	–	1
Summe	100	100	100	100	100	100

	Mitglied einer christlichen Konfession				
	Ges.	bin kath.	war kath.	bin evang.	war evang.
Herangezogen	19	23	21	24	12
war noch nicht der Fall	81	77	78	76	88
weiß nicht/keine Angabe	–	–	1	–	–
Summe	100	100	100	100	100

	Kirchgangshäufigkeit							
	Ges.	Mehrm. die Woche	1x die Woche	Mind. 1x im Monat	Mehrm. im Jahr	1x im Jahr	Selt. als 1x im Jahr	Nie
Herangezogen	19	34	39	31	19	14	14	10
war noch nicht der Fall	81	66	61	68	81	86	85	89
weiß nicht/keine Angabe	–	–	–	1	–	–	1	1
Summe	100	100	100	100	100	100	100	100

Frage 3-12: Die Kirchen übernehmen in Deutschland viele Aufgaben. Ich lese Ihnen jetzt einige dieser Aufgaben vor. Sagen Sie mir bitte zu jeder Frage, ob das nach Ihrer Ansicht eine kirchliche Aufgabe ist oder nicht.

		Deutschland		Alter in Jahren					Geschlecht	
	Ges.	West	Ost	16-24	25-34	35-44	45-59	60+	männl.	weibl.
Hilfe für Familien in Not										
Ja, ist eine kirchliche Aufgabe	87	88	83	89	85	87	87	88	84	90
Nein, ist keine kirchliche Aufgabe	12	11	16	11	15	13	12	11	15	9
weiß nicht/keine Angabe	1	1	1	–	–	–	1	1	1	1
Summe	100	100	100	100	100	100	100	100	100	100
Tun die Kirchen dafür genug oder zu wenig?										
Genug	24	25	20	18	25	24	24	26	29	19
zu wenig	51	53	44	46	51	48	54	52	44	57
weiß nicht/keine Angabe	25	22	36	36	24	28	22	22	27	24
Summe	100	100	100	100	100	100	100	100	100	100
Der Betrieb von Krankenhäusern und Pflegezentren										
Ja, ist eine kirchliche Aufgabe	56	54	62	45	53	55	60	59	53	58
Nein, ist keine kirchliche Aufgabe	43	44	37	55	46	43	39	39	45	40
weiß nicht/keine Angabe	1	2	1	–	1	2	1	2	2	2
Summe	100	100	100	100	100	100	100	100	100	100

	Deutschland			Alter in Jahren					Geschlecht	
	Ges.	West	Ost	16-24	25-34	35-44	45-59	60+	männl.	weibl.
Tun die Kirchen dafür genug oder zu wenig?										
Genug	39	38	41	40	45	39	42	33	51	28
zu wenig	42	44	32	34	41	38	39	48	33	49
weiß nicht/keine Angabe	19	18	27	26	14	23	19	19	16	23
Summe	100	100	100	100	100	100	100	100	100	100
Die Seelsorge für die Gemeindemitglieder										
Ja, ist eine kirchliche Aufgabe	96	97	95	97	95	95	97	97	95	97
Nein, ist keine kirchliche Aufgabe	3	3	4	3	4	4	3	2	4	2
weiß nicht/keine Angabe	1	–	1	–	1	1	–	1	1	1
Summe	100	100	100	100	100	100	100	100	100	100
Tun die Kirchen dafür genug oder zu wenig?										
Genug	39	40	35	43	49	42	33	34	42	36
zu wenig	40	43	27	25	26	36	48	48	34	45
weiß nicht/keine Angabe	21	17	38	32	25	22	19	18	24	19
Summe	100	100	100	100	100	100	100	100	100	100
Die Gestaltung von Gottesdiensten										
Ja, ist eine kirchliche Aufgabe	98	98	97	99	99	97	97	99	98	98
Nein, ist keine kirchliche Aufgabe	1	1	1	–	–	3	1	–	1	1
weiß nicht/keine Angabe	1	1	2	1	1	–	2	1	1	1
Summe	100	100	100	100	100	100	100	100	100	100

		Deutschland		Alter in Jahren					Geschlecht	
	Ges.	West	Ost	16-24	25-34	35-44	45-59	60+	männl.	weibl.
Tun die Kirchen dafür genug oder zu wenig?										
Genug	58	59	57	59	59	59	58	59	60	57
zu wenig	25	28	12	23	24	24	28	24	21	28
weiß nicht/keine Angabe	17	13	31	18	17	17	14	17	19	15
Summe	100	100	100	100	100	100	100	100	100	100
Der Betrieb von Kindergärten										
Ja ist eine kirchliche Aufgabe	59	63	48	59	55	59	59	64	55	64
Nein ist keine kirchliche Aufgabe	39	36	49	40	43	39	39	34	43	34
weiß nicht/keine Angabe	2	1	3	1	2	2	2	2	2	2
Summe	100	100	100	100	100	100	100	100	100	100
Tun die Kirchen dafür genug oder zu wenig										
Genug	50	52	39	64	49	53	53	40	52	48
zu wenig	35	35	36	27	41	34	32	39	33	37
weiß nicht/keine Angabe	15	13	25	9	10	13	15	21	15	15
Summe	100	100	100	100	100	100	100	100	100	100

		Deutschland		Alter in Jahren					Geschlecht	
	Ges.	West	Ost	16-24	25-34	35-44	45-59	60+	männl.	weibl.
Die Konfliktberatung von Schwangeren										
Ja, ist eine kirchliche Aufgabe	47	50	36	46	44	42	51	51	49	46
Nein, ist keine kirchliche Aufgabe	50	47	60	53	54	55	47	45	48	52
weiß nicht/keine Angabe	3	3	4	1	2	3	2	4	3	2
Tun die Kirchen dafür genug oder zu wenig?										
Genug	26	26	27	32	33	28	22	23	29	23
zu wenig	47	49	36	38	43	48	51	49	46	49
Weiß nicht/keine Angabe	27	25	37	30	24	24	27	28	25	28
Summe	100	100	100	100	100	100	100	100	100	100
Die Entwicklungshilfe für arme Länder										
Ja, ist eine kirchliche Aufgabe	69	70	69	66	64	73	71	70	65	74
Nein, ist keine kirchliche Aufgabe	29	29	29	34	34	26	27	29	33	25
weiß nicht/keine Angabe	2	1	2	–	2	1	2	1	2	1
Summe	100	100	100	100	100	100	100	100	100	100
Tun die Kirchen dafür genug oder zu wenig										
Genug	37	37	34	36	31	39	39	36	37	37
zu wenig	43	45	35	48	49	42	44	38	42	43
weiß nicht/keine Angabe	20	18	31	16	20	19	17	26	21	20
Summe	100	100	100	100	100	100	100	100	100	100

		Deutschland		Alter in Jahren					Geschlecht	
	Ges.	West	Ost	16-24	25-34	35-44	45-59	60+	männl.	weibl.
Die Mitgestaltung von Rundfunk- und Fernsehprogrammen										
Ja, ist eine kirchliche Aufgabe	23	23	21	12	14	20	23	34	23	22
Nein, ist keine kirchliche Aufgabe	76	76	77	87	85	80	77	64	76	77
weiß nicht/keine Angabe	1	1	2	1	1	–	–	2	1	1
Summe	100	100	100	100	100	100	100	100	100	100
Tun die Kirchen dafür genug oder zu wenig?										
Genug	30	31	26	23	43	30	35	26	35	25
zu wenig	57	58	55	62	55	60	56	56	52	62
weiß nicht/keine Angabe	13	11	19	15	2	10	9	18	13	13
Summe	100	100	100	100	100	100	100	100	100	100
Der Betrieb von Schulen										
Ja, ist eine kirchliche Aufgabe	28	29	23	24	25	25	27	33	25	31
Nein, ist keine kirchliche Aufgabe	70	69	74	75	73	74	71	63	73	67
weiß nicht/keine Angabe	2	2	3	1	2	1	2	4	2	2
Summe	100	100	100	100	100	100	100	100	100	100

		Deutschland		Alter in Jahren					Geschlecht	
	Ges.	West	Ost	16-24	25-34	35-44	45-59	60+	männl.	weibl.
Tun die Kirchen dafür genug oder zu wenig?										
Genug	33	33	31	48	37	45	29	23	42	26
zu wenig	49	49	49	47	54	37	54	50	40	55
weiß nicht/keine Angabe	18	18	20	5	9	18	17	27	18	19
Summe	100	100	100	100	100	100	100	100	100	100
Die Militärseelsorge										
Ja, ist eine kirchliche Aufgabe	72	73	65	62	68	71	73	77	71	72
Nein, ist keine kirchliche Aufgabe	24	23	30	36	28	26	24	16	26	23
weiß nicht/keine Angabe	4	4	5	2	4	3	3	7	3	5
Summe	100	100	100	100	100	100	100	100	100	100
Tun die Krchen dafür genug oder zu wenig?										
Genug	32	33	27	36	35	28	35	30	40	25
zu wenig	16	16	17	19	16	15	19	14	15	17
weiß nicht/keine Angabe	52	51	56	45	49	57	46	56	45	58
Summe	100	100	100	100	100	100	100	100	100	100

		Parteipräferenz				
	Ges.	SPD	CDU/CSU	B90/Grüne	FDP	PDS
Hilfe für Familien in Not						
Ja, ist eine kirchliche Aufgabe	87	86	88	92	85	92
Nein, ist keine kirchliche Aufgabe	12	13	11	8	15	6
weiß nicht/keine Angabe	1	1	1	–	–	2
Summe	100	100	100	100	100	100
Tun die Kirchen dafür genug oder zu wenig?						
Genug	24	26	28	19	7	22
zu wenig	51	50	49	52	54	30
weiß nicht/keine Angabe	25	24	23	29	39	48
Summe	100	100	100	100	100	100
Der Betrieb von Krankenhäusern und Pflegezentren						
Ja, ist eine kirchliche Aufgabe	56	54	58	57	63	61
Nein, ist keine kirchliche Aufgabe	43	45	41	42	37	39
weiß nicht/keine Angabe	1	1	1	1	–	–
Summe	100	100	100	100	100	100
Tun die Kirchen dafür genug oder zu wenig?						
Genug	39	38	42	53	45	44
zu wenig	42	46	40	31	28	15
weiß nicht/keine Angabe	19	16	18	16	27	41
Summe	100	100	100	100	100	100

			Parteipräferenz			
	Ges.	SPD	CDU/CSU	B90/Grüne	FDP	PDS
Die Seelsorge für die Gemeindemitglieder						
Ja, ist eine kirchliche Aufgabe	96	95	98	96	97	96
Nein, ist keine kirchliche Aufgabe	3	4	2	3	1	2
Weiß nicht/keine Angabe	1	1	–	1	2	2
Summe	100	100	100	100	100	100
Tun die Kirchen dafür genug oder zu wenig?						
Genug	39	42	39	45	37	22
zu wenig	40	38	45	35	29	35
weiß nicht/keine Angabe	21	20	16	20	34	43
Summe	100	100	100	100	100	100
Die Gestaltung von Gottesdiensten						
Ja, ist eine kirchliche Aufgabe	98	97	98	98	100	92
Nein, ist keine kirchliche Aufgabe	1	2	1	1	–	–
weiß nicht/keine Angabe	1	1	1	1	–	8
Summe	100	100	100	100	100	100
Tun die Kirchen dafür genug oder zu wenig						
Genug	58	63	58	56	53	45
zu wenig	25	22	28	30	33	8
weiß nicht/keine Angabe	17	15	14	14	14	47
Summe	100	100	100	100	100	100

	Parteipräferenz					
	Ges.	SPD	CDU/CSU	B90/Grüne	FDP	PDS
Der Betrieb von Kindergärten						
Ja, ist eine kirchliche Aufgabe	59	57	64	49	42	39
Nein, ist keine kirchliche Aufgabe	39	41	34	51	55	57
weiß nicht/keine Angabe	2	2	2	–	3	4
Summe	100	100	100	100	100	100
Tun die Kirchen dafür genug oder zu wenig?						
Genug	50	54	50	56	50	23
zu wenig	35	32	36	31	33	26
weiß nicht	15	14	14	13	17	51
Summe	100	100	100	100	100	100
Die Konfliktberatung von Schwangeren						
Ja, ist eine kirchliche Aufgabe	47	41	54	54	30	21
Nein, ist keine kirchliche Aufgabe	50	56	43	43	67	76
weiß nicht/keine Angabe	3	3	3	3	3	3
Summe	100	100	100	100	100	100
Tun die Kirchen dafür genug oder zu wenig?						
Genug	26	29	25	22	31	40
zu wenig	47	48	45	54	35	18
weiß nicht/keine Angabe	27	23	30	24	34	42
Summe	100	100	100	100	100	100

			Parteipräferenz			
	Ges.	SPD	CDU/CSU	B90/Grüne	FDP	PDS
Die Entwicklungshilfe für arme Länder						
Ja, ist eine kirchliche Aufgabe	69	68	69	79	66	59
Nein, ist keine kirchliche Aufgabe	29	30	29	21	34	24
weiß nicht/keine Angabe	2	2	2	–	–	17
Summe	100	100	100	100	100	100
Tun die Kirchen dafür genug oder zu wenig?						
Genug	37	43	38	31	27	25
zu wenig	43	36	44	49	44	34
weiß nicht/keine Angabe	20	21	18	20	29	41
Summe	100	100	100	100	100	100
Die Mitgestaltung von Rundfunk- und Fernsehprogrammen						
Ja, ist eine kirchliche Aufgabe	23	21	25	18	6	7
Nein, ist keine kirchliche Aufgabe	76	77	75	81	94	89
weiß nicht/keine kirchliche Aufgabe	1	2	–	1	–	4
Tun die Kirchen dafür genug oder zu wenig?						
Genug	30	30	29	41	23	49
zu wenig	57	55	61	46	77	43
weiß nicht/keine Angabe	13	15	10	13	–	8

			Parteipräferenz			
	Ges.	SPD	CDU/CSU	B90/Grüne	FDP	PDS
Der Betrieb von Schulen						
Ja, ist eine kirchliche Aufgabe	28	24	30	24	13	4
Nein, ist keine kirchliche Aufgabe	70	74	69	75	87	88
weiß nicht/keine Angabe	2	2	1	1	–	8
Summe	100	100	100	100	100	100
Tun die Kirchen dafür genug oder zu wenig?						
Genug	33	37	35	24	65	66
zu wenig	49	42	49	48	35	34
weiß nicht/keine Angabe	18	21	16	28	–	–
Summe	100	100	100	100	100	100
Die Militärseelsorge						
Ja, ist eine kirchliche Aufgabe	72	77	77	73	77	40
Nein, ist keine kirchliche Aufgabe	24	18	20	24	23	41
weiß nicht/keine Angabe	4	5	3	3	–	19
Summe	100	100	100	100	100	100
Tun die Kirchen dafür genug oder zu wenig?						
Genug	32	36	35	32	29	16
zu wenig	16	17	16	11	25	17
weiß nicht/keine Angabe	52	47	49	57	46	67
Summe	100	100	100	100	100	100

	Ges.	Mitglied einer christlichen Konfession bin kath.	war kath.	bin evang.	war evang.
Hilfe für Familien in Not					
Ja, ist eine kirchliche Aufgabe	87	94	80	87	82
Nein, ist keine kirchliche Aufgabe	12	6	18	12	17
weiß nicht/keine Angabe	1	–	2	1	1
Summe	100	100	100	100	100
Tun die Kirchen dafür genug oder zu wenig?					
Genug	24	31	22	22	20
zu wenig	51	49	53	56	43
weiß nicht/keine Angabe	25	20	25	22	37
Summe	100	100	100	100	100
Der Betrieb von Krankenhäusern und Pflegezentren					
Ja, ist eine kirchliche Aufgabe	56	56	40	61	57
Nein, ist keine kirchliche Aufgabe	43	41	59	38	43
weiß nicht/keine Angabe	1	3	1	1	–
Tun die Kirchen dafür genug oder zu wenig?					
Genug	39	41	42	37	43
zu wenig	42	44	31	45	26
weiß nicht/keine Angabe	19	15	27	18	31
Summe	100	100	100	100	100

		Mitglied einer christlichen Konfession			
	Ges.	bin kath.	war kath.	bin evang.	war evang.
Die Seelsorge für die Gemeindemitglieder					
Ja, ist eine kirchliche Aufgabe	96	98	92	98	96
Nein, ist keine kirchliche Aufgabe	3	2	8	1	3
weiß nicht/keine Angabe	1	–	–	1	1
Summe	100	100	100	100	100
Tun die Kirchen dafür genug oder zu wenig?					
Genug	39	45	26	40	32
zu wenig	40	41	40	47	31
weiß nicht/keine Angabe	21	14	34	13	37
Summe	100	100	100	100	100
Die Gestaltung von Gottesdiensten					
Ja, ist eine kirchliche Aufgabe	98	99	94	100	96
Nein, ist keine kirchliche Aufgabe	1	1	–	–	–
weiß nicht/keine Angabe	1	–	6	–	4
Summe	100	100	100	100	100
Tun die Kirchen dafür genug oder zu wenig?					
Genug	58	62	46	64	46
zu wenig	25	30	29	27	21
weiß nicht/keine Angabe	17	8	25	9	33
Summe	100	100	100	100	100

		Mitglied einer christlichen Konfession			
	Ges.	bin kath.	war kath.	bin evang.	war evang.
Der Betrieb von Kindergärten					
Ja, ist eine kirchliche Aufgabe	59	65	48	63	54
Nein, ist keine kirchliche Aufgabe	39	33	52	35	43
weiß nicht/keine Angabe	2	2	–	2	3
Summe	100	100	100	100	100
Tun die Kirchen dafür genug oder zu wenig?					
Genug	50	57	39	45	40
zu wenig	35	34	51	39	32
weiß nicht/keine Angabe	15	9	–	16	28
Summe	100	100	100	100	100
Die Konfliktberatung von Schwangeren					
Ja, ist eine kirchliche Aufgabe	47	58	34	54	34
Nein, ist keine kirchliche Aufgabe	50	40	63	44	62
weiß nicht/keine Angabe	3	2	3	2	4
Summe	100	100	100	100	100
Tun die Kirchen dafür genug oder zu wenig?					
Genug	26	27	27	22	23
zu wenig	47	56	46	47	43
weiß nicht/keine Angabe	27	17	27	31	34
Summe	100	100	100	100	100

	Ges.	Mitglied einer christlichen Konfession bin kath.	war kath.	bin evang.	war evang.
Die Entwicklungshilfe für arme Länder					
Ja, ist eine kirchliche Aufgabe	69	76	63	72	58
Nein, ist keine kirchliche Aufgabe	29	23	35	27	40
weiß nicht/keine Angabe	2	1	2	1	2
Summe	100	100	100	100	100
Tun die Kirchen dafür genug oder zu wenig?					
Genug	37	41	27	41	31
Zu wenig	43	41	53	41	39
weiß nicht/keine Angabe	20	18	20	18	30
Summe	100	100	100	100	100
Die Mitgestaltung von Rundfunk- und Fernsehprogrammen					
Ja, ist eine kirchliche Aufgabe	23	26	14	27	19
Nein, ist keine kirchliche Aufgabe	76	73	85	71	80
weiß nicht/keine Angabe	1	1	1	2	1
Summe	100	100	100	100	100
Tun dir Kirchen dafür genug oder zu wenig?					
Genug	30	29	30	28	30
zu wenig	57	60	53	60	57
weiß nicht/keine Angabe	13	11	17	12	13
Summe	100	100	100	100	100

		Mitglied einer christlichen Konfession			
	Ges.	bin kath.	war kath.	bin evang.	war evang.
Der Betrieb von Schulen					
Ja, ist eine kirchliche Aufgabe	28	36	24	28	14
Nein, ist keine kirchliche Aufgabe	70	61	75	70	85
weiß nicht/keine Angabe	2	3	1	2	1
Summe	100	100	100	100	100
Tun die Kirchen dafür genug oder zu wenig?					
Genug	33	36	28	24	26
zu wenig	49	47	59	52	54
weiß nicht/keine Angabe	18	17	13	24	20
Summe	100	100	100	100	100
Die Militärseelsorg					
Ja, ist eine kirchliche Aufgabe	72	72	63	82	73
Nein, ist keine kirchliche Aufgabe	24	24	34	14	23
weiß nicht/keine Angabe	4	4	3	4	4
Summe	100	100	100	100	100
Tun die Kirchen dafür genug oder zuwenig?					
Genug	32	34	32	33	26
zu wenig	16	15	8	16	18
weiß nicht/keine Angabe	52	51	60	51	56
Summe	100	100	100	100	100

	Ges.	Kirchgangshäufigkeit Mehrm. die Woche	1x die Woche	Mind. 1x im Monat	Mehrm. im Jahr	1x im Jahr	Selt. als 1x im Jahr	Nie
Hilfe für Familien in Not								
Ja, ist eine kirchliche Aufgabe	87	93	98	89	88	85	91	80
Nein, ist keine kirchliche Aufgabe	12	7	2	10	12	14	8	19
weiß nicht/keine Angabe	1	–	–	1	–	1	1	1
Summe	100	100	100	100	100	100	100	100
Tun die Kirchen dafür genug oder zu wenig?								
Genug	24	46	36	25	26	27	13	16
zu wenig	51	40	46	56	52	50	51	51
weiß nicht/keine Angabe	25	14	18	19	22	23	36	33
Summe	100	100	100	100	100	100	100	100
Der Betrieb von Krankenhäusern und Pflegezentren								
Ja, ist eine kirchliche Aufgabe	56	66	63	60	59	59	52	47
Nein, ist keine kirchliche Aufgabe	43	29	33	40	39	40	46	52
weiß nicht/keine Angabe	1	5	4	–	2	1	2	1
Summe	100	100	100	100	100	100	100	100

		Kirchgangshäufigkeit						
	Ges.	Mehrm. die Woche	1x die Woche	Mind. 1x im Monat	Mehrm. im Jahr	1x im Jahr	Selt. als 1x im Jahr	Nie
Tun die Kirchen dafür genug oder zu wenig?								
Genug	39	26	46	46	36	41	34	36
zu wenig	42	57	40	41	46	40	39	36
weiß nicht/keine Angabe	19	17	14	13	18	19	27	28
Summe	100	100	100	100	100	100	100	100
Die Seelsorge für die Gemeindemitglieder								
Ja, ist eine kirchliche Aufgabe	96	100	99	94	98	96	97	93
Nein, keine kirchliche Aufgabe	3	–	1	6	1	3	3	5
weiß nicht/keine Angabe	1	–	–	–	1	1	–	2
Summe	100	100	100	100	100	100	100	100
Tun die Kirchen dafür genug oder zu wenig?								
Genug	39	46	40	38	42	46	36	30
zu wenig	40	47	53	54	43	32	36	30
weiß nicht/keine Angabe	21	7	7	8	15	22	28	40
Summe	100	100	100	100	100	100	100	100

	Ges.	Kirchgangshäufigkeit						
		Mehrm. die Woche	1x die Woche	Mind. 1x im Monat	Mehrm. im Jahr	1x im Jahr	Selt. als 1x im Jahr	Nie
Die Gestaltung von Gottesdiensten								
Ja, ist eine kirchliche Aufgabe	98	100	99	98	100	99	97	96
Nein, ist keine kirchliche Aufgabe	1	–	1	2	–	1	1	2
weiß nicht/keine Angabe	1	–	–	–	–	–	2	2
Summe	100	100	100	100	100	100	100	100
Tun die Kirchen dafür genug oder zu wenig?								
Genug	58	48	69	61	62	63	58	46
zu wenig	25	44	25	34	30	24	19	14
weiß nicht/keine Angabe	17	8	6	5	8	13	23	40
Summe	100	100	100	100	100	100	100	100
Der Betrieb von Kindergärten								
Ja, ist eine kirchliche Aufgabe	59	73	63	76	62	58	54	48
Nein, ist keine kirchliche Aufgabe	39	20	34	22	37	41	42	51
weiß nicht/keine Angabe	2	7	3	2	1	1	4	1
Summe	100	100	100	100	100	100	100	100

		Kirchgangshäufigkeit						
	Ges.	Mehrm. die Woche	1x die Woche	Mind. 1x im Monat	Mehrm. im Jahr	1x im Jahr	Selt. als 1x im Jahr	Nie
Tun die Kirchen dafür genug oder zu wenig?								
Genug	50	41	63	51	47	51	53	43
zu wenig	35	52	21	42	41	35	26	31
weiß nicht/keine Angabe	15	7	16	7	12	14	21	26
Summe	100	100	100	100	100	100	100	100
Die Konfliktberatung von Schwangeren								
Ja, ist eine kirchliche Aufgabe	47	73	70	64	52	42	34	32
Nein, ist keine kirchliche Aufgabe	50	22	27	34	46	55	61	65
weiß nicht/keine Angabe	3	5	3	2	2	3	5	3
Summe	100	100	100	100	100	100	100	100
Tun die Kirchen dafür genug oder zu wenig?								
Genug	26	36	36	19	22	30	20	29
zu wenig	47	50	50	60	52	31	49	37
weiß nicht/keine Angabe	27	14	14	21	26	39	31	34
Summe	100	100	100	100	100	100	100	100

	Ges.	Kirchgangshäufigkeit Mehrm. die Woche	1x die Woche	Mind. 1x im Monat	Mehrm. im Jahr	1x im Jahr	Selt. als 1x im Jahr	Nie
Die Entwicklungshilfe für arme Länder								
Ja, ist eine kirchliche Aufgabe	69	89	75	78	72	70	65	59
Nein, ist keine kirchliche Aufgabe	29	11	25	20	27	28	34	39
weiß nicht/keine Angabe	2	–	–	2	1	2	1	2
Summe	100	100	100	100	100	100	100	100
Tun die Kirchen dafür genug oder zu wenig?								
Genug	37	47	61	52	35	37	25	25
zu wenig	43	41	31	37	45	44	55	42
weiß nicht/keine Angabe	20	12	8	11	20	19	20	33
Summe	100	100	100	100	100	100	100	100
Die Mitgestaltung von Rundfunk- und Fernsehprogrammen								
Ja, ist eine kirchliche Aufgabe	23	55	44	32	20	19	17	15
Nein, ist keine kirchliche Aufgabe	76	45	56	67	78	80	82	84
weiß nicht/keine Angabe	1	–	–	1	2	1	1	1
Summe	100	100	100	100	100	100	100	100

	Ges.	Kirchgangshäufigkeit Mehrm. die Woche	1x die Woche	Mind. 1x im Monat	Mehrm. im Jahr	1x im Jahr	Selt. als 1x im Jahr	Nie
Tun die Kirchen dafür genug oder zu wenig?								
Genug	30	35	17	25	30	31	22	42
zu wenig	57	63	79	61	54	54	58	44
weiß nicht/keine Angabe	13	2	4	14	16	15	20	14
Summe	100	100	100	100	100	100	100	100
Der Betrieb von Schulen								
Ja, ist eine kirchliche Aufgabe	28	56	46	44	27	28	18	17
Nein, ist keine kirchliche Aufgabe	70	44	50	56	72	71	78	80
weiß nicht/keine Angabe	2	–	4	–	1	1	4	3
Summe	100	100	100	100	100	100	100	100
Tun die Kirchen dafür genug oder zu wenig?								
Genug	33	30	18	31	34	40	22	46
zu wenig	49	62	61	57	49	32	51	36
weiß nicht/keine Angabe	18	8	21	12	17	28	27	18
Summe	100	100	100	100	100	100	100	100

		Kirchgangshäufigkeit						
	Ges.	Mehrm. die Woche	1x die Woche	Mind. 1x im Monat	Mehrm. im Jahr	1x im Jahr	Selt. als 1x im Jahr	Nie
Die Militärseelsorge								
Ja, ist eine kirchliche Aufgabe	72	87	73	82	73	69	75	61
Nein, ist keine kirchliche Aufgabe	24	12	22	14	22	28	22	33
weiß nicht/keine Angabe	4	1	5	4	5	3	3	6
Summe	100	100	100	100	100	100	100	100
Tun die Kirchen dafür genug oder zu wenig?								
Genug	32	35	29	34	31	36	32	31
zu wenig	16	12	19	17	18	13	16	15
weiß nicht/keine Angabe	52	53	52	49	51	51	52	54
Summe	100	100	100	100	100	100	100	100

Frage 13: Es gibt Schulen in kirchlicher Trägerschaft. Wenn Sie diese mit den staatlichen Schulen vergleichen, halten Sie kirchliche Schulen für besser oder für schlechter als staatliche Schulen oder für gleich gut?

		Deutschland		Alter in Jahren					Geschlecht	
	Ges.	West	Ost	16-24	25-34	35-44	45-59	60+	männl.	weibl.
Besser	21	23	17	12	18	19	27	24	23	20
schlechter	11	11	8	25	13	9	10	7	12	10
gleich gut	40	41	38	43	40	40	36	43	38	42
weiß nicht/keine Angabe	28	25	37	20	29	32	27	26	27	28
Summe	100	100	100	100	100	100	100	100	100	100

		Parteipräferenz				
	Ges.	SPD	CDU/CSU	B90/Grüne	FDP	PDS
Besser	21	15	29	20	18	6
schlechter	11	17	8	12	12	23
gleich gut	40	45	37	43	36	17
weiß nicht/keine Angabe	28	23	26	25	34	54
Summe	100	100	100	100	100	100

		Mitglied einer christlichen Konfession			
	Ges.	bin kath.	war kath.	bin evang.	war evang.
Besser	21	31	12	22	10
schlechter	11	9	16	9	13
gleich gut	40	39	45	41	40
weiß nicht/keine Angabe	28	21	27	28	37
Summe	100	100	100	100	100

		Kirchgangshäufigkeit						
	Ges.	Mehrm. die Woche	1x die Woche	Mind. 1x im Monat	Mehrm. im Jahr	1x im Jahr	Selt. als 1x im Jahr	Nie
Besser	21	48	24	30	27	17	18	10
schlechter	11	6	2	10	7	11	12	19
gleich gut	40	20	51	38	42	41	38	40
weiß nicht/keine Angabe	28	26	23	22	24	31	32	31
Summe	100	100	100	100	100	100	100	100

Frage 14: Würden Sie Ihr Kind auf eine kirchliche Schule schicken?

		Deutschland		Alter in Jahren					Geschlecht	
	Ges.	West	Ost	16-24	25-34	35-44	45-59	60+	männl.	weibl.
Ja	48	52	34	26	42	48	54	56	46	50
Nein	47	44	60	69	55	45	40	41	49	45
weiß nicht/keine Angabe	5	4	6	5	3	7	6	3	5	5
Summe	100	100	100	100	100	100	100	100	100	100

		Parteipräferenz				
	Ges.	SPD	CDU/CSU	B90/Grüne	FDP	PDS
Ja	48	45	59	43	15	10
Nein	47	51	37	55	75	84
weiß nicht/keine Angabe	5	4	4	2	10	6
Summe	100	100	100	100	100	100

	Mitglied einer christlichen Konfession				
	Ges.	bin kath.	war kath.	bin evang.	war evang.
Ja	48	69	28	53	31
Nein	47	28	69	41	64
weiß micht	5	3	3	6	5
Summe	100	100	100	100	100

	Kirchgangshäufigkeit							
	Ges.	Mehrm. die Woche	1x die Woche	Mind. 1x im Monat	Mehrm. im Jahr	1x im Jahr	Selt. als 1x im Jahr	Nie
Ja	48	70	83	71	59	42	37	18
Nein	47	29	14	24	38	51	54	79
weiß nicht/keine Angabe	5	1	3	5	3	7	9	3
Summe	100	100	100	100	100	100	100	100

Frage 15: Kirchliche und staatliche Schulen werden häufig unterschiedlich bewertet. Welche der folgenden Aussagen trifft Ihrer Ansicht nach voll und ganz zu, eher zu, eher nicht zu oder überhaupt nicht zu?

		Deutschland		Alter in Jahren					Geschlecht	
	Ges.	West	Ost	16-24	25-34	35-44	45-59	60+	männl.	weibl.
a) Kirchliche Schulen sind leistungsfähiger als staatliche Schulen										
Trifft voll und ganz zu	9	10	7	4	9	5	12	12	10	8
Trifft eher zu	23	23	21	21	14	22	24	29	24	22
Trifft eher nicht zu	33	31	36	43	40	34	29	26	31	34
Trifft überhaupt nicht zu	18	20	13	24	17	18	17	18	19	17
weiß nicht/keine Angabe	17	16	23	8	20	21	18	15	16	19
Summe	100	100	100	100	100	100	100	100	100	100
b) An staatlichen Schulen lernen die Kinder besseren Umgang mit Ausländern										
Trifft voll und ganz zu	12	13	7	17	11	7	10	13	12	11
Trifft eher zu	22	22	21	27	22	21	19	24	21	23
Trifft eher nicht zu	37	36	41	39	39	36	41	32	36	37
Trifft überhaupt nicht zu	15	16	12	14	18	17	16	13	16	15
weiß nicht/keine Angabe	14	13	19	3	10	19	14	18	15	14
Summe	100	100	100	100	100	100	100	100	100	100

		Deutschland		Alter in Jahren					Geschlecht	
	Ges.	West	Ost	16-24	25-34	35-44	45-59	60+	männl.	weibl.
c) An kirchlichen Schulen lernen die Kinder ein besseres Sozialverhalten										
Trifft voll und ganz zu	21	20	26	10	18	15	25	29	20	22
Trifft eher zu	39	38	42	40	39	39	39	39	38	40
Trifft eher nicht zu	19	20	12	32	23	20	15	13	20	18
Trifft überhaupt nicht zu	9	10	6	12	9	9	9	7	9	9
weiß nicht/keine Angabe	12	12	14	6	11	17	12	12	13	11
Summe	100	100	100	100	100	100	100	100	100	100
d) kirchliche Schulen haben die besseren Lehrer										
Trifft voll und ganz zu	8	9	5	4	7	3	13	9	8	8
Trifft eher zu	15	15	16	7	11	17	16	17	15	14
Trifft eher nicht zu	35	36	30	53	40	37	33	26	37	33
Trifft überhaupt nicht zu	17	18	14	24	20	16	16	16	15	19
weiß nicht	25	22	35	12	22	27	22	32	25	26
Summe	100	100	100	100	100	100	100	100	100	100

		Deutschland		Alter in Jahren					Geschlecht	
	Ges.	West	Ost	16-24	25-34	35-44	45-59	60+	männl.	weibl.
e) An staatlichen Schulen herrscht weniger Disziplin als an kirchlichen Schulen										
Trifft voll und ganz zu	26	25	30	22	25	22	29	30	28	25
Trifft eher zu	34	33	36	43	34	34	33	31	37	31
Trifft eher nicht zu	17	19	12	22	19	21	16	14	15	20
Trifft überhaupt nicht zu	8	9	5	7	8	6	9	8	8	8
weiß nicht/keine Angabe	15	14	17	6	14	17	13	17	12	16
Summe	100	100	100	100	100	100	100	100	100	100
f) An kirchlichen Schulen werden die Kinder durch christliche Werterziehung besser aufs Leben vorbereitet										
Trifft voll und ganz zu	19	19	18	11	13	13	22	26	16	20
Trifft eher zu	31	31	31	22	22	32	34	37	32	31
Trifft eher nicht zu	27	27	27	35	36	31	23	18	29	25
Trifft überhaupt nicht zu	13	14	10	29	18	9	11	10	14	12
Weiß nicht/keine Angabe	10	9	14	3	11	15	10	9	9	12
Summe	100	100	100	100	100	100	100	100	100	100

			Parteipräferenz			
	Ges.	SPD	CDU/CSU	B90/Grüne	FDP	PDS
a) Kirchliche Schulen sind leistungsfähiger als staatliche Schulen						
Trifft voll und ganz zu	9	7	12	7	4	6
Trifft eher zu	23	21	28	26	18	8
Trifft eher nicht zu	33	35	26	34	46	32
Trifft überhaupt nicht zu	18	22	18	19	10	18
weiß nicht/keine Angabe	17	15	16	14	22	36
Summe	100	100	100	100	100	100
b) An staatlichen Schulen lernen die Kinder besseren Umgang mit Ausländern						
Trifft voll und ganz zu	12	15	9	8	18	4
Trifft eher zu	22	25	22	20	23	26
Trifft eher nicht zu	37	37	34	43	36	14
Trifft überhaupt nicht zu	15	14	17	18	15	18
Weiß nicht/keine Angabe	14	9	18	11	8	38
Summe	100	100	100	100	100	100

			Parteipräferenz			
	Ges.	SPD	CDU/CSU	B90/Grüne	FDP	PDS
c) An kirchlichen Schulen lernen die Kinder ein besseres Sozialverhalten						
Trifft voll und ganz zu	21	17	24	9	19	16
Trifft eher zu	39	42	43	40	25	24
Trifft eher nicht zu	19	21	13	29	31	33
Trifft überhaupt nicht zu	9	9	7	13	4	10
Weiß nicht/keine Angabe	12	11	13	9	21	17
Summe	100	100	100	100	100	100
d) Kirchliche Schulen haben die besseren Lehrer						
Trifft voll und ganz zu	8	6	11	4	4	2
Trifft eher zu	15	14	16	20	13	6
Trifft eher nicht zu	35	37	34	42	26	20
Trifft überhaupt nicht zu	17	20	17	14	21	25
weiß nicht/keine Angabe	25	23	22	20	36	47
Summe	100	100	100	100	100	100

	Parteipräferenz					
	Ges.	SPD	CDU/CSU	B90/Grüne	FDP	PDS
e) An staatlichen Schulen herrscht weniger Disziplin als an kirchlichen Schulen						
Trifft voll und ganz zu	26	22	30	16	36	25
Trifft eher zu	34	36	34	46	30	26
Trifft eher nicht zu	17	20	15	17	13	13
Trifft überhaupt nicht zu	8	10	9	12	5	2
weiß nicht/keine Angabe	15	12	12	9	16	34
Summe	100	100	100	100	100	100
f) An kirchlichen Schulen werden die Kinder durch christliche Werterziehung besser aufs Leben vorbereitet						
Trifft voll und ganz zu	19	15	24	9	8	7
Trifft eher zu	31	25	34	31	26	35
Trifft eher nicht zu	27	30	23	35	36	17
Trifft überhaupt nicht zu	13	23	9	18	16	26
weiß nicht/keine Angabe	10	7	10	7	14	15
Summe	100	100	100	100	100	100

		Mitglied einer christlichen Konfession			
	Ges.	bin kath.	war kath.	bin evang.	war evang.
a) Kirchliche Schulen sind leistungsfähiger als staatliche Schulen					
Trifft voll und ganz zu	9	14	7	9	6
Trifft eher zu	23	28	18	23	19
Trifft eher nicht zu	33	28	34	29	34
Trifft überhaupt nicht zu	18	16	23	20	18
weiß nicht/keine Angabe	17	14	18	19	23
Summe	100	100	100	100	100
b) An staatlichen Schulen lernen die Kinder besseren Umgang mit Ausländern					
Trifft voll und ganz zu	12	12	21	9	8
Trifft eher zu	22	17	20	23	26
Trifft eher nicht zu	37	42	24	37	33
Trifft überhaupt nicht zu	15	15	17	18	13
weiß nicht/keine Angabe	14	14	18	13	20
Summe	100	100	100	100	100

	Ges.	Mitglied einer christlichen Konfession bin kath.	war kath.	bin evang.	war evang.
c) An kirchlichen Schulen lernen die Kinder ein besseres Sozialverhalten					
Trifft voll und ganz zu	21	26	10	20	24
Trifft eher zu	39	37	33	43	32
Trifft eher nicht zu	19	17	23	16	21
Trifft überhaupt nicht zu	9	9	21	8	5
weiß nicht/keine Angabe	12	11	13	13	18
Summe	100	100	100	100	100
d) Kirchliche Schulen haben die besseren Lehrer					
Trifft voll und ganz zu	8	12	3	8	5
Trifft eher zu	15	17	15	15	12
Trifft eher nicht zu	35	36	34	31	36
Trifft überhaupt nicht zu	17	16	28	17	14
weiß nicht/keine Angabe	25	19	20	29	33
Summe	100	100	100	100	100

		Mitglied einer christlichen Konfession			
	Ges.	bin kath.	war kath.	bin evang.	war evang.
e) An staatlichen Schulen herrscht weniger Disziplin als an kirchlichen Schulen					
Trifft voll und ganz zu	26	27	21	25	30
Trifft eher zu	34	32	39	32	32
Trifft eher nicht zu	17	19	18	19	15
Trifft überhaupt nicht zu	8	10	9	7	7
weiß nicht/keine Angabe	15	12	13	17	16
Summe	100	100	100	100	100
f) An kirchlichen Schulen werden die Kinder durch christliche Werterziehung besser aufs Leben vorbereitet					
Trifft voll und ganz zu	19	23	3	21	15
Trifft eher zu	31	34	28	35	28
Trifft eher nicht zu	27	21	37	25	30
Trifft überhaupt nicht zu	13	12	20	10	16
weiß nicht/keine Angabe	10	10	12	9	11
Summe	100	100	100	100	100

		Kirchgangshäufigkeit						
	Ges.	Mehrm. die Woche	1x die Woche	Mind. 1x im Monat	Mehrm. im Jahr	1x im Jahr	Selt. als 1x im Jahr	Nie
a) Kirchliche Schulen sind leistungsfähiger als staatliche Schulen								
Trifft voll und ganz zu	9	27	15	11	10	8	8	5
Trifft eher zu	23	15	27	31	22	26	22	16
Trifft eher nicht zu	33	15	22	28	34	31	37	37
Trifft überhaupt nicht zu	18	20	15	12	19	17	15	26
weiß nicht/keine Angabe	17	23	21	18	15	18	18	16
Summe	100	100	100	100	100	100	100	100
b) An staatlichen Schulen lernen die Kinder besseren Umgang mit Ausländern								
Trifft voll und ganz zu	12	9	7	10	8	11	15	17
Trifft eher zu	22	16	22	20	18	27	25	26
Trifft eher nicht zu	37	48	43	33	40	38	39	28
Trifft überhaupt nicht zu	15	11	10	23	20	9	11	12
weiß nicht/keine Angabe	14	16	18	14	14	15	10	17
Summe	100	100	100	100	100	10	100	100

	Ges.	Kirchgangshäufigkeit Mehrm. die Woche	1x die Woche	Mind. 1x im Monat	Mehrm. im Jahr	1x im Jahr	Selt. als 1x im Jahr	Nie
c) An kirchlichen Schulen lernen die Kinder ein besseres Sozialverhalten								
Trifft voll und ganz zu	21	38	25	26	23	20	17	15
Trifft eher zu	39	36	40	39	42	43	40	33
Trifft eher nicht zu	19	13	10	18	15	17	24	26
Trifft überhaupt nicht zu	9	5	11	8	10	6	5	11
weiß nicht/keine Angabe	12	8	14	9	10	14	14	15
Summe	100	100	100	100	100	100	100	100
d) Kirchliche Schulen haben die besseren Lehrer								
Trifft voll und ganz zu	8	21	10	7	8	8	7	6
Trifft eher zu	15	21	28	23	15	14	10	9
Trifft eher nicht zu	35	26	22	30	38	32	41	39
Trifft überhaupt nicht zu	17	6	11	16	15	21	18	22
weiß nicht/keine Angabe	25	26	29	24	24	25	24	24
Summe	100	100	100	100	100	100	100	100

	Ges.	Kirchgangshäufigkeit Mehrm. die Woche	1x die Woche	Mind. 1x im Monat	Mehrm. im Jahr	1x im Jahr	Selt. als 1x im Jahr	Nie
e) An staatlichen Schulen herrscht weniger Disziplin als an kirchlichen Schulen								
Trifft voll und ganz zu	26	26	24	30	30	30	23	21
Trifft eher zu	34	41	38	30	31	29	39	35
Trifft eher nicht zu	17	16	18	18	18	15	16	19
Trifft überhaupt nicht zu	8	10	4	10	8	9	5	9
weiß nicht/keine Angabe	15	7	16	12	13	17	17	16
Summe	100	100	100	100	100	100	100	100
f) An kirchlichen Schulen werden die Kinder durch christliche Werterziehung besser aufs Leben vorbereitet								
Trifft voll und ganzzu	19	56	34	26	20	20	10	9
Trifft eher zu	31	21	39	38	33	32	31	21
Trifft eher nicht zu	27	6	10	20	27	27	33	34
Trifft überhaupt nicht zu	13	11	3	6	11	11	16	24
weiß nicht/keine Angabe	10	6	14	10	9	10	10	12
Summe	100	100	100	100	100	100	100	100

Frage 16: Glauben Sie ganz allgemein, dass die Kirchen in unserem Land den Menschen Hilfe bei der Antwort auf die Frage nach dem Sinn des Lebens geben können und Ihnen bei moralischen Entscheidungen beistehen können?

		Deutschland		Alter in Jahren					Geschlecht	
	Ges.	West	Ost	16-24	25-34	35-44	45-59	60+	männl.	weibl.
Ja	65	65	67	55	58	67	63	73	65	66
Nein	32	32	28	42	41	31	33	22	32	31
weiß nicht/keine Angabe	3	3	5	3	1	2	4	5	3	3
Summe	100	100	100	100	100	100	100	100	100	100

		Parteipräferenz				
	Ges.	SPD	CDU/CSU	B90/Grüne	FDP	PDS
Ja	65	60	71	70	62	56
Nein	32	36	27	29	34	41
weiß nicht/keine Angabe	3	4	2	1	4	3
Summe	100	100	100	100	100	100

		Mitglied einer christlichen Konfession			
	Ges.	bin kath.	war kath.	bin evang.	war evang.
Ja	65	70	37	72	62
Nein	32	29	61	24	34
weiß nicht/keine Angabe	3	1	2	4	4
Summe	100	100	100	100	100

		Kirchgangshäufigkeit						
	Ges.	Mehrm. die Woche	1x die Woche	Mind. 1x im Monat	Mehrm. im Jahr	1x im Jahr	Selt. als 1x im Jahr	Nie
Ja	65	74	93	82	68	67	54	48
Nein	32	19	4	16	30	31	40	47
weiß nicht/keine Angabe	3	7	3	2	2	2	6	5
Summe	100	100	100	100	100	100	100	100

Frage 17: Können die Kirchen bei Problemen in der Ehe oder Partnerschaft und bei der Kindererziehung Hilfestellung geben?

	Ges.	Deutschland West	Deutschland Ost	Alter in Jahren 16-24	25-34	35-44	45-59	60+	Geschlecht männl.	weibl.
Ja	59	59	61	53	59	56	59	64	63	56
Nein	38	38	36	47	39	40	37	33	36	40
weiß nicht/keine Angabe	3	3	3	–	2	4	4	3	1	4
Summe	100	100	100	100	100	100	100	100	100	100

	Ges.	Parteipräferenz SPD	CDU/CSU	B90/Grüne	FDP	PDS
Ja	59	51	62	73	50	45
Nein	38	44	35	22	42	43
weiß nicht/keine Angabe	3	5	3	5	8	12
Summe	100	100	100	100	100	100

	Mitglied einer christlichen Konfession				
	Ges.	bin kath.	war kath.	bin evang.	war evang.
Ja	59	67	38	62	49
Nein	38	30	56	36	45
weiß nicht/keine Angabe	3	3	6	2	6
Summe	100	100	100	100	100

	Kirchgangshäufigkeit							
	Ges.	Mehrm. die Woche	1x die Woche	Mind. 1x im Monat	Mehrm. im Jahr	1x im Jahr	Selt. als 1x im Jahr	Nie
Ja	59	79	84	74	58	58	58	43
Nein	38	20	14	24	38	39	39	54
weiß nicht/keine Angabe	3	1	2	2	4	3	3	3
Summe	100	100	100	100	100	100	100	100

Frage 18: Sollten sich die Kirchen in Zukunft in ethischen und moralischen Fragen stärker in der Öffentlichkeit zu Wort melden oder sollten sie das nicht?

		Deutschland		Alter in Jahren					Geschlecht	
	Ges.	West	Ost	16-24	25-34	35-44	45-59	60+	männl.	weibl.
Sollten sich stärker zu Wort melden	64	63	64	60	53	56	66	74	61	66
Sollten sich zurück halten	34	35	32	38	46	41	33	23	37	32
weiß nicht/keine Angabe	2	2	4	2	1	3	1	3	2	2
Summe	100	100	100	100	100	100	100	100	100	100

		Parteipräferenz				
	Ges.	SPD	CDU/CSU	B90/Grüne	FDP	PDS
Sollten sich stärker zu Wort melden	64	57	66	69	52	45
Sollten sich zurück halten	34	41	32	28	48	51
weiß nicht/keine Angabe	2	2	2	3	–	4
Summe	100	100	100	100	100	100

		Mitglied einer christlichen Konfession			
	Ges.	bin kath.	war kath.	bin evang.	war evang.
Sollten sich stärker zu Wort melden	64	69	49	69	53
Sollten sich zurück halten	34	29	50	28	44
weiß nicht/keine Angabe	2	2	1	3	3
Summe	100	100	100	100	100

		Kirchgangshäufigkeit						
	Ges.	Mehrm. die Woche	1x die Woche	Mind. 1x im Monat	Mehrm. im Jahr	1x im Jahr	Selt. als 1x im Jahr	Nie
Sollten sich stärker zu Wort melden	64	79	92	72	65	67	61	45
Sollten sich zurück halten	34	12	8	23	34	31	38	52
weiß nicht/keine Angabe	2	9	–	5	1	2	1	3
Summe	100	100	100	100	100	100	100	100

Frage 19: Sind oder waren Sie Mitglied einer christlichen Konfession?

		Deutschland		Alter in Jahren					Geschlecht	
	Ges.	West	Ost	16-24	25-34	35-44	45-59	60+	männl.	weibl.
Ja, ich bin katholisch	28	34	4	22	28	29	29	29	26	30
Ja, ich war katholisch	6	7	3	3	5	8	10	4	7	5
Ja, ich bin evangelisch	36	39	25	28	28	30	38	46	34	38
Ja, ich war evangelisch	10	8	19	2	6	11	10	14	11	9
Nein	20	12	49	45	33	22	13	7	22	18
Summe	100	100	100	100	100	100	100	100	100	100

			Parteipräferenz			
	Ges.	SPD	CDU/CSU	B90/Grüne	FDP	PDS
Ja, ich bin katholisch	28	19	35	30	27	2
Ja, ich war katholisch	6	6	4	11	15	15
Ja, ich bin evangelisch	36	44	36	40	25	11
Ja, ich war evangelisch	10	10	11	9	5	21
Nein	20	21	14	10	28	51
Summe	100	100	100	100	100	100

		Mitglied einer christlichen Konfession			
	Ges.	bin kath.	war kath.	bin evang.	war evang.
Ja, ich bin katholisch	28	100	–	–	–
Ja, ich war katholisch	6	–	100	–	–
Ja, ich bin evangelisch	36	–	–	100	–
Ja, ich war evangelisch	10	–	–	–	100
Nein	20	–	–	–	–
Summe	100	100	100	100	100

		Kirchgangshäufigkeit						
	Ges.	Mehrm. die Woche	1x die Woche	Mind. 1x im Monat	Mehrm. im Jahr	1x im Jahr	Selt. als 1x im Jahr	Nie
Ja, ich bin katholisch	28	52	57	38	35	19	27	8
Ja, ich war katholisch	6	–	2	3	4	4	4	16
Ja, ich bin evangelisch	36	34	30	51	47	47	28	14
Ja, ich war evangelisch	10	7	2	1	8	9	16	17
Nein/keine Angabe	20	7	9	7	6	21	25	45
Summe	100	100	100	100	100	100	100	100

Frage 20: Kennen Sie den Pfarrer bzw. den Pastor Ihrer Gemeinde persönlich?

		Deutschland		Alter in Jahren					Geschlecht	
	Ges.	West	Ost	16-24	25-34	35-44	45-59	60+	männl.	weibl.
Ja	65	66	58	62	60	62	64	69	61	68
Nein	35	34	42	38	40	37	36	31	39	32
weiß nicht/keine Angabe	–	–	–	–	–	1	–	–	–	–
Summe	100	100	100	100	100	100	100	100	100	100

		Parteipräferenz				
	Ges.	SPD	CDU/CSU	B90/Grüne	FDP	PDS
Ja	65	64	70	65	53	29
Nein	35	36	30	35	47	71
weiß nicht/keine Angabe	–	–	–	–	–	–
Summe	100	100	100	100	100	100

		Mitglied einer christlichen Konfession			
	Ges.	bin kath.	war kath.	bin evang.	war evang.
Ja	65	71	28	72	43
Nein	35	29	72	28	57
weiß nicht/keine Angabe	–	–	–	–	–
Summe	100	100	100	100	100

				Kirchgangshäufigkeit				
	Ges.	Mehrm. die Woche	1x die Woche	Mind. 1x im Monat	Mehrm. im Jahr	1x im Jahr	Selt. als 1x im Jahr	Nie
Ja	65	94	92	90	72	48	49	31
Nein	35	6	8	10	28	51	51	69
weiß nicht/keine Angabe	–	–	–	–	–	1	–	–
Summe	100	100	100	100	100	100	100	100

Frage 21: Haben Sie sich mit dem Pfarrer bzw. dem Pastor Ihrer Gemeinde schon mal intensiv unterhalten?

		Deutschland		Alter in Jahren					Geschlecht	
	Ges.	West	Ost	16-24	25-34	35-44	45-59	60+	männl.	weibl.
Ja	43	44	41	37	39	41	47	45	43	44
Nein	57	56	59	63	61	59	53	55	57	56
weiß nicht/keine Angabe	–	–	–	–	–	–	–	–	–	–
Summe	100	100	100	100	100	100	100	100	100	100

		Parteipräferenz				
	Ges.	SPD	CDU/CSU	B90/Grüne	FDP	PDS
Ja	43	40	47	42	36	12
Nein	57	60	53	58	64	88
weiß nicht/keine Angabe	–	–	–	–	–	–
Summe	100	100	100	100	100	100

	Ges.	Mitglied einer christlichen Konfession bin kath.	war kath.	bin evang.	war evang.
Ja	43	43	23	49	34
Nein	57	57	77	51	66
weiß nicht/keine Angabe	–	–	–	–	–
Summe	100	100	100	100	100

	Ges.	Kirchgangshäufigkeit Mehrm. die Woche	1x die Woche	Mind. 1x im Monat	Mehrm. im Jahr	1x im Jahr	Selt. als 1x im Jahr	Nie
Ja	43	72	74	63	44	30	27	25
Nein	57	28	26	37	56	70	73	75
weiß nicht/keine Angabe	–	–	–	–	–	–	–	–
Summe	100	100	100	100	100	100	100	100

Frage 22: Ging es bei diesen Gesprächen (Mehrfachnennung möglich)

		Deutschland		Alter in Jahren					Geschlecht	
	Ges.	West	Ost	16-24	25-34	35-44	45-59	60+	männl.	weibl.
um Persönliches	69	70	66	63	69	77	67	68	62	75
um Religiöses	56	58	47	69	59	72	55	46	60	53
um politische Fragen	33	33	33	26	17	40	41	30	43	25
oder um gesellschaftliche Fragen?	59	59	61	46	40	65	65	60	64	55
weiß nicht (mehr)/keine Angabe	–	–	2	4	1	–	–	–	1	–
Summe	218	219	209	207	187	255	228	205	230	209

		Parteipräferenz				
	Ges.	SPD	CDU/CSU	B90/Grüne	FDP	PDS
um Persönliches	69	68	70	67	45	48
um Religiöses	56	56	56	76	33	37
um politische Fragen	33	23	36	45	16	33
oder um gesellschaftliche Fragen?	59	53	59	50	59	41
weiß nicht (mehr)/keine Angabe	–	1	–	–	9	28
Summe	218	201	221	238	161	187

	Ges.	Mitglied einer christlichen Konfession: bin kath.	war kath.	bin evang.	war evang.
um Persönliches	69	64	49	77	56
um Religiöses	56	58	37	56	57
um politische Fragen	33	34	21	34	27
oder um gesellschaftliche Fragen?	59	67	38	56	55
weiß nicht (mehr)/keine Angabe	–	–	–	1	–
Summe	218	223	145	225	196

	Ges.	Kirchgangshäufigkeit: Mehrm. die Woche	1x die Woche	Mind. 1x im Monat	Mehrm. im Jahr	1x im Jahr	Selt. als 1x im Jahr	Nie
um Persönliches	69	82	78	62	71	84	65	60
um Religiöses	56	87	76	59	52	32	66	49
um politische Fragen	33	46	51	39	26	23	26	34
oder um gesellschaftliche Fragen?	59	73	69	65	57	45	47	50
weiß nicht (mehr)/keine Angabe	–	2	1	2	–	–	–	–
Summe	218	288	274	226	206	183	204	193

Frage 23: Wünschen Sie, öfter solche Gespräche mit Ihrem Pfarrer bzw. Pastor zu führen?

	Deutschland			Alter in Jahren					Geschlecht	
	Ges.	West	Ost	16-24	25-34	35-44	45-59	60+	männl.	weibl.
Ja	54	54	49	26	36	56	58	60	57	51
Nein	45	45	47	74	63	42	40	39	42	47
weiß nicht/keine Angabe	1	1	4	–	1	2	2	1	1	2
Summe	100	100	100	100	100	100	100	100	100	100

	Parteipräferenz					
	Ges.	SPD	CDU/CSU	B90/Grüne	FDP	PDS
Ja	54	56	58	43	33	27
Nein	45	42	40	56	67	73
weiß nicht/keine Angabe	1	2	2	1	–	–
Summe	100	100	100	100	100	100

		Mitglied einer christlichen Konfession			
	Ges.	bin kath.	war kath.	bin evang.	war evang.
Ja	54	54	14	59	38
Nein	45	45	79	40	56
weiß nicht/keine Angabe	1	1	7	1	6
Summe	100	100	100	100	100

		Kirchgangshäufigkeit						
	Ges.	Mehrm. die Woche	1x die Woche	Mind. 1x im Monat	Mehrm. im Jahr	1x im Jahr	Selt. als 1x im Jahr	Nie
Ja	54	82	77	67	47	36	38	21
Nein	45	18	21	33	51	63	60	76
weiß nicht/keine Angabe	1	–	2	–	2	1	2	3
Summe	100	100	100	100	100	100	100	100

Frage 24: Kennen Sie den Namen Ihres Bischofs bzw. Landesbischofs?

		Deutschland		Alter in Jahren					Geschlecht	
	Ges.	West	Ost	16-24	25-34	35-44	45-59	60+	männl.	weibl.
Ja	33	35	22	18	17	29	38	42	34	32
Nein	66	64	77	82	82	71	62	56	66	66
weiß nicht/keine Angabe	1	1	1	–	1	–	–	2	–	2
Summe	100	100	100	100	100	100	100	100	100	100

		Parteipräferenz				
	Ges.	SPD	CDU/CSU	B90/Grüne	FDP	PDS
Ja	33	29	38	35	13	22
Nein	66	71	60	65	86	78
weiß nicht/keine Angabe	1	–	2	–	1	–
Summe	100	100	100	100	100	100

	Mitglied einer christlichen Konfession				
	Ges.	bin kath.	war kath.	bin evang.	war evang.
Ja	33	52	16	26	14
Nein	66	47	84	73	85
weiß nicht/keine Angabe	1	1	–	1	1
Summe	100	100	100	100	100

	Kirchgangshäufigkeit							
	Ges.	Mehrm. die Woche	1x die Woche	Mind. 1x im Monat	Mehrm. im Jahr	1x im Jahr	Selt. als 1x im Jahr	Nie
Ja	33	75	72	58	30	18	12	16
Nein	66	25	27	42	69	80	88	83
weiß nicht/keine Angabe	1	–	1	–	1	2	–	1
Summe	100	100	100	100	100	100	100	100

Frage 25: Und sind Sie Ihrem Bischof bzw. Landesbischof schon einmal begegnet?

		Deutschland		Alter in Jahren					Geschlecht	
	Ges.	West	Ost	16-24	25-34	35-44	45-59	60+	männl.	weibl.
Ja	17	18	11	13	14	15	21	17	18	15
Nein	82	81	89	80	81	85	79	83	80	84
weiß nicht/keine Angabe	1	1	–	7	5	–	–	–	2	1
Summe	100	100	100	100	100	100	100	100	100	100

		Parteipräferenz				
	Ges.	SPD	CDU/CSU	B90/Grüne	FDP	PDS
Ja	17	16	19	17	8	13
Nein	82	83	81	77	92	87
weiß nicht/keine Angabe	1	1	–	6	–	–
Summe	100	100	100	100	100	100

		Mitglied einer christlichen Konfession			
	Ges.	bin kath.	war kath.	bin evang.	war evang.
Ja	17	30	10	11	6
Nein	82	68	90	88	93
weiß nicht/keine Angabe	1	2	–	1	1
Summe	100	100	100	100	100

		Kirchgangshäufigkeit						
	Ges.	Mehrm. die Woche	1x die Woche	Mind. 1x im Monat	Mehrm. im Jahr	1x im Jahr	Selt. als 1x im Jahr	Nie
Ja	17	60	44	31	15	5	9	3
Nein	82	40	55	67	85	95	86	95
weiß nicht/keine Angabe	1	–	1	2	–	–	5	2
Summe	100	100	100	100	100	100	100	100

Frage 26: Können Sie sich an eine oder mehrere Stellungnahmen der Kirchen in letzter Zeit erinnern?

		Deutschland		Alter in Jahren					Geschlecht	
	Ges.	West	Ost	16-24	25-34	35-44	45-59	60+	männl.	weibl.
Ja	39	42	29	29	36	38	47	40	44	35
Nein	60	58	70	71	64	62	53	59	56	64
weiß nicht/keine Angabe	1	–	1	–	–	–	–	1	–	1
Summe	100	100	100	100	100	100	100	100	100	100

		Parteipräferenz				
	Ges.	SPD	CDU/CSU	B90/Grüne	FDP	PDS
Ja	39	46	42	58	44	47
Nein	60	53	58	41	56	53
weiß nicht/keine Angabe	1	1	–	1	–	–
Summe	100	100	100	100	100	100

		Mitglied einer christlichen Konfession			
	Ges.	bin kath.	war kath.	bin evang.	war evang.
Ja	39	42	40	43	39
Nein	60	58	60	56	61
weiß nicht/keine Angabe	1	–	–	1	–
Summe	100	100	100	100	100

		Kirchgangshäufigkeit						
	Ges.	Mehrm. die Woche	1x die Woche	Mind. 1x im Monat	Mehrm. im Jahr	1x im Jahr	Selt. als 1x im Jahr	Nie
Ja	39	51	49	54	40	31	35	33
Nein	60	46	51	45	59	69	64	67
weiß nicht/keine Angabe	1	3	–	1	1	–	1	–
Summe	100	100	100	100	100	100	100	100

Frage 27: Zu welchem Thema gehörte die Stellungnahme, an die Sie sich erinnern? War das …

		Deutschland		Alter in Jahren					Geschlecht	
	Ges.	West	Ost	16-24	25-34	35-44	45-59	60+	männl.	weibl.
a) Fragen der Wirtschaftsordnung, etwa zur Mitbestimmung dem Verhältnis von Arbeitgebern zu Arbeitnehmern oder zur Globalisierung										
Ja	25	26	22	6	19	27	35	24	32	17
Nein	71	71	73	94	80	69	63	71	64	80
weiß nicht (mehr), kann mich nicht erinnern/keine Angabe	4	3	5	–	1	4	2	5	4	3
Summe	100	100	100	100	100	100	100	100	100	100
b) zu Fragen der Arbeitslosigkeit										
Ja	27	27	24	18	8	21	38	31	35	17
Nein	71	71	73	81	90	76	60	65	62	81
weiß nicht (mehr), kann mich nicht erinnern/keine Angabe	2	2	3	1	2	3	2	4	3	2
Summe	100	100	100	100	100	100	100	100	100	100

		Deutschland		Alter in Jahren					Geschlecht	
	Ges.	West	Ost	16-24	25-34	35-44	45-59	60+	männl.	weibl.
c) zur Sterbehilfe für unheilbar Kranke										
Ja	59	59	55	60	59	55	63	56	59	58
Nein	38	37	43	40	39	44	33	37	37	38
weiß nicht (mehr) kann mich nicht erinnern/keine Angabe	3	4	2	–	2	1	4	7	4	4
Summe	100	100	100	100	100	100	100	100	100	100
d) zur Zulässigkeit von Abtreibung										
Ja	76	76	77	79	87	77	76	70	79	73
Nein	22	22	21	21	13	23	23	25	20	24
weiß nicht (mehr), kann mich nicht erinnern	2	2	2	–	–	–	1	5	1	3
Summe	100	100	100	100	100	100	100	100	100	100
e) zum Schutz von Ehe und Familie durch den Staat										
Ja	40	40	43	24	46	33	47	42	40	41
Nein	53	54	48	69	53	65	48	45	52	54
weiß nicht (mehr), kann mich nicht erinnern/keine Angabe	7	6	9	7	1	2	5	13	8	5
Summe	100	100	100	100	100	100	100	100	100	100

	Ges.	Deutschland West	Deutschland Ost	Alter in Jahren 16-24	25-34	35-44	45-59	60+	Geschlecht männl.	weibl.
f) zu Fragen der Achtung der Menschenrechte										
Ja	57	57	56	41	53	55	57	63	56	58
Nein	39	39	39	57	45	42	38	30	40	37
weiß nicht (mehr), kann mich nicht erinnern/keine Angabe	4	4	5	2	2	3	5	7	4	5
Summe	100	100	100	100	100	100	100	100	100	100
g) zur Zuwanderung von Ausländern										
Ja	37	36	40	20	30	23	51	41	40	32
Nein	58	59	56	80	66	71	45	52	55	62
weiß nicht (mehr), kann mich nicht erinnern/keine Angabe	5	5	4	–	4	6	4	7	5	6
Summe	100	100	100	100	100	100	100	100	100	100
h) zum Zusammenleben mit hier lebenden Ausländern										
Ja	41	41	41	26	36	33	51	44	46	36
Nein	54	54	54	74	60	66	43	47	50	58
weiß Nicht (mehr), kann mich nicht erinnern/keine Angabe	5	5	5	–	4	1	6	9	4	6
Summe	100	100	100	100	100	100	100	100	100	100

	Deutschland			Alter in Jahren					Geschlecht	
	Ges.	West	Ost	16-24	25-34	35-44	45-59	60+	männl.	weibl.
i) zur Gestaltung der Sozialgesetzgebung etwa Sozialhilfe, Renten- oder Gesundheitsgesetzgebung										
Ja	20	20	20	13	10	19	30	19	26	13
Nein	74	74	71	87	87	77	63	71	69	80
weiß nicht (mehr), kann mich nicht erinnern/keineAngabe	6	6	9	–	3	4	7	10	5	7
Summe	100	100	100	100	100	100	100	100	100	100
j) zur Forschung an menschlichen Embryonen										
Ja	69	69	68	75	72	76	67	64	72	66
Nein	28	28	29	25	26	23	30	32	26	31
weiß nicht (mehr), kann mich nicht erinnern/keine Angabe	3	3	3	–	2	1	3	4	2	3
Summe	100	100	100	100	100	100	100	100	100	100
k) zu Krieg und Frieden										
Ja	63	63	64	61	66	59	62	66	67	59
Nein	34	34	33	36	31	40	34	31	30	39
weiß nicht (mehr), kann mich nicht erinnern/keine Angabe	3	3	3	3	3	1	4	3	3	2
Summe	100	100	100	100	100	100	100	100	100	100

	Parteipräferenz					
	Ges.	SPD	CDU/CSU	B90/Grüne	FDP	PDS
a) zu Fragen der Wirtschaftsordnung, etwa zur Mitbestimmung, dem Verhältnis von Arbeitgebern zu Arbeitnehmern oder zur Globalisierung						
Ja	25	31	25	29	39	4
Nein	71	66	72	69	57	83
weiß nicht (mehr), kann mich nicht erinnern/ keine Angabe	4	3	3	2	4	13
Summe	100	100	100	100	100	100
b) zu Fragen der Arbeitslosigkeit						
Ja	27	33	31	27	–	15
Nein	71	65	65	72	100	74
weiß nicht (mehr) kann mich nicht erinnern	2	2	4	1	–	11
Summe	100	100	100	100	100	100
c) zur Sterbehilfe für unheilbar Kranke						
Ja	59	63	58	62	57	57
Nein	38	32	39	37	43	41
weiß nicht (mehr), kann mich nicht erinnern/ keine Angabe	3	5	3	1	–	2
Summe	100	100	100	100	100	100

				Parteipräferenz		
	Ges.	SPD	CDU/CSU	B90/Grüne	FDP	PDS
d) zur Zulässigkeit von Abtreibung						
Ja	76	77	79	82	93	81
Nein	22	21	18	18	7	17
weiß nicht (mehr), kann mich nicht erinnern	2	2	3	–	–	2
Summe	100	100	100	100	100	100
e) zum Schutz von Ehe und Familie durch den Staat						
Ja	40	43	39	49	38	32
Nein	53	51	50	50	61	61
weiß nicht (mehr), kann mich nicht erinnern/ keine Angabe	7	6	11	1	1	7
Summe	100	100	100	100	100	100
f) zu Fragen der Achtung der Menschenrechte						
Ja	57	63	54	47	46	60
Nein	39	30	42	51	54	38
weiß nicht (mehr), kann mich nicht erinnern/ keine Angabe	4	7	4	2	–	2
Summe	100	100	100	100	100	100

	Parteipräferenz					
	Ges.	SPD	CDU/CSU	B90/Grüne	FDP	PDS
g) zur Zuwanderung von Ausländern						
Ja	37	50	34	31	22	30
Nein	58	47	60	64	77	68
weiß nicht (mehr), kann mich nicht erinnern	5	3	6	5	1	2
Summe	100	100	100	100	100	100
h) zum Zusammenleben mit hier lebenden Ausländern						
Ja	41	49	35	43	33	33
Nein	54	48	57	57	54	65
weiß nicht (mehr), kann mich nicht erinnern/ keine Angabe	5	3	8	–	13	2
Summe	100	100	100	100	100	100
i) zur Gestaltung der Sozialgesetzgebung, etwa der Sozialhilfe, der Renten- oder der Gesundheitsgesetzgebung						
Ja	20	20	24	25	14	22
Nein	74	73	71	72	85	66
weiß nicht (mehr), kann mich nicht erinnern	6	7	5	3	1	12
Summe	100	100	100	100	100	100

	Ges.	Parteipräferenz SPD	CDU/CSU	B90/Grüne	FDP	PDS
j) zur Forschung an menschlichen Embryonen						
Ja	69	74	67	75	64	71
Nein	28	26	28	25	24	27
weiß nicht (mehr), kann mich nicht erinnern	3	–	5	–	12	2
Summe	100	100	100	100	100	100
k) zu Krieg und Frieden	63	69	63	61	64	57
Nein	34	30	33	37	36	40
weiß nicht (mehr), kann mich nicht erinnern/ keine Angabe	3	1	4	2	–	3
Summe	100	100	100	100	100	100

		Mitglied einer christlichen Konfession			
	Ges.	bin kath.	war kath.	bin evang.	war evang.
a) zu Fragen der Wirtschaftsordnung, etwa zur Mitbestimmung, dem Verhältnis von Arbeitgebern zu Arbeitnehmern oder zur Globalisierung					
Ja	25	23	19	30	28
Nein	71	73	81	67	66
weiß nicht (mehr), kann mich nicht erinnern/ keine Angabe	4	4	–	3	6
Summe	100	100	100	100	100
b) zu Fragen der Arbeitslosigkeit					
Ja	27	32	10	30	29
Nein	71	67	88	67	66
weiß nicht (mehr), kann mich nicht erinnern/ keine Angabe	2	1	2	3	5
Summe	100	100	100	100	100
c) zur Sterbehilfe für unheilbar Kranke					
Ja	59	64	60	56	50
Nein	38	34	40	38	44
weiß nicht (mehr), kann mich nicht erinnern/ keine Angabe	3	2	–	6	6
Summe	100	100	100	100	100

		Mitglied einer christlichen Konfession			
	Ges.	bin kath.	war kath.	bin evang.	war evang.
d) zur Zulässigkeit von Abtreibung					
Ja	76	88	89	64	75
Nein	22	12	11	32	21
weiß nicht (mehr), kann mich nicht erinnern/ keine Angabe	2	–	–	4	4
Summe	100	100	100	100	100
e) zum Schutz von Ehe und Familie durch den Staat					
Ja	40	47	24	40	42
Nein	53	49	73	51	51
weiß nicht (mehr), kann mich nicht erinnern/ keine Angabe	7	4	3	9	7
Summe	100	100	100	100	100
f) Zu Fragen der Achtung der Menschenrechte					
Ja	57	59	51	53	59
Nein	39	39	47	40	34
weiß nicht (mehr) kann mich nicht erinnern/keine Angabe	4	2	2	7	7
Summe	100	100	100	100	100

	Ges.	Mitglied einer christlichen Konfession bin kath.	war kath.	bin evang.	war evang.
g) zur Zuwanderung von Ausländern					
Ja	37	34	33	43	32
Nein	58	60	64	52	60
weiß nicht (mehr), kann mich nicht erinnern/ keine Angabe	5	6	3	5	8
Summe	100	100	100	100	100
h) zum Zusammenleben mit hier lebenden Ausländern					
Ja	41	39	32	46	41
Nein	54	56	66	48	53
weiß nicht (mehr), kann mich nicht erinnern/ keine Angabe	5	5	2	6	6
Summe	100	100	100	100	100
i) zur Gestaltung der Sozialgesetzgebung etwa der Sozialhilfe, der Renten oder der Gesundheitsgesetzgebung					
Ja	20	18	19	25	23
Nein	74	78	76	67	69
weiß nicht (mehr), kann mich nicht erinnern/ keine Angabe	6	4	5	8	8
Summe	100	100	100	100	100

		Mitglied einer christlichen Konfession			
	Ges.	bin kath.	war kath.	bin evang.	war evang.
j) zur Forschung an menschlichen Embryonen					
Ja	69	76	80	60	61
Nein	28	24	18	36	35
weiß nicht (mehr), kann mich nicht erinnern/ keine Angabe	3	–	2	4	4
Summe	100	100	100	100	100
k) zu Krieg und Frieden					
Ja	63	68	50	60	56
Nein	34	31	47	37	40
weiß nicht (mehr), kann mich nicht erinnern/ keine Angabe	3	1	3	3	4
Summe	100	100	100	100	100

		Kirchgangshäufigkeit						
	Ges.	Mehrm. die Woche	1x die Woche	Mind. 1x im Monat	Mehrm. im Jahr	1x im Jahr	Selt. als 1x im Jahr	Nie
a) zu Fragen der Wirtschaftsordnung, etwa zur Mitbestimmung, dem Verhältnis von Arbeitgebern zu Arbeitnehmern oder zur Globalisierung								
Ja	25	31	31	36	26	21	25	14
Nein	71	69	65	63	71	75	71	81
weiß nicht (mehr), kann mich nicht erinnern/keine Angabe	4	–	4	1	3	4	4	5
Summe	100	100	100	100	100	100	100	100
b) zu Fragen der Arbeitslosigkeit								
Ja	27	39	54	34	27	23	25	8
Nein	71	61	38	66	70	74	75	90
weiß nicht (mehr), kann mich nicht erinnern/keine Angabe	2	–	8	–	3	3	–	2
Summe	100	100	100	100	100	100	100	100

	Ges.	Kirchgangshäufigkeit Mehrm. die Woche	1x die Woche	Mind. 1x im Monat	Mehrm. im Jahr	1x im Jahr	Selt. als 1x im Jahr	Nie
c) zur Sterbehilfe für unheilbar Kranke								
Ja	59	86	69	50	57	56	61	61
Nein	38	14	28	46	39	41	30	38
weiß nicht (mehr), kann mich nicht erinnern/keine Angabe	3	–	3	4	4	3	9	1
Summe	100	100	100	100	100	100	100	100
d) zur Zulässigkeit von Abtreibung								
Ja	76	98	73	68	75	71	83	83
Nein	22	2	23	32	22	24	17	16
weiß nicht (mehr), kann mich nicht erinnern/keine Angabe	2	–	4	–	3	5	–	1
Summe	100	100	100	100	100	100	100	100

	Ges.	Kirchgangshäufigkeit Mehrm. die Woche	1x die Woche	Mind. 1x im Monat	Mehrm. im Jahr	1x im Jahr	Selt. als 1x im Jahr	Nie
e) zum Schutz von Ehe und Familie durch den Staat								
Ja	40	84	47	44	40	35	43	29
Nein	53	16	45	50	49	60	57	65
weiß nicht (mehr) kann mich nicht erinnern/keine Angabe	7	–	8	6	11	5	–	6
Summe	100	100	100	100	100	100	100	100
f) zu Fragen der Achtung der Menschenrechte								
Ja	57	92	69	50	59	49	61	50
Nein	39	8	25	46	36	49	33	46
weiß nicht (mehr), kann mich nicht erinnern/keine Angabe	4	–	6	4	5	2	6	4
Summe	100	100	100	100	100	100	100	100

		Kirchgangshäufigkeit						
	Ges.	Mehrm. die Woche	1x die Woche	Mind. 1x im Monat	Mehrm. im Jahr	1x im Jahr	Selt. als 1x im Jahr	Nie
g) zur Zuwanderung von Ausländern								
Ja	37	63	43	39	30	37	51	29
Nein	58	37	46	57	63	58	46	69
weiß nicht (mehr), kann mich nicht erinnern/keine Angabe	5	–	11	4	7	5	3	2
Summe	100	100	100	100	100	100	100	100
h) zum Zusammenleben mit hier lebenden Ausländern								
Ja	41	64	54	39	35	45	53	31
Nein	54	29	39	50	60	52	45	68
weiß nicht (mehr), kann mich nicht erinnern/keine Angabe	5	7	7	11	5	3	2	1
Summe	100	100	100	100	100	100	100	100

		Kirchgangshäufigkeit						
	Ges.	Mehrm. die Woche	1x die Woche	Mind. 1x im Monat	Mehrm. im Jahr	1x im Jahr	Selt. als 1x im Jahr	Nie
i) zur Gestaltung der Sozialgesetzgebung, etwa Sozialhilfe, Renten- oder Gesundheitsgesetzgebung								
Ja	20	33	29	29	20	16	15	12
Nein	74	67	58	67	75	75	82	81
weiß nicht (mehr), kann mich nicht erinnern/keine Angabe	6	–	13	4	5	9	3	7
Summe	100	100	100	100	100	100	100	100
j) zur Forschung an menschlichen Embryonen								
Ja	69	91	67	66	67	66	74	72
Nein	28	9	23	34	29	32	26	27
weiß nicht (mehr), kann mich nicht erinnern/keine Angabe	3	–	10	–	4	2	–	1
Summe	100	100	100	100	100	100	100	100
k) zu Krieg und Frieden								
Ja	63	87	70	62	67	57	63	53
Nein	34	13	24	37	30	39	34	44
weiß nicht (mehr), kann mich nicht erinnern/keine Angabe	3	–	6	1	3	4	3	3
Summe	100	100	100	100	100	100	100	100

Frage 28: Die katholische Kirche in Deutschland ist dem Papst besonders verpflichtet. Soll nach Ihrer Ansicht die katholische Kirche in Deutschland in Zukunft unabhängiger vom Papst handeln können oder soll das so bleiben wie bisher?

	Deutschland			Alter in Jahren					Geschlecht	
	Ges.	West	Ost	16-24	25-34	35-44	45-59	60+	männl.	weibl.
sollte unabhängiger handeln können	67	69	58	59	62	72	72	66	65	69
soll so bleiben	22	21	26	32	27	19	16	22	24	21
weiß nicht/keine Angabe	11	10	16	9	11	9	12	12	11	10
Summe	100	100	100	100	100	100	100	100	100	100

	Parteipräferenz					
	Ges.	SPD	CDU/CSU	B90/Grüne	FDP	PDS
sollte unabhängiger handeln können	67	72	68	84	69	65
soll so bleiben	22	16	23	13	24	24
weiß nicht/keine Angabe	11	12	9	3	7	11
Summe	100	100	100	100	100	100

		Mitglied einer christlichen Konfession			
	Ges.	bin kath.	war kath.	bin evang.	war evang.
sollte unabhängiger handeln können	67	65	82	73	73
soll so bleiben	22	30	12	14	16
weiß nicht/keine Angabe	11	5	6	13	11
Summe	100	100	100	100	100

		Kirchgangshäufigkeit						
	Ges.	Mehrm. die Woche	1x die Woche	Mind. 1x im Monat	Mehrm. im Jahr	1x im Jahr	Selt. als 1x im Jahr	Nie
sollte unabhängiger handeln können	67	58	53	76	72	70	65	60
soll so bleiben	22	31	36	19	19	16	27	25
weiß nicht/keine Angabe	11	11	11	5	9	14	8	15
Summe	100	100	100	100	100	100	100	100

Frage 29: Der Papst meldet sich auch häufig zu allgemeinen gesellschaftlichen Fragen in der ganzen Welt zu Wort. Finden Sie das richtig oder nicht richtig

		Deutschland		Alter in Jahren					Geschlecht	
	Ges.	West	Ost	16-24	25-34	35-44	45-59	60+	männl.	weibl.
Richtig	60	56	73	63	62	61	53	61	61	58
nicht richtig	37	40	25	35	35	34	43	36	36	38
weiß nicht/keine Angabe	3	4	2	2	3	5	4	3	3	4
Summe	100	100	100	100	100	100	100	100	100	100

		Parteipräferenz				
	Ges.	SPD	CDU/CSU	B90/Grüne	FDP	PDS
Richtig	60	55	57	69	56	62
nicht richtig	37	41	41	31	30	31
weiß nicht/keine Angabe	3	4	2	–	14	7
Summe	100	100	100	100	100	100

	Ges.	Mitglied einer christlichen Konfession: bin kath.	war kath.	bin evang.	war evang.
Richtig	60	62	42	58	55
nicht richtig	37	33	55	38	43
weiß nicht/keine Angabe	3	5	3	4	2
Summe	100	100	100	100	100

	Ges.	Kirchgangshäufigkeit: Mehrm. die Woche	1x die Woche	Mind. 1x im Monat	Mehrm. im Jahr	1x im Jahr	Selt. als 1x im Jahr	Nie
Richtig	60	70	67	63	57	55	66	55
nicht richtig	37	30	24	33	40	41	31	42
weiß nicht/keine Angabe	3	–	9	4	3	4	3	3
Summe	100	100	100	100	100	100	100	100

Frage 30: Finden Sie, dass Papst Johannes Paul II eine beeindruckende Persönlichkeit ist oder finden Sie das nicht?

		Deutschland		Alter in Jahren					Geschlecht	
	Ges.	West	Ost	16-24	25-34	35-44	45-59	60+	männl.	weibl.
ist eine beeindruckende Persönlichkeit	54	53	60	42	44	48	53	70	53	55
ist keine beeindruckende Persönlichkeit	43	44	37	54	55	49	45	27	44	42
ist mir egal, interessiert mich nicht	–	–	1	–	1	–	–	–	–	–
weiß nicht/keine Angabe	3	3	2	4	–	3	2	3	3	3
Summe	100	100	100	100	100	100	100	100	100	100

		Parteipräferenz				
	Ges.	SPD	CDU/CSU	B90/Grüne	FDP	PDS
ist eine beeindruckende Persönlichkeit	54	55	59	40	58	47
ist keine beeindruckende Persönlichkeit	43	44	39	59	42	48
ist mir egal, interessiert mich nicht	–	–	–	–	–	1
weiß nicht/keine Angabe	3	1	2	1	–	4
Summe	100	100	100	100	100	100

		Mitglied einer christlichen Konfession			
	Ges.	bin kath.	war kath.	bin evang.	war evang.
ist eine beeindruckende Persönlichkeit	54	62	40	52	51
ist keine beeindruckende Persönlichkeit	43	35	60	44	45
ist mir egal, interessiert mich nicht	–	–	–	–	–
weiß nicht/keine Angabe	3	3	–	4	4
Summe	100	100	100	100	100

		Kirchgangshäufigkeit						
	Ges.	Mehrm. die Woche	1x die Woche	Mind. 1x im Monat	Mehrm. im Jahr	1x im Jahr	Selt. als 1x im Jahr	Nie
ist eine beeindruckende Persönlichkeit	54	77	69	56	55	54	41	48
ist keine beeindruckende Persönlichkeit	43	22	28	40	41	46	47	50
ist mir egal, interessiert mich nicht	–	1	–	–	–	–	1	–
weiß nicht/keine Angabe	3	–	3	4	4	–	1	2
Summe	100	100	100	100	100	100	100	100

Frage 31: Könnten Sie sich vorstellen, dass in nicht allzu ferner Zukunft ein Papst als Oberhaupt von allen Christen, also auch der evangelischen, anerkannt wird?

		Deutschland		Alter in Jahren					Geschlecht	
	Ges.	West	Ost	16-24	25-34	35-44	45-59	60+	männl.	weibl.
Ja, kann ich mir vorstellen	27	27	29	14	27	27	28	33	27	29
Nein, kann ich mir nicht vorstellen	70	71	66	81	71	71	69	64	70	69
weiß nicht/keine Angabe	3	2	5	5	2	2	3	3	3	2
Summe	100	100	100	100	100	100	100	100	100	100

		Parteipräferenz				
	Ges.	SPD	CDU/CSU	B90/Grüne	FDP	PDS
Ja, kann ich mir vorstellen	27	19	31	19	32	17
Nein, kann ich mir nicht vorstellen	70	77	67	81	67	70
weiß nicht/keine Angabe	3	4	2	–	1	13
Summe	100	100	100	100	100	100

	Mitglied einer christlichen Konfession				
	Ges.	bin kath.	war kath.	bin evang.	war evang.
Ja, kann ich mir vorstellen	27	41	21	18	25
Nein, kann ich mir nicht vorstellen	70	57	75	80	74
weiß nicht/keine Angabe	3	2	4	2	1
Summe	100	100	100	100	100

	Kirchgangshäufigkeit							
	Ges.	Mehrm. die Woche	1x die Woche	Mind. 1x im Monat	Mehrm. im Jahr	1x im Jahr	Selt. als 1x im Jahr	Nie
Ja, kann ich mir vorstellen	27	29	48	33	28	23	23	24
Nein, kann ich mir nicht vorstellen	70	71	52	65	71	75	75	70
weiß nicht/keine Angabe	3	–	–	2	1	2	2	6
Summe	100	100	100	100	100	100	100	100

Frage 32: Glauben Sie, dass der Papst bei den katholischen Jugendlichen in aller Welt, also auch außerhalb Europas, beliebt ist oder glauben Sie das nicht?

		Deutschland		Alter in Jahren					Geschlecht	
	Ges.	West	Ost	16-24	25-34	35-44	45-59	60+	männl.	weibl.
Ja, glaube ich	61	59	72	47	49	61	62	72	64	58
Nein, glaube ich nicht	29	31	18	43	46	30	25	16	26	31
weiß nicht/keine Angabe	10	10	10	10	5	9	13	12	10	11
Summe	100	100	100	100	100	100	100	100	100	100

		Parteipräferenz				
	Ges.	SPD	CDU/CSU	B90/Grüne	FDP	PDS
Ja, glaube ich	61	65	65	54	57	68
Nein, glaube ich nicht	29	25	27	39	34	17
weiß nicht/keine Angabe	10	10	8	7	9	15
Summe	100	100	100	100	100	100

		Mitglied einer christlichen Konfession			
	Ges.	bin kath.	war kath.	bin evang.	war evang.
Ja, glaube ich	61	60	50	61	70
Nein,, glaube ich nicht	29	31	31	29	19
weiß nicht/keine Angabe	10	9	19	10	11
Summe	100	100	100	100	100

		Kirchgangshäufigkeit						
	Ges.	Mehrm. die Woche	1x die Woche	Mind. 1x im Monat	Mehrm. im Jahr	1x im Jahr	Selt. als 1x im Jahr	Nie
Ja, glaube ich	61	78	71	59	56	66	60	60
Nein, glaube ich nicht	29	18	18	29	35	26	28	28
weiß nicht/keine Angabe	10	4	11	12	9	8	12	12
Summe	100	100	100	100	100	100	100	100

Frage 33: Finden Sie, dass die Laien in der katholischen Kirche mehr Mitwirkungsrechte haben sollten oder finden Sie das nicht?

	Deutschland			Alter in Jahren					Geschlecht	
	Ges.	West	Ost	16-24	25-34	35-44	45-59	60+	männl.	weibl.
Ja, sollten mehr Mitwirkungsrechte haben	64	66	57	68	58	69	66	63	64	65
Nein, sollten nicht	21	21	20	22	29	18	18	20	21	21
ist mir egal, interessiert mich nicht	3	3	4	3	3	2	3	3	3	3
weiß nicht/keine Angabe	12	10	19	7	10	11	13	14	12	11
Summe	100	100	100	100	100	100	100	100	100	100

		Parteipräferenz				
	Ges.	SPD	CDU/CSU	B90/Grüne	FDP	PDS
Ja, sollten mehr Mitwirkungsrechte haben	64	64	62	79	81	61
Nein, sollten nicht	21	17	25	13	10	11
ist mir egal, interessiert mich nicht	3	5	2	4	1	4
weiß nicht/keine Angabe	12	14	11	4	8	24
Summe	100	100	100	100	100	100

		Mitglied einer christlichen Konfession			
	Ges.	bin kath.	war kath.	bin evang.	war evang.
Ja, sollten mehr Mitwirkungsrechte haben	64	69	80	61	66
Nein, sollten nicht	21	26	15	18	12
ist mir egal, interessiert mich nicht	3	1	–	4	4
weiß nicht/keine Angabe	12	4	5	17	18
Summe	100	100	100	100	100

		Kirchgangshäufigkeit						
	Ges.	Mehrm. die Woche	1x die Woche	Mind. 1x im Monat	Mehrm. im Jahr	1x im Jahr	Selt. als 1x im Jahr	Nie
Ja, sollten mehr Mitwirkungsrechte haben	64	70	68	73	65	67	56	60
Nein, sollten nicht	21	12	22	18	23	17	23	21
ist mir egal, interessiert mich nicht	3	3	4	1	2	4	3	4
weiß nicht/keine Angabe	12	15	6	8	10	12	18	15
Summe	100	100	100	100	100	100	100	100

Frage 34: Haben Sie schon einmal von den regelmäßig stattfindenden Katholikentagen bzw. evangelischen Kirchentagen gehört oder gelesen oder haben Sie noch nichts davon gehört oder gelesen?

		Deutschland		Alter in Jahren					Geschlecht	
	Ges.	West	Ost	16-24	25-34	35-44	45-59	60+	männl.	weibl.
habe schon davon gehört	86	88	81	58	80	88	94	93	88	85
habe noch nichts davon gehört	14	12	19	42	20	12	6	7	12	15
weiß nicht/keine Angabe	–	–	–	–	–	–	–	–	–	–
Summe	100	100	100	100	100	100	100	100	100	100

		Parteipräferenz				
	Ges.	SPD	CDU/CSU	B90/Grüne	FDP	PDS
habe schon davon gehört	86	93	88	94	69	91
habe noch nichts davon gehört	14	7	12	6	31	8
weiß nicht/keine Angabe	–	–	–	–	–	1
Summe	100	100	100	100	100	100

	Mitglied einer christlichen Konfession				
	Ges.	bin kath.	war kath.	bin evang.	war evang.
habe schon davon gehört	86	88	92	92	94
habe noch nichts davon gehört	14	12	8	8	6
weiß nicht/keine Angabe	–	–	–	–	–
Summe	100	100	100	100	100

	Kirchgangshäufigkeit							
	Ges.	Mehrm. die Woche	1x die Woche	Mind. 1x im Monat	Mehrm. im Jahr	1x im Jahr	Selt. als 1x im Jahr	Nie
habe schon davon gehört	86	94	94	94	91	83	82	78
habe noch nichts davon gehört	14	6	6	6	9	17	18	22
weiß nicht/keine Angabe	–	–	–	–	–	–	–	–
Summe	100	100	100	100	100	100	100	100

Frage 35: Haben Sie vielleicht schon mal an einem Katholikentag oder einem Evangelischen Kirchentag teilgenommen oder war das noch nicht der Fall?

		Deutschland		Alter in Jahren					Geschlecht	
	Ges.	West	Ost	16-24	25-34	35-44	45-59	60+	männl.	weibl.
Ja, habe schon teilgenommen	17	18	13	10	15	19	19	17	15	19
Nein, war noch nicht der Fall	83	82	87	90	84	81	81	83	85	81
weiß nicht/keine Angabe	–	–	–	–	1	–	–	–	–	–
Summe	100	100	100	100	100	100	100	100	100	100

		Parteipräferenz				
	Ges.	SPD	CDU/CSU	B90/Grüne	FDP	PDS
Ja, habe schon teilgenommen	17	14	15	29	12	20
Nein, war noch nicht der Fall	83	86	85	71	88	79
weiß nicht/keine Angabe	–	–	–	–	–	1
Summe	100	100	100	100	100	100

		Mitglied einer christlichen Konfession			
	Ges.	bin kath.	war kath.	bin evang.	war evang.
Ja, habe schon teilgenommen	17	23	12	20	8
Nein, war noch nicht der Fall	83	77	88	80	92
weiß nicht/keine Angabe	–	–	–	–	–
Summe	100	100	100	100	100

		Kirchgangshäufigkeit						
	Ges.	Mehrm. die Woche	1x die Woche	Mind. 1x im Monat	Mehrm. im Jahr	1x im Jahr	Selt. als 1x im Jahr	Nie
Ja, habe schon teilgenommen	17	49	38	30	16	11	15	6
Nein, war noch nicht der Fall	83	51	61	70	84	89	85	94
weiß nicht/keine Angabe	–	–	1	–	–	–	–	–
Summe	100	100	100	100	100	100	100	100

Frage 36: Wie oft gehen Sie in die Kirche?

		Deutschland		Alter in Jahren					Geschlecht	
	Ges.	West	Ost	16-24	25-34	35-44	45-59	60+	männl.	weibl.
Mehrmals die Woche	2	3	1	–	1	2	2	4	2	3
einmal die Woche	7	8	3	1	4	7	8	10	6	8
Mindestens einmal im Monat	13	14	6	9	9	11	14	16	14	11
mehrmals im Jahr	29	31	19	24	26	30	33	28	24	33
einmal im Jahr	15	13	20	17	18	17	12	12	14	15
seltener als einmal im Jahr	12	12	14	15	18	11	10	11	13	12
nie	22	18	37	34	24	22	21	18	26	18
keine Angabe	–	1	–	–	–	–	–	1	1	–
Summe	100	100	100	100	100	100	100	100	100	100

		Parteipräferenz				
	Ges.	SPD	CDU/CSU	B90/Grüne	FDP	PDS
Mehrmals die Woche	2	1	3	2	3	2
einmal die Woche	7	4	8	9	1	3
Mindestens einmal im Monat	13	12	17	8	8	–
mehrmals im Jahr	29	29	33	28	38	9
einmal im Jahr	15	16	14	16	9	8
seltener als einmal im Jahr	12	13	10	19	16	7
nie	22	25	15	18	25	71
keine Angabe	–	–	–	–	–	–
Summe	100	100	100	100	100	100

	Ges.	Mitglied einer christlichen Konfession bin kath.	war kath.	bin evang.	war evang.
Mehrmals die Woche	2	4	–	2	2
einmal die Woche	7	14	2	6	2
Mindestens einmal im Monat	13	17	6	18	2
mehrmals im Jahr	29	36	18	37	24
einmal im Jahr	15	10	8	19	13
seltener als einmal im Jahr	12	12	9	9	19
nie	22	6	57	9	38
keine Angabe	–	1	–	–	–
Summe	100	100	100	100	100

		Kirchgangshäufigkeit						
	Ges.	Mehrm. die Woche	1x die Woche	Mind. 1x im Monat	Mehrm. im Jahr	1x im Jahr	Selt. als 1x im Jahr	Nie
Mehrmals die Woche	2	100	–	–	–	–	–	–
einmal die Woche	7	–	100	–	–	–	–	–
Mindestens einmal im Monat	13	–	–	100	–	–	–	–
mehrmals im Jahr	29	–	–	–	100	–	–	–
einmal im Jahr	15	–	–	–	–	100	–	–
seltener als einmal im Jahr	12	–	–	–	–	–	100	–
nie	22	–	–	–	–	–	–	100
keine Angabe	–	–	–	–	–	–	–	–
Summe	100	100	100	100	100	100	100	100

Frage 37: Manche stehen der Kirche nahe, andere halten weniger von ihr. Wie ist das bei Ihnen persönlich? Fühlen Sie sich der Kirche …

		Deutschland		Alter in Jahren					Geschlecht	
	Ges.	West	Ost	16-24	25-34	35-44	45-59	60+	männl.	weibl.
sehr stark verbunden	5	6	2	2	3	3	5	9	4	6
stark verbunden	16	18	9	5	12	14	19	21	15	17
etwas verbunden	49	50	41	43	48	46	49	52	46	51
überhaupt nicht verbunden	30	26	48	50	37	37	27	18	35	26
weiß nicht/keine Angabe	–	–	–	–	–	–	–	–	–	–
Summe	100	100	100	100	100	100	100	100	100	100

			Parteipräferenz			
	Ges.	SPD	CDU/CSU	B90/Grüne	FDP	PDS
sehr stark verbunden	5	6	7	4	4	–
stark verbunden	16	11	22	17	3	4
etwas verbunden	49	51	49	47	46	18
überhaupt nicht verbunden	30	32	22	32	47	77
weiß nicht/keine Angabe	–	–	–	–	–	1
Summe	100	100	100	100	100	100

		Mitglied einer christlichen Konfession			
	Ges.	bin kath.	war kath.	bin evang.	war evang.
sehr stark verbunden	5	8	–	7	2
stark verbunden	16	25	1	20	7
etwas verbunden	49	53	34	60	39
überhaupt nicht verbunden	30	14	65	13	52
weiß nicht/keine Angabe	–	–	–	–	–
Summe	100	100	100	100	100

		Kirchgangshäufigkeit						
	Ges.	Mehrm. die Woche	1x die Woche	Mind. 1x im Monat	Mehrm. im Jahr	1x im Jahr	Selt. als 1x im Jahr	Nie
sehr stark verbunden	5	50	27	9	3	1	–	1
stark verbunden	16	32	51	42	15	5	4	3
etwas verbunden	49	11	22	48	73	62	52	17
überhaupt nicht verbunden	30	7	–	1	9	32	44	79
weiß nicht/keine Angabe	–	–	–	–	–	–	–	–
Summe	100	100	100	100	100	100	100	100

Frage 38: Einmal abgesehen davon, ob Sie sich der Kirche verbunden fühlen oder nicht, würden Sie sagen, Sie sind ...

		Deutschland		Alter in Jahren					Geschlecht	
	Ges.	West	Ost	16-24	25-34	35-44	45-59	60+	männl.	weibl.
ein sehr religiöser Mensch	8	9	4	4	7	7	10	8	8	8
ein ziemlich religiöser Mensch	35	39	19	23	28	33	39	42	30	40
ein weniger religiöser Mensch	38	39	37	48	45	37	33	36	40	37
oder überhaupt nicht religiös?	18	13	39	25	20	22	17	13	22	14
weiß nicht/keine Angabe	1	–	1	–	–	1	1	1	–	1
Summe	100	100	100	100	100	100	100	100	100	100

		Parteipräferenz				
	Ges.	SPD	CDU/CSU	B90/Grüne	FDP	PDS
ein sehr religiöser Mensch	8	6	10	12	5	3
ein ziemlich religiöser Mensch	35	32	41	28	14	11
ein wenig religiöser Mensch	38	39	35	44	51	20
oder überhaupt nicht religiös?	18	23	13	16	30	61
weiß nicht/keine Angabe	1	–	1	–	–	5
Summe	100	100	100	100	100	100

		Mitglied einer christlichen Konfession			
	Ges.	bin kath.	war kath.	bin evang.	war evang.
ein sehr religiöser Mensch	8	12	4	7	4
ein ziemlich religiöser Mensch	35	48	21	41	22
ein weniger religiöser Mensch	38	35	39	43	43
oder überhaupt nicht religiös?	18	4	36	8	30
weiß nicht/keine Angabe	1	1	–	1	1
Summe	100	100	100	100	100

		Kirchgangshäufigkeit						
	Ges.	Mehrm. die Woche	1x die Woche	Mind. 1x im Monat	Mehrm. im Jahr	1x im Jahr	Selt. als 1x im Jahr	Nie
ein sehr religiöser Mensch	8	41	24	11	7	2	4	5
ein ziemlich religiöser Mensch	35	46	65	65	40	26	20	16
ein weiniger religiöser Mensch	38	5	8	23	49	53	53	27
oder überhaupt nicht religiös	18	5	–	–	4	18	22	52
weiß nicht/keine Angabe	1	3	3	1	–	1	1	–
Summe	100	100	100	100	100	100	100	100

Frage 39: Welche Bedeutung hatten Religion und Kirche in Ihrem Elternhaus? Kommen Sie aus einem…

		Deutschland		Alter in Jahren					Geschlecht	
	Ges.	West	Ost	16-24	25-34	35-44	45-59	60+	männl.	weibl.
sehr religiösen Elternhaus	17	19	9	8	18	14	21	19	15	19
ziemlich religiösen Elternhaus	29	32	18	24	24	26	29	35	29	29
weniger religiösen Elternhaus	37	38	36	42	36	38	37	36	40	35
od. überhaupt nicht religiösen Elternhaus	17	11	37	26	22	22	13	10	16	17
keine Angabe	–	–	–	–	–	–	–	–	–	–
Summe	100	100	100	100	100	100	100	100	100	100

		Parteipräferenz				
	Ges.	SPD	CDU/CSU	B90/Grüne	FDP	PDS
sehr religiösen Elternhaus	17	9	20	18	9	10
ziemlich religiösen Elternhaus	29	29	36	25	15	9
weniger religiösen Elternhaus	37	42	33	42	50	31
od. überhaupt nicht religiösen Elternhaus?	17	20	11	15	26	49
keine Angabe	–	–	–	–	–	1
Summe	100	100	100	100	100	100

		Mitglied einer christlichen Konfession			
	Ges.	bin kath.	war kath.	bin evang.	war evang.
sehr religiösen Elternhaus	17	35	16	9	9
ziemlich religiösen Elternhaus	29	39	28	36	16
weniger religiösen Elternhaus	37	25	45	44	55
od. überh. nicht rel. Elternhaus	17	1	11	11	20
keine Angabe	–	–	–	–	–
Summe	100	100	100	100	100

		Kirchgangshäufigkeit						
	Ges.	Mehrm. die Woche	1x die Woche	Mind. 1x im Monat	Mehrm. im Jahr	1x im Jahr	Selt. als 1x im Jahr	Nie
sehr religiösen Elternhaus	17	62	41	25	18	8	10	9
ziemlich religiösen Elternhaus	29	6	42	47	36	26	21	13
weniger religiösen Elternhaus	37	26	17	24	37	46	49	41
od. überh. nicht rel. Elternhaus	17	6	–	4	9	19	20	37
keine Angabe	–	–	–	–	–	1	–	–
Summe	100	100	100	100	100	100	100	100

Frage 40: Wie oft beten Sie?

		Deutschland		Alter in Jahren					Geschlecht	
	Ges.	West	Ost	16-24	25-34	35-44	45-59	60+	männl.	weibl.
Nie	31	23	59	42	36	35	29	22	38	24
ein- oder mehrmals im Jahr	19	20	16	31	21	19	21	14	21	18
Ein- oder mehrmals im Monat	12	14	7	9	12	11	12	15	12	12
ein- oder mehrmals in der Woche	12	13	7	7	11	15	9	13	12	12
ein- oder mehrmals am Tag	24	28	10	10	18	19	27	33	15	33
keine Angabe	2	2	1	1	2	1	2	3	2	1
Summe	100	100	100	100	100	100	100	100	100	100

		Parteipräferenz				
	Ges.	SPD	CDU/CSU	B90/Grüne	FDP	PDS
Nie	31	34	25	30	48	81
ein- oder mehrmals im Jahr	19	24	17	22	20	7
Ein- oder mehrmals im Monat	12	9	16	16	8	1
ein- oder mehrmals in der Woche	12	13	14	9	7	3
ein- oder mehrmals am Tag	24	19	27	20	17	7
keine Angabe	2	1	1	3	–	1
Summe	100	100	100	100	100	100

		Mitglied einer christlichen Konfession			
	Ges.	bin kath.	war kath.	bin evang.	war evang.
Nie	31	10	52	19	52
ein- oder mehrmals im Jahr	19	18	16	25	26
Ein- oder mehrmals im Monat	12	15	12	17	5
ein- o. mehrmals in der Woche	12	17	6	11	7
ein- oder mehrmals am Tag	24	37	10	26	10
keine Angabe	2	3	4	2	–
Summe	100	100	100	100	100

		Kirchgangshäufigkeit						
	Ges.	Mehrm. die Woche	1x die Woche	Mind. 1x im Monat	Mehrm. im Jahr	1x im Jahr	Selt. als 1x im Jahr	Nie
Nie	31	7	–	3	12	38	47	71
ein- oder mehrmals im Jahr	19	3	3	7	33	29	22	8
Ein- oder mehrmals im Monat	12	–	8	27	15	10	10	6
ein- o. mehrmals in der Woche	12	2	29	21	12	10	6	5
ein- oder mehrmals am Tag	24	88	57	42	25	12	14	9
keine Angabe	2	–	3	–	3	1	1	1
Summe	100	100	100	100	100	100	100	100

Frage 41: Kennen Sie das Gebet „Vaterunser“? Würden Sie sagen…

		Deutschland		Alter in Jahren					Geschlecht	
	Ges.	West	Ost	16-24	25-34	35-44	45-59	60+	männl.	weibl.
Ja, kenne ich im Wortlaut	76	83	48	61	65	69	82	88	70	81
Ja, kenne ich ungefähr	16	13	29	24	19	21	12	11	20	12
Habe davon gehört	6	2	20	10	11	9	4	1	7	5
Oder nein, kenne ich nicht?	2	2	3	5	5	1	2	–	3	2
weiß nicht/keine Angabe	–	–	–	–	–	–	–	–	–	–
Summe	100	100	100	100	100	100	100	100	100	100

			Parteipräferenz			
	Ges.	SPD	CDU/CSU	B90/Grüne	FDP	PDS
Ja, kenne ich im Wortlaut	76	77	83	83	59	45
Ja, kenne ich ungefähr	16	16	11	14	33	27
Habe davon gehört	6	5	4	3	7	26
Oder nein, kenne ich nicht?	2	2	2	–	1	1
weiß nicht/keine Angabe	–	–	–	–	–	1
Summe	100	100	100	100	100	100

		Mitglied einer christlichen Konfession			
	Ges.	bin kath.	war kath.	bin evang.	war evang.
Ja, kenne ich im Wortlaut	76	92	71	89	71
Ja, kenne ich ungefähr	16	7	28	9	24
Habe davon gehört	6	1	1	2	5
Oder nein, kenne ich nicht?	2	–	–	–	–
weiß nicht/keine Angabe	–	–	–	–	–
Summe	100	100	100	100	100

		Kirchgangshäufigkeit						
	Ges.	Mehrm. die Woche	1x die Woche	Mind. 1x im Monat	Mehrm. im Jahr	1x im Jahr	Selt. als 1x im Jahr	Nie
Ja, kenne ich im Wortlaut	76	95	93	95	89	72	61	50
Ja, kenne ich ungefähr	16	5	7	2	9	19	30	28
Habe davon gehört	6	–	–	1	2	7	7	16
Oder nein, kenne ich nicht	2	–	–	2	–	2	2	6
weiß nicht/keine Angabe	–	–	–	–	–	–	–	–
Summe	100	100	100	100	100	100	100	100

Frage 42: Sagen Sie mir bitte, welche der folgenden Aussagen Ihren Überzeugungen am nächsten kommt:

		Deutschland		Alter in Jahren					Geschlecht	
	Ges.	West	Ost	16-24	25-34	35-44	45-59	60+	männl.	weibl.
Es gibt einen persönlichen Gott	30	32	20	29	33	31	34	24	27	32
Es gibt eine überirdische Kraft	40	44	24	29	38	31	42	51	39	42
Ich weiß nicht richtig, was ich glauben soll	11	10	15	15	10	16	7	10	10	11
Ich glaube nicht, dass es einen Gott oder irgendeine überirdische Macht gibt	17	12	38	27	19	20	17	12	22	14
weiß nicht/keine Angabe	2	2	3	–	–	2	–	3	2	1
Summe	100	100	100	100	100	100	100	100	100	100

	Parteipräferenz					
	Ges.	SPD	CDU/CSU	B90/Grüne	FDP	PDS
Es gibt einen persönlichen Gott	30	23	35	29	21	13
Es gibt eine überirdische Kraft	40	44	44	48	35	21
Ich weiß nicht richtig, was ich glauben soll	11	9	8	8	30	5
Ich glaube nicht, dass es einen Gott oder irgendeine überirdische Macht gibt	17	23	12	15	14	46
weiß nicht/keine Angabe	2	1	1	–	–	15
Summe	100	100	100	100	100	100

		Mitglied einer christlichen Konfession			
	Ges.	bin kath.	war kath.	bin evang.	war evang.
Es gibt einen persönlichen Gott	30	40	22	29	16
Es gibt eine überirdische Kraft	40	45	34	50	38
Ich weiß nicht richtig, was ich glauben soll	11	8	18	11	12
Ich glaube nicht, dass es einen Gott oder irgendeine überirdische Macht gibt	17	5	25	9	33
weiß nicht/keine Angabe	2	2	1	1	1
Summe	100	100	100	100	100

		Kirchgangshäufigkeit						
	Ges.	Mehrm. die Woche	1x die Woche	Mind. 1x im Monat	Mehrm. im Jahr	1x im Jahr	Selt. als 1x im Jahr	Nie
Es gibt einen persönlichen Gott	30	85	67	41	34	19	18	14
Es gibt eine überirdische Kraft	40	10	31	50	47	45	45	29
Ich weiß nicht richtig, was ich glauben soll	11	–	2	8	12	14	16	11
Ich glaube nicht, dass es einen Gott oder irgendeine überirdische Macht gibt	17	5	–	1	6	21	20	44
weiß nicht/keine Angabe	2	–	–	–	1	1	1	2
Summe	100	100	100	100	100	100	100	100

Frage 43: Ich lese Ihnen einige wichtige christliche Glaubensinhalte vor. Glauben Sie…

		Deutschland		Alter in Jahren					Geschlecht	
	Ges.	West	Ost	16-24	25-34	35-44	45-59	60+	männl.	weibl.
dass Jesus Christus von den Toten auferstanden ist?										
Ja, glaube ich	49	55	28	37	45	46	55	54	45	53
Nein, glaube ich nicht	47	42	69	60	51	51	43	41	52	43
weiß nicht/keine Angabe	4	3	3	3	4	3	2	5	3	4
Summe	100	100	100	100	100	100	100	100	100	100
dass Gott in den drei Personen Vater, Sohn und Heiliger Geist existiert?										
Ja, glaube ich	46	51	29	32	42	43	51	53	43	50
Nein, glaube ich nicht	49	45	68	65	55	55	45	40	54	45
weiß nicht/keine Angabe	5	4	3	3	3	2	4	7	3	5
Summe	100	100	100	100	100	100	100	100	100	100
dass Jesus Christus zugleich Gott und Mensch war?										
Ja, glaube ich	52	56	34	28	45	51	57	60	45	57
Nein, glaube ich nicht	45	41	62	70	53	47	40	36	52	39
weiß nicht/keine Angabe	3	2	4	2	2	3	3	4	2	3
Summe	100	100	100	100	100	100	100	100	100	100

		Deutschland		Alter in Jahren					Geschlecht	
	Ges.	West	Ost	16-24	25-34	35-44	45-59	60+	männl.	weibl.
dass es am Ende der Geschichte ein jüngstes Gericht gibt?										
Ja, glaube ich	43	45	33	35	39	41	49	45	40	45
Nein, glaube ich nicht	51	48	62	62	55	55	46	45	56	46
weiß nicht/keine Angabe	6	7	4	3	6	4	5	10	4	8
Summe	100	100	100	100	100	100	100	100	100	100

	Parteipräferenz					
	Ges.	SPD	CDU/CSU	B90/Grüne	FDP	PDS
dass Jesus Christus von den Toten auferstanden ist?						
Ja, glaube ich	49	42	59	44	32	18
Nein, glaube ich nicht	47	53	39	51	58	80
weiß nicht/keine Angabe	4	5	1	5	10	2
Summe	100	100	100	100	100	100
dass Gott in den drei Personen Vater, Sohn und Heiliger Geist existiert?						
Ja, glaube ich	46	39	57	36	32	13
Nein, glaube ich nicht	49	55	39	58	67	84
weiß nicht/keine Angabe	5	6	4	6	1	3
Summe	100	100	100	100	100	100
dass Jesus Christus zugleich Gott und Mensch war?						
Ja, glaube ich	52	43	64	44	39	15
Nein, glaube ich nicht	45	55	34	54	58	84
Weiß nicht/Keine Angabe	3	2	2	2	3	1
Summe	100	100	100	100	100	100

	Ges.	SPD	CDU/CSU	Parteipräferenz B90/Grüne	FDP	PDS
dass es am Ende der Geschichte ein jüngstes Gericht gibt?						
Ja, glaube ich	43	33	50	30	38	21
Nein, glaube ich nicht	51	63	44	63	60	75
Weiß nicht/Keine Angabe	6	4	6	7	2	4
Summe	100	100	100	100	100	100

		Mitglied einer christlichen Konfession			
	Ges.	bin kath.	war kath.	bin evang.	war evang.
dass Jesus Christus von den Toten auferstanden ist?					
Ja, glaube ich	49	69	33	59	22
Nein, glaube ich nicht	47	28	65	37	76
weiß nicht/keine Angabe	4	3	2	4	2
Summe	100	100	100	100	100
dass Gott in den drei Personen Vater, Sohn und Heiliger Geist existiert?					
Ja, glaube ich	46	66	15	55	28
Nein, glaube ich nicht	49	30	77	40	67
weiß nicht/keine Angabe	5	4	8	5	5
Summe	100	100	100	100	100
dass Jesus Christus zugleich Gott und Mensch war?					
Ja, glaube ich	52	72	35	60	30
Nein, glaube ich nicht	45	26	61	37	66
weiß nicht/keine Angabe	3	2	4	3	4
Summe	100	100	100	100	100

		Mitglied einer christlichen Konfession			
	Ges.	bin kath.	war kath.	bin evang.	war evang.
dass es am Ende der Geschichte ein jüngstes Gericht gibt?					
Ja, glaube ich	43	56	29	46	30
Nein, glaube ich nicht	51	38	64	46	65
weiß nicht/keine Angabe	6	6	7	8	5
Summe	100	100	100	100	100

		Kirchgangshäufigkeit						
	Ges.	Mehrm. die Woche	1x die Woche	Mind. 1x im Monat	Mehrm. im Jahr	1x im Jahr	Selt. als 1x im Jahr	Nie
dass Jesus Christus von den Toten auferstanden ist?								
Ja, glaube ich	49	92	92	77	57	39	35	19
Nein, glaube ich nicht	47	8	5	20	39	57	60	79
weiß nicht/keine Angabe	4	–	3	3	4	4	5	2
Summe	100	100	100	100	100	100	100	100
dass Gott in den drei Personen Vater, Sohn und Heiliger Geist existiert?								
Ja, glaube ich	46	85	89	77	54	40	28	15
Nein, glaube ich nicht	49	15	8	19	39	56	67	84
weiß nicht/keine Angabe	5	–	3	4	7	4	5	1
Summe	100	100	100	100	100	100	100	100
dass Jesus Christus zugleich Gott und Mensch war?								
Ja, glaube ich	52	90	86	79	61	46	36	20
Nein, glaube ich nicht	45	10	14	19	35	50	61	78
weiß nicht/keine Angabe	3	–	–	2	4	4	3	2
Summe	100	100	100	100	100	100	100	100

	Ges.	Kirchgangshäufigkeit Mehrm. die Woche	1x die Woche	Mind. 1x im Monat	Mehrm. im Jahr	1x im Jahr	Selt. als 1x im Jahr	Nie
dass es am Ende der Geschichte ein jüngstes Gericht gibt?								
Ja, glaube ich	43	86	77	62	47	35	30	22
Nein, glaube ich nicht	51	9	15	30	47	61	58	73
weiß nicht/keine Angabe	6	5	8	8	6	4	12	5
Summe	100	100	100	100	100	100	100	100

Frage 44: Sagen Sie mir bitte, ob Sie persönlich folgenden Aussagen zustimmen oder ob Sie den Aussagen nicht zustimmen.

		Deutschland		Alter in Jahren					Geschlecht	
	Ges.	West	Ost	16-24	25-34	35-44	45-59	60+	männl.	weibl.
Der Mensch ist von Gott geschaffen										
stimme zu	52	57	30	36	50	44	56	60	47	56
stimme nicht zu	45	39	68	63	49	52	41	34	51	39
weiß nicht/keine Angabe	3	4	2	1	1	4	3	6	2	5
Summe	100	100	100	100	100	100	100	100	100	100
Es gibt ein Leben nach dem Tod										
stimme zu	54	60	34	65	58	61	56	42	50	58
stimme nicht zu	39	33	61	31	37	32	37	48	44	34
weiß nicht/keine Angabe	7	7	5	4	4	7	7	10	6	8
Summe	100	100	100	100	100	100	100	100	100	100
Der Mensch muss sich für sein Leben vor Gott verantworten										
stimme zu	51	56	30	36	43	47	60	56	48	53
stimme nicht zu	46	40	67	64	55	52	36	37	49	42
weiß nicht/keine Angabe	3	4	3	0	2	1	4	7	3	5
Summe	100	100	100	100	100	100	100	100	100	100

		Deutschland		Alter in Jahren					Geschlecht	
	Ges.	West	Ost	16-24	25-34	35-44	45-59	60+	männl.	weibl.
Gott ist in jedem menschlichen Leben wirksam und erfahrbar										
stimme zu	60	65	38	47	58	55	64	66	56	64
stimme nicht zu	36	30	56	50	38	42	33	27	41	31
weiß nicht/keine Angabe	4	5	6	3	4	3	3	7	3	5
Summe	100	100	100	100	100	100	100	100	100	100
Der Mensch ist grundsätzlich unvollkommen und fehlbar										
stimme zu	85	86	81	76	83	83	87	88	86	83
stimme nicht zu	14	13	18	23	16	15	13	10	13	15
weiß nicht/keine Angabe	1	1	1	1	1	2	–	2	1	2
Summe	100	100	100	100	100	100	100	100	100	100
Aktive Sterbehilfe darf auch bei Todkranken nicht angewendet werden										
stimme zu	18	18	17	14	17	12	19	23	18	18
stimme nicht zu	76	76	77	82	79	84	75	69	78	75
weiß nicht/keine Angabe	6	6	6	4	4	4	6	8	4	7
Summe	100	100	100	100	100	100	100	100	100	100

		Deutschland		Alter in Jahren					Geschlecht	
	Ges.	West	Ost	16-24	25-34	35-44	45-59	60+	männl.	weibl.
An menschlichen Embryonen darf auf keinen Fall, auch nicht zu medizinischen Zwecken, geforscht werden										
stimme zu	54	54	55	41	52	56	50	61	52	55
stimme nicht zu	42	42	42	53	45	41	45	34	44	40
weiß nicht/keine Angabe	4	4	3	6	3	3	5	5	4	5
Summe	100	100	100	100	100	100	100	100	100	100

			Parteipräferenz			
	Ges.	SPD	CDU/CSU	B90/Grüne	FDP	PDS
Der Mensch ist von Gott geschaffen						
stimme zu	52	43	62	51	31	12
stimme nicht zu	45	54	35	48	68	86
weiß nicht/keine Angabe	3	3	3	1	1	2
Summe	100	100	100	100	100	100
Es gibt ein Leben nach dem Tod						
stimme zu	54	49	57	57	59	19
stimme nicht zu	39	44	36	34	30	77
weiß nicht/keine Angabe	7	7	7	9	11	4
Summe	100	100	100	100	100	100
Der Mensch muss sich für sein Leben vor Gott verantworten						
stimme zu	51	45	61	50	32	15
stimme nicht zu	46	52	36	48	68	85
weiß nicht/keine Angabe	3	3	3	2	0	0
Summe	100	100	100	100	100	100

			Parteipräferenz			
	Ges.	SPD	CDU/CSU	B90/Grüne	FDP	PDS
Gott ist in jedem menschlichem Leben wirksam und erfahrbar						
stimme zu	60	59	68	66	46	23
stimme nicht zu	36	38	29	29	53	71
weiß nicht/keine Angabe	4	3	3	5	1	6
Summe	100	100	100	100	100	100
Der Mensch ist grundsätzlich unvollkommen und fehlbar						
stimme zu	85	90	87	91	72	77
stimme nicht zu	14	9	13	9	28	19
weiß nicht/keine Angabe	1	1	–	–	–	4
Summe	100	100	100	100	100	100
Aktive Sterbehilfe darf auch bei Todkranken nicht angewendet werden						
stimme zu	18	18	20	11	14	24
stimme nicht zu	76	78	77	83	85	74
weiß nicht/keine Angabe	5	4	3	6	1	2
Summe	100	100	100	100	100	100

				Parteipräferenz		
	Ges.	SPD	CDU/CSU	B90/Grüne	FDP	PDS
An menschlichen Embryonen darf auf keinen Fall, auch nicht zu medizinischen Zwecken, geforscht werden						
stimme zu	54	51	57	57	53	46
stimme nicht zu	42	43	38	39	47	52
weiß nicht/keine Angabe	4	6	5	4	–	2
Summe	100	100	100	100	100	100

		Mitglied einer christlichen Konfession			
	Ges.	bin kath.	war kath.	bin evang.	war evang.
Der Mensch ist von Gott geschaffen					
stimme zu	52	69	27	58	30
stimme nicht zu	45	27	71	38	63
weiß nicht/keine Angabe	3	4	2	4	7
Summe	100	100	100	100	100
Es gibt ein Leben nach dem Tod					
stimme zu	54	71	40	58	32
stimme nicht zu	39	22	52	35	61
weiß nicht/keine Angabe	7	7	8	7	7
Summe	100	100	100	100	100
Der Mensch muss sich für sein Leben vor Gott verantworten					
stimme zu	51	66	29	59	32
stimme nicht zu	46	30	69	37	65
weiß nicht/keine Angabe	3	4	2	4	3
Summe	100	100	100	100	100

	Ges.	Mitglied einer christlichen Konfession bin kath.	war kath.	bin evang.	war evang.
Gott ist in jedem menschlichen Leben wirksam und erfahrbar					
stimme zu	60	75	43	68	42
stimme nicht zu	36	22	51	26	52
weiß nicht/keine Angabe	4	3	6	6	6
Summe	100	100	100	100	100
Der Mensch ist grundsätzlich unvollkommen und fehlbar					
stimme zu	85	85	84	86	89
stimme nicht zu	14	13	16	12	10
weiß nicht/keine Angabe	1	2	–	2	1
Summe	100	100	100	100	100
Aktive Sterbehilfe darf auch bei Todkranken nicht angewendet werden					
stimme zu	18	21	6	17	11
stimme nicht zu	76	73	85	78	83
weiß nicht/keine Angabe	6	6	9	5	6
Summe	100	100	100	100	100

	Ges.	Mitglied einer christlichen Konfession			
		bin kath.	war kath.	bin evang.	war evang.
An menschlichen Embryonen darf auf keinen Fall, auch nicht zu medizinischen Zwecken, geforscht werden					
stimme zu	54	61	35	54	59
stimme nicht zu	42	33	63	41	40
weiß nicht/keine Angabe	4	6	2	5	1
Summe	100	100	100	100	100

		Kirchgangshäufigkeit						
	Ges.	Mehrm. die Woche	1x die Woche	Mind. 1x im Monat	Mehrm. im Jahr	1x im Jahr	Selt. als 1x im Jahr	Nie
Der Mensch ist von Gott geschaffen								
stimme zu	52	91	87	81	55	48	38	23
stimme nicht zu	45	8	9	17	40	49	56	74
weiß nicht/keine Angabe	3	1	4	2	5	3	6	3
Summe	100	100	100	100	100	100	100	100
Es gibt ein Leben nach dem Tod								
stimme zu	54	83	79	71	65	48	38	32
stimme nicht zu	39	16	11	20	31	44	54	60
weiß nicht/keine Angabe	7	1	10	9	4	8	8	8
Summe	100	100	100	100	100	100	100	100
Der Mensch muss sich für sein Leben vor Gott verantworten								
stimme zu	51	84	83	74	62	41	33	24
stimme nicht zu	46	16	11	22	36	55	59	73
weiß nicht/keine Angabe	3	–	6	4	2	4	8	3
Summe	100	100	100	100	100	100	100	100

		Kirchgangshäufigkeit						
	Ges.	Mehrm. die Woche	1x die Woche	Mind. 1x im Monat	Mehrm. im Jahr	1x im Jahr	Selt. als 1x im Jahr	Nie
Gott ist in jedem menschlichen Leben wirksam und erfahrbar								
stimme zu	60	93	90	85	72	48	42	33
stimme nicht zu	36	5	5	13	24	46	49	63
weiß nicht/keine Angabe	4	2	5	2	4	6	9	4
Summe	100	100	100	100	100	100	100	100
Der Mensch ist grundsätzlich unvollkommen und fehlbar								
stimme zu	85	99	90	87	84	82	85	83
stimme nicht zu	14	1	8	11	15	16	14	17
weiß nicht/keine Angabe	1	–	2	2	1	2	1	–
Summe	100	100	100	100	100	100	100	
Aktive Sterbehilfe darf auch bei Todkranken nicht angewendet werden								
stimme zu	18	57	34	21	14	17	12	17
stimme nicht zu	76	30	56	70	81	79	88	77
weiß nicht/keine Angabe	6	13	10	9	5	4	–	6
Summe	100	100	100	100	100	100	100	100

	Ges.	Kirchgangshäufigkeit						
		Mehrm. die Woche	1x die Woche	Mind. 1x im Monat	Mehrm. im Jahr	1x im Jahr	Selt. als 1x im Jahr	Nie
An menschlichen Embryonen darf auf keinen Fall, auch nicht zu medizinischen Zwecken, geforscht werden								
stimme zu	54	78	65	59	56	53	51	47
stimme nicht zu	42	18	28	34	41	42	47	50
weiß nicht/keine Angabe	4	4	7	7	3	5	2	3
Summe	100	100	100	100	100	100	100	100

Frage 45: Und jetzt lese ich Ihnen noch einige Aussagen zu Religion und Kirche vor. Sagen Sie mir bitte wieder, ob Sie diesen Aussagen eher zustimmen oder eher nicht zustimmen.

		Deutschland		Alter in Jahren					Geschlecht	
	Ges.	West	Ost	16-24	25-34	35-44	45-59	60+	männl.	weibl.
Es ist bedauerlich, dass die alten Glaubenswahrheiten heute von sehr vielen Menschen nicht mehr beachtet werden										
stimme eher zu	67	68	66	52	53	62	68	83	62	72
stimme eher nicht zu	29	29	28	47	43	35	24	13	34	24
weiß nicht/keine Angabe	4	3	6	1	4	3	8	4	4	4
Summe	100	100	100	100	100	100	100	100	100	100
Religion ist für mich der tragende Grund meines Lebens										
stimme eher zu	27	30	15	13	20	22	28	40	24	31
stimme eher nicht zu	71	68	83	86	79	78	70	58	75	68
weiß nicht/keine Angabe	2	2	2	1	1	–	2	2	1	1
Summe	100	100	100	100	100	100	100	100	100	100

		Deutschland		Alter in Jahren					Geschlecht	
	Ges.	West	Ost	16-24	25-34	35-44	45-59	60+	männl.	weibl.
Religion ist wichtig, aber eine Kirche ist nicht nötig										
stimme eher zu	41	43	35	51	42	46	45	31	39	43
stimme eher nicht zu	56	55	60	48	54	51	52	66	58	54
weiß nicht/keine Angabe	3	2	5	1	4	3	3	3	3	3
Summe	100	100	100	100	100	100	100	100	100	100
Kirche und Religion haben für mich keine Bedeutung										
stimme eher zu	25	21	44	38	26	30	26	18	29	22
stimme eher nicht zu	73	77	54	62	73	69	71	80	69	76
weiß nicht/keine Angabe	2	2	2	–	1	1	3	2	2	2
Summe	100	100	100	100	100	100	100	100	100	100
Es wäre besser für Deutschland, wenn mehr Menschen mit religiöser Überzeugung öffentliche Ämter innehätten										
stimme eher zu	44	46	37	25	32	39	47	60	42	47
stimme eher nicht zu	51	50	55	71	65	56	48	35	54	49
weiß nicht/keine Angabe	5	4	8	4	3	5	5	5	4	4
Summe	100	100	100	100	100	100	100	100	100	100

	Ges.	Deutschland West	Ost	Alter in Jahren 16-24	25-34	35-44	45-59	60+	Geschlecht männl.	weibl.
Die Kirchen sollten nicht versuchen, Entscheidungen der Regierung zu beeinflussen										
stimme eher zu	62	63	59	72	58	64	60	61	62	62
stimme eher nicht zu	35	34	37	27	38	33	37	35	36	34
weiß nicht/keine Angabe	3	3	4	1	4	3	3	4	2	4
Summe	100	100	100	100	100	100	100	100	100	100
Die Standpunkte der Kirchen sollten in der CDU stärkeres Gewicht haben										
stimme eher zu	36	34	43	30	27	28	43	44	35	37
stimme eher nicht zu	55	58	46	61	67	65	48	45	57	54
weiß nicht/keine Angabe	9	8	11	9	6	7	9	11	8	9
Summe	100	100	100	100	100	100	100	100	100	100
Die Kirchen sind frauenfeindlich										
stimme eher zu	30	32	22	21	29	39	35	25	27	34
stimme eher nicht zu	63	62	69	73	63	55	57	69	64	62
weiß nicht/keine Angabe	7	6	9	6	8	6	8	6	9	4
Summe	100	100	100	100	100	100	100	100	100	100

	Parteipräferenz					
	Ges.	SPD	CDU/CSU	B90/Grüne	FDP	PDS
Es ist bedauerlich, dass die alten Glaubenswahrheiten heute von sehr vielen Menschen nicht mehr beachtet werden						
stimme eher zu	67	63	76	51	44	36
stimme eher nicht zu	29	33	20	44	54	58
weiß nicht/keine Angabe	5	3	4	5	2	6
Summe	100	100	100	100	100	100
Religion ist für mich der tragende Grund meines Lebens						
stimme eher zu	27	22	34	22	6	4
stimme eher nicht zu	71	76	66	78	94	96
weiß nicht/keine Angabe	2	2	–	–	–	–
Summe	100	100	100	100	100	100
Religion ist wichtig, aber eine Kirche ist nicht nötig						
stimme eher zu	41	36	36	51	40	50
stimme eher nicht zu	56	61	61	47	59	44
weiß nicht/keine Angabe	3	3	3	2	1	6
Summe	100	100	100	100	100	100

		Parteipräferenz				
	Ges.	SPD	CDU/CSU	B90/Grüne	FDP	PDS
Kirche und Religion haben für mich keine Bedeutung						
stimme eher zu	25	28	19	20	36	66
stimme eher nicht zu	73	69	79	80	62	33
weiß nicht/keine Angabe	2	3	2	–	2	1
Summe	100	100	100	100	100	100
Es wäre besser für Deutschland, wenn mehr Menschen mit religiöser Überzeugung öffentliche Ämter innehätten						
stimme eher zu	44	36	54	33	31	19
stimme eher nicht zu	51	57	44	61	69	76
weiß nicht/keine Angabe	5	7	2	6	–	5
Summe	100	100	100	100	100	100
Die Kirchen sollten nicht versuchen, Entscheidungen der Regierung zu beeinflussen						
stimme eher zu	62	63	60	56	71	60
stimme eher nicht zu	35	34	38	43	28	37
weiß nicht/keine Angabe	3	3	2	1	1	3
Summe	100	100	100	100	100	100

	Parteipräferenz					
	Ges.	SPD	CDU/CSU	B90/Grüne	FDP	PDS
Die Standpunkte der Kirchen sollten in der CDU stärkeres Gewicht haben						
stimme eher zu	36	27	45	24	18	52
stimme eher nicht zu	55	63	49	72	77	34
weiß nicht/keine Angabe	9	10	6	4	5	14
Summe	100	100	100	100	100	100
Die Kirchen sind frauenfeindlich						
stimme eher zu	30	34	24	55	46	41
stimme eher nicht zu	63	59	71	37	52	50
weiß nicht/keine Angabe	7	7	5	9	2	10
Summe	100	100	100	100	100	100

	Ges.	Mitglied einer christlichen Konfession bin kath.	war kath.	bin evang.	war evang.
Es ist bedauerlich, dass die alten Glaubenswahrheiten heute von sehr vielen Menschen nicht mehr beachtet werden					
stimme eher zu	67	71	52	72	61
stimme eher nicht zu	29	27	46	23	32
weiß nicht/keine Angabe	4	2	2	5	7
Summe	100	100	100	100	100
Religion ist für mich der tragende Grund meines Lebens					
stimme eher zu	27	38	14	30	10
stimme eher nicht zu	71	61	85	68	90
weiß nicht/keine Angabe	2	1	1	2	–
Summe	100	100	100	100	100
Religion ist wichtig, aber eine Kirche ist nicht nötig					
stimme eher zu	41	40	46	37	53
stimme eher nicht zu	56	57	49	62	42
weiß nicht/keine Angabe	3	3	4	1	5
Summe	100	100	100	100	100

		Mitglied einer christlichen Konfession			
	Ges.	bin kath.	war kath.	bin evang.	war evang.
Kirche und Religion haben für mich keine Bedeutung					
stimme eher zu	25	13	40	15	39
stimme eher nicht zu	73	85	57	84	56
weiß nicht/keine Angabe	2	2	3	1	5
Summe	100	100	100	100	100
Es wäre besser für Deutschland, wenn mehr Menschen mit religiöser Überzeugung öffentliche Ämter innehätten					
stimme eher zu	44	54	20	50	32
stimme eher nicht zu	51	42	73	45	62
weiß nicht/keine Angabe	5	4	7	5	6
Summe	100	100	100	100	100
Die Kirchen sollten nicht versuchen, Entscheidungen der Regierung zu beeinflussen					
stimme eher zu	62	61	81	58	67
stimme eher nicht zu	35	35	19	39	30
weiß nicht/keine Angabe	3	4	–	3	3
Summe	100	100	100	100	100

		Mitglied einer christlichen Konfession			
	Ges.	bin kath.	war kath.	bin evang.	war evang.
Die Standpunkte der Kirchen sollten in der CDU stärkeres Gewicht haben					
stimme eher zu	36	39	21	37	33
stimme eher nicht zu	55	53	72	54	58
weiß nicht/keine Angabe	9	8	7	9	9
Summe	100	100	100	100	100
Die Kirchen sind frauenfeindlich					
stimme eher zu	30	38	54	25	30
stimme eher nicht zu	63	59	37	69	60
weiß nicht/keine Angabe	7	3	9	6	10
Summe	100	100	100	100	100

	Ges.	Kirchgangshäufigkeit Mehrm. die Woche	1x die Woche	Mind. 1x im Monat	Mehrm. im Jahr	1x im Jahr	Selt. als 1x im Jahr	Nie
Es ist bedauerlich, dass die alten Glaubenswahrheiten heute von sehr vielen Menschen nicht mehr beachtet werden								
stimme eher zu	67	90	82	81	76	62	54	51
stimme eher nicht zu	29	10	12	16	21	35	42	42
weiß nicht/keine Angabe	5	–	5	3	4	3	4	7
Summe	100	100	100	100	100	100	100	100
Religion ist für mich der tragende Grund meines Lebens								
stimme eher zu	27	91	78	48	24	12	16	14
stimme eher nicht zu	71	9	20	50	75	85	84	85
weiß nicht/keine Angabe	2	–	2	2	1	3	–	1
Summe	100	100	100	100	100	100	100	100
Religion ist wichtig, aber eine Kirche ist nicht nötig								
stimme eher zu	41	18	12	27	39	50	50	54
stimme eher nicht zu	56	82	86	70	59	46	49	41
weiß nicht/keine Angabe	3	–	2	3	2	4	1	5
Summe	100	100	100	100	100	100	100	100

	Ges.	Kirchgangshäufigkeit Mehrm. die Woche	1x die Woche	Mind. 1x im Monat	Mehrm. im Jahr	1x im Jahr	Selt. als 1x im Jahr	Nie
Kirche und Religion haben für mich keine Bedeutung								
stimme eher zu	25	6	7	6	10	32	34	57
stimme eher nicht zu	73	94	90	94	89	67	63	40
weiß nicht/keine Angabe	2	1	3	–	1	1	3	3
Summe	100	100	100	100	100	100	100	100
Es wäre besser für Deutschland, wenn mehr Menschen mit religiöser Überzeugung öffentliche Ämter innehätten								
stimme eher zu	44	88	88	66	44	38	32	24
stimme eher nicht zu	51	12	7	30	51	55	66	70
weiß nicht/keine Angabe	5	–	5	4	5	7	2	6
Summe	100	100	100	100	100	100	100	100

	Ges.	Kirchgangshäufigkeit Mehrm. die Woche	1x die Woche	Mind. 1x im Monat	Mehrm. im Jahr	1x im Jahr	Selt. als 1x im Jahr	Nie
Die Kirchen sollten nicht versuchen, Entscheidungen der Regierung zu beeinflussen								
stimme eher zu	62	39	44	48	68	62	62	71
stimme eher nicht zu	35	61	46	50	29	34	38	26
weiß nicht/keine Angabe	3	–	10	2	3	4	–	3
Summe	100	100	100	100	100	100	100	100
Die Standpunkte der Kirchen sollten in der CDU stärkeres Gewicht haben								
stimme eher zu	36	81	68	50	31	31	29	29
stimme eher nicht zu	55	15	22	43	62	62	64	60
weiß nicht/keine Angabe	9	4	10	7	7	7	7	11
Summe	100	100	100	100	100	100	100	100
Die Kirchen sind frauenfeindlich								
stimme eher zu	30	16	25	19	34	27	34	36
stimme eher nicht zu	63	78	71	78	62	63	60	53
weiß nicht/keine Angabe	7	6	4	3	4	10	6	11
Summe	100	100	100	100	100	100	100	100

Frage 46: Was meinen Sie, üben die Kirchen einen zu großen Einfluss auf die politischen Parteien aus, ist dieser Einfluss genau richtig oder üben die Kirchen einen zu geringen Einfluss auf die Parteien aus?

		Deutschland		Alter in Jahren					Geschlecht	
	Ges.	West	Ost	16-24	25-34	35-44	45-59	60+	männl.	weibl.
zu groß	19	20	14	19	19	24	20	14	23	15
genau richtig	37	38	33	40	45	39	35	32	39	35
zu gering	33	32	37	33	27	27	34	39	31	34
weiß nicht/keine Angabe	11	10	16	8	9	10	11	15	7	16
Summe	100	100	100	100	100	100	100	100	100	100

		Parteipräferenz				
	Ges.	SPD	CDU/CSU	B90/Grüne	FDP	PDS
zu groß	19	23	14	22	26	26
genau richtig	37	42	41	48	40	23
zu gering	33	25	35	24	13	30
weiß nicht/keine Angabe	11	10	10	6	21	21
Summe	100	100	100	100	100	100

	Ges.	Mitglied einer christlichen Konfession bin kath.	war kath.	bin evang.	war evang.
zu groß	19	15	40	16	24
genau richtig	37	41	33	38	39
zu gering	33	35	16	35	24
weiß nicht/keine Angabe	11	9	11	11	13
Summe	100	100	100	100	100

	Ges.	Kirchgangshäufigkeit Mehrm. die Woche	1x die Woche	Mind. 1x im Monat	Mehrm. im Jahr	1x im Jahr	Selt. als 1x im Jahr	Nie
zu groß	19	6	6	7	18	20	16	33
genau richtig	37	8	29	38	42	39	45	30
zu gering	33	75	52	46	29	31	27	23
weiß nicht/keine Angabe	11	11	13	9	11	10	12	14
Summe	100	100	100	100	100	100	100	100

Frage 47: CDU und CSU haben den Begriff „christlich" in ihrem Namen. Ist das ein Missbrauch des Christlichen oder ein selbstgewählter Anspruch, an dem diese Parteien sich messen lassen müssen?

		Deutschland		Alter in Jahren					Geschlecht	
	Ges.	West	Ost	16-24	25-34	35-44	45-59	60+	männl.	weibl.
Missbrauch des Christlichen	29	29	27	31	31	30	29	27	31	27
selbstgewählter Anspruch, an dem diese Parteien sich messen lassen müssen	60	61	59	58	62	58	62	61	62	59
weiß nicht/keine Angabe	11	10	14	11	7	12	9	12	7	14
Summe	100	100	100	100	100	100	100	100	100	100

		Parteipräferenz				
	Ges.	SPD	CDU/CSU	B90/Grüne	FDP	PDS
Missbrauch des Christlichen	29	40	16	48	22	48
selbstgewählter Anspruch, an dem diese Parteien sich messen lassen müssen	60	55	73	50	66	45
weiß nicht/keine Angabe	11	5	11	2	12	7
Summe	100	100	100	100	100	100

		Mitglied einer christlichen Konfession			
	Ges.	bin kath.	war kath.	bin evang.	war evang.
Missbrauch des Christlichen	29	26	41	29	27
selbstgewählter Anspruch, an dem diese Parteien sich messen lassen müssen	60	62	53	61	64
weiß nicht/keine Angabe	11	12	6	10	9
Summe	100	100	100	100	100

		Kirchgangshäufigkeit					
	Ges.	Mehrm. die Woche	1x die Woche	Mind. 1x im Monat	Mehrm. im Jahr	1x im Jahr	Selt. als 1x im Jahr	Nie
Missbrauch des Christlichen	29	45	22	30	28	27	30	31
selbstbewählter Anspruch, an dem diese Parteien sich messen lassen müssen	60	46	70	64	60	63	57	60
weiß nicht/keine Angabe	11	9	8	6	12	10	13	9
Summe	100	100	100	100	100	100	100	100

Frage 48: Die CDU/CSU beruft sich auf christliche Wertvorstellungen. Setzt die CDU/CSU diese Wertvorstellungen in ihrer Politik um oder tut sie das nicht?

		Deutschland		Alter in Jahren					Geschlecht	
	Ges.	West	Ost	16-24	25-34	35-44	45-59	60+	männl.	weibl.
Ja, CDU/CSU setzt christliche Wertvorstellungen um	16	17	18	21	16	11	18	18	19	14
Nein, tut sie nicht	73	73	71	67	77	77	71	72	74	72
weiß nicht/keine Angabe	11	10	11	12	7	12	11	10	7	14
Summe	100	100	100	100	100	100	100	100	100	100

		Parteipräferenz				
	Ges.	SPD	CDU/CSU	B90/Grüne	FDP	PDS
Ja, CDU/CSU setzt christliche Wertvorstellungen um	16	7	30	8	12	13
Nein, tut sie nicht	73	86	59	89	78	80
weiß nicht/keine Angabe	11	7	11	3	10	7
Summe	100	100	100	100	100	100

		Mitglied einer christlichen Konfession			
	Ges.	bin kath.	war kath.	bin evang.	war evang.
Ja, CDU/CSU setzt christliche Wertvorstellungen um	16	21	12	15	16
Nein, tut sie nicht	73	67	82	75	71
weiß nicht/keine Angabe	11	12	6	10	13
Summe	100	100	100	100	100

		Kirchgangshäufigkeit						
	Ges.	Mehrm. die Woche	1x die Woche	Mind. 1x im Monat	Mehrm. im Jahr	1x im Jahr	Selt. als 1x im Jahr	Nie
Ja, CDU/CSU setzt christliche Wertvorstellungen um	16	21	18	20	17	16	15	15
Nein, tut sie nicht	73	70	71	73	71	77	72	75
weiß nicht/keine Angabe	11	9	11	7	12	7	13	10
Summe	100	100	100	100	100	100	100	100

Frage 49: Das deutsche Grundgesetz beruft sich in seiner Präambel auf Gott. Finden Sie das richtig oder finden Sie das nicht richtig?

		Deutschland		Alter in Jahren					Geschlecht	
	Ges.	West	Ost	16-24	25-34	35-44	45-59	60+	männl.	weibl.
richtig	56	60	39	46	53	49	59	63	59	53
nicht richtig	38	35	53	47	43	47	37	29	38	39
weiß nicht/keine Angabe	6	5	8	7	4	4	4	8	3	8
Summe	100	100	100	100	100	100	100	100	100	100

		Parteipräferenz				
	Ges.	SPD	CDU/CSU	B90/Grüne	FDP	PDS
richtig	56	53	69	57	48	19
nicht richtig	38	41	27	42	47	76
weiß nicht/keine Angabe	6	6	4	1	5	5
Summe	100	100	100	100	100	100

		Mitglied einer christlichen Konfession			
	Ges.	bin kath.	war kath.	bin evang.	war evang.
richtig	56	68	48	64	41
nicht richtig	38	25	48	31	56
weiß nicht/keine Angabe	6	7	4	5	3
Summe	100	100	100	100	100

		Kirchgangshäufigkeit						
	Ges.	Mehrm. die Woche	1x die Woche	Mind. 1x im Monat	Mehrm. im Jahr	1x im Jahr	Selt. als 1x im Jahr	Nie
richtig	56	93	81	75	62	48	49	34
nicht richtig	38	6	13	23	33	45	43	60
weiß nicht/keine Angabe	6	1	6	2	5	7	8	6
Summe	100	100	100	100	100	100	100	100

Frage 50: Sollten christliche Wertvorstellungen künftig in der Politik eine wichtigere Rolle spielen als derzeit, sollte es so bleiben wie derzeit oder sollten sie eine geringere Rolle spielen?

		Deutschland		Alter in Jahren					Geschlecht	
	Ges.	West	Ost	16-24	25-34	35-44	45-59	60+	männl.	weibl.
wichtigere Rolle	33	34	28	21	23	33	32	41	33	32
so bleiben wie derzeit	44	44	45	59	55	37	44	38	44	45
geringere Rolle	20	19	22	18	18	25	21	17	21	19
weiß nicht/keine Angabe	3	3	5	2	4	5	3	4	2	4
Summe	100	100	100	100	100	100	100	100	100	100

		Parteipräferenz				
	Ges.	SPD	CDU/CSU	B90/Grüne	FDP	PDS
wichtigere Rolle	33	29	36	34	14	33
so bleiben wie derzeit	44	46	46	48	44	32
geringere Rolle	20	23	16	16	42	30
weiß nicht/keine Angabe	3	2	2	2	–	5
Summe	100	100	100	100	100	100

		Mitglied einer christlichen Konfession			
	Ges.	bin kath.	war kath.	bin evang.	war evang.
wichtigere Rolle	33	37	19	40	24
so bleiben wie derzeit	44	48	39	43	43
geringere Rolle	20	13	38	14	30
weiß nicht/keine Angabe	3	2	4	3	3
Summe	100	100	100	100	100

		Kirchgangshäufigkeit						
	Ges.	Mehrm. die Woche	1x die Woche	Mind. 1x im Monat	Mehrm. im Jahr	1x im Jahr	Selt. als 1x im Jahr	Nie
wichtigere Rolle	33	64	56	52	31	33	19	19
so bleiben wie derzeit	44	27	35	40	52	40	55	38
geringere Rolle	20	8	5	5	15	23	21	39
weiß nicht/keine Angabe	3	1	4	3	2	4	5	4
Summe	100	100	100	100	100	100	100	100

Frage 51: Sollte Deutschland mit Ländern, in denen Menschen gefoltert werden, Handel treiben oder nicht?

		Deutschland		Alter in Jahren					Geschlecht	
	Ges.	West	Ost	16-24	25-34	35-44	45-59	60+	männl.	weibl.
sollte Handel treiben	24	23	27	22	22	19	27	26	26	21
sollte das nicht tun	70	71	68	75	75	76	65	64	68	72
weiß nicht/keine Angabe	6	6	5	3	3	5	8	10	6	7
Summe	100	100	100	100	100	100	100	100	100	100

		Parteipräferenz				
	Ges.	SPD	CDU/CSU	B90/Grüne	FDP	PDS
sollte Handel treiben	24	22	26	17	33	15
sollte das nicht tun	70	72	68	81	66	82
weiß nicht/keine Angabe	6	6	6	2	1	3
Summe	100	100	100	100	100	100

		Mitglied einer christlichen Konfession			
	Ges.	bin kath.	war kath.	bin evang.	war evang.
sollte Handel treiben	24	22	17	24	27
sollte das nicht tun	70	73	76	68	65
weiß nicht/keine Angabe	6	5	7	8	8
Summe	100	100	100	100	100

		Kirchgangshäufigkeit						
	Ges.	Mehrm. die Woche	1x die Woche	Mind. 1x im Monat	Mehrm. im Jahr	1x im Jahr	Selt. als 1x im Jahr	Nie
sollte Handel treiben	24	16	26	25	24	24	23	20
sollte das nicht tun	70	80	64	67	70	71	71	73
weiß nicht /keine Angabe	6	4	10	8	6	5	6	7
Summe	100	100	100	100	100	100	100	100

Frage 52: Deutschland unterstützt viele arme Länder durch Entwicklungshilfe. Sind Sie grundsätzlich dafür, dass wir Entwicklungshilfe leisten oder sind Sie dagegen?

		Deutschland		Alter in Jahren					Geschlecht	
	Ges.	West	Ost	16-24	25-34	35-44	45-59	60+	männl.	weibl.
dafür	92	92	92	93	91	94	92	89	90	93
dagegen	7	7	6	6	7	4	7	9	8	6
weiß nicht/keine Angabe	1	1	2	1	2	2	1	2	2	1
Summe	100	100	100	100	100	100	100	100	100	100

		Parteipräferenz				
	Ges.	SPD	CDU/CSU	B90/Grüne	FDP	PDS
dafür	92	91	92	98	97	99
dagegen	7	8	6	2	3	1
weiß nicht/keine Angabe	1	1	2	–	–	–
Summe	100	100	100	100	100	100

	Ges.	Mitglied einer christlichen Konfession bin kath.	war kath.	bin evang.	war evang.
dafür	92	91	87	94	91
dagegen	7	8	13	5	7
weiß nicht/keine Angabe	1	1	–	1	2
Summe	100	100	100	100	100

	Ges.	Kirchgangshäufigkeit Mehrm. die Woche	1x die Woche	Mind. 1x im Monat	Mehrm. im Jahr	1x im Jahr	Selt. als 1x im Jahr	Nie
dafür	92	91	91	92	94	91	97	87
dagegen	7	3	6	7	6	6	2	11
weiß nicht/keine Angabe	1	6	3	1	–	3	1	2
Summe	100	100	100	100	100	100	100	100

Frage 53: Sollten Länder, in denen die Menschenrechte nicht beachtet werden, Entwicklungshilfe erhalten oder nicht?

		Deutschland		Alter in Jahren					Geschlecht	
	Ges.	West	Ost	16-24	25-34	35-44	45-59	60+	männl.	weibl.
sollten Entwicklungshilfe erhalten	49	48	51	55	46	54	48	45	43	54
sollten keine Entwicklungshilfe erhalten	45	45	44	41	49	43	47	44	50	40
weiß nicht/keine Angabe	6	7	5	4	5	3	5	11	7	6
Summe	100	100	100	100	100	100	100	100	100	100

		Parteipräferenz				
	Ges.	SPD	CDU/CSU	B90/Grüne	FDP	PDS
sollten Entwicklungshilfe erhalten	49	50	47	54	47	39
sollten keine Entwicklungshilfe erhalten	45	42	48	39	47	53
weiß nicht/keine Angabe	6	8	5	7	6	8
Summe	100	100	100	100	100	100

	Ges.	Mitglied einer christlichen Konfession: bin kath.	war kath.	bin evang.	war evang.
sollten Entwicklungshilfe erhalten	49	51	44	48	48
sollten keine Entwicklungshilfe erhalten	45	42	49	46	47
weiß nicht/keine Angabe	6	7	7	6	5
Summe	100	100	100	100	100

	Ges.	Kirchgangshäufigkeit: Mehrm. die Woche	1x die Woche	Mind. 1x im Monat	Mehrm. im Jahr	1x im Jahr	Selt. als 1x im Jahr	Nie
sollten Entwicklungshilfe erhalten	49	55	53	47	49	49	49	47
sollten keine Entwicklungshilfe erhalten	45	30	40	47	49	45	40	46
weiß nicht/keine Angabe	6	15	7	6	2	6	11	7
Summe	100	100	100	100	100	100	100	100

Frage 54: In Deutschland ziehen die Finanzämter für die Kirchen Kirchensteuer ein. Finden Sie das richtig oder nicht richtig?

		Deutschland		Alter in Jahren					Geschlecht	
	Ges.	West	Ost	16-24	25-34	35-44	45-59	60+	männl.	weibl.
richtig	43	45	36	37	37	35	37	58	41	45
nicht richtig	54	53	59	60	62	61	58	40	57	51
weiß nicht/keine Angabe	3	2	5	3	1	4	5	2	2	4
Summe	100	100	100	100	100	100	100	100	100	100

		Parteipräferenz				
	Ges.	SPD	CDU/CSU	B90/Grüne	FDP	PDS
richtig	43	46	48	34	47	17
nicht richtig	54	52	48	65	50	80
weiß nicht/keine Angabe	3	2	4	1	3	3
Summe	100	100	100	100	100	100

	Ges.	Mitglied einer christlichen Konfession bin kath.	war kath.	bin evang.	war evang.
richtig	43	51	9	52	26
nicht richtig	54	47	87	45	73
weiß nicht/keine Angabe	3	2	4	3	1
Summe	100	100	100	100	100

	Ges.	Kirchgangshäufigkeit Mehrm. die Woche	1x die Woche	Mind. 1x im Monat	Mehrm. im Jahr	1x im Jahr	Selt. als 1x im Jahr	Nie
richtig	43	48	59	58	47	37	39	28
nicht richtig	54	39	38	34	51	61	60	69
weiß nicht/keine Angabe	3	13	3	8	2	2	1	3
Summe	100	100	100	100	100	100	100	100

Frage 55: In fast allen Bundesländern gibt es an den staatlichen Schulen das Unterrichtsfach Religion. Halten Sie das für richtig oder nicht richtig?

		Deutschland		Alter in Jahren					Geschlecht	
	Ges.	West	Ost	16-24	25-34	35-44	45-59	60+	männl.	weibl.
richtig	82	85	71	65	82	82	82	88	79	85
nicht richtig	17	14	27	35	17	17	16	11	19	14
weiß nicht/keine Angabe	1	1	2	–	1	1	2	1	2	1
Summe	100	100	100	100	100	100	100	100	100	100

		Parteipräferenz				
	Ges.	SPD	CDU/CSU	B90/Grüne	FDP	PDS
richtig	82	76	87	83	81	39
nicht richtig	17	22	12	17	18	47
weiß nicht/keine Angabe	1	2	1	–	1	14
Summe	100	100	100	100	100	100

		Mitglied einer christlichen Konfession			
	Ges.	bin kath.	war kath.	bin evang.	war evang.
richtig	82	91	65	88	70
nicht richtig	17	8	34	11	28
weiß nicht/keine Angabe	1	1	1	1	2
Summe	100	100	100	100	100

		Kirchgangshäufigkeit						
	Ges.	Mehrm. die Woche	1x die Woche	Mind. 1x im Monat	Mehrm. im Jahr	1x im Jahr	Selt. als 1x im Jahr	Nie
richtig	82	89	94	93	92	80	82	59
nicht richtig	17	11	4	5	8	19	18	38
weiß nicht/keine Angabe	1	–	2	2	–	1	–	3
Summe	100	100	100	100	100	100	100	100

Frage 56: Die Kirchen können den Inhalt des Religionsunterrichts an den Schulen bestimmen. Halten Sie das für richtig oder nicht richtig?

		Deutschland		Alter in Jahren					Geschlecht	
	Ges.	West	Ost	16-24	25-34	35-44	45-59	60+	männl.	weibl.
richtig	65	65	63	63	61	62	65	69	66	63
nicht richtig	32	32	33	36	38	36	32	25	31	34
weiß nicht/keine Angabe	3	3	4	1	1	2	3	6	3	3
Summe	100	100	100	100	100	100	100	100	100	100

		Parteipräferenz				
	Ges.	SPD	CDU/CSU	B90/Grüne	FDP	PDS
richtig	65	58	72	58	54	57
nicht richtig	32	39	26	38	46	43
weiß nicht/keine Angabe	3	3	2	4	–	–
Summe	100	100	100	100	100	100

		Mitglied einer christlichen Konfession			
	Ges.	bin kath.	war kath.	bin evang.	war evang.
richtig	65	74	47	67	54
nicht richtig	32	24	51	28	43
weiß nicht/keine Angabe	3	2	2	5	3
Summe	100	100	100	100	100

		Kirchgangshäufigkeit					
	Ges.	Mehrm. die Woche	1x die Woche	Mind. 1x im Monat	Mehrm. im Jahr	1x im Jahr	Selt. als 1x im Jahr	Nie
richtig	65	80	84	80	66	60	60	51
nicht richtig	32	13	13	17	31	37	35	46
weiß nicht/keine Angabe	3	7	3	3	3	3	5	3
Summe	100	100	100	100	100	100	100	100

Frage 57: In vielen öffentlichen Räumen, zum Beispiel in Schulen, hängen christliche Symbole wie das Kruzifix. Halten Sie das für richtig oder nicht richtig?

		Deutschland		Alter in Jahren					Geschlecht	
	Ges.	West	Ost	16-24	25-34	35-44	45-59	60+	männl.	weibl.
richtig	54	58	37	43	50	50	59	59	52	56
nicht richtig	39	35	58	48	46	44	37	31	41	38
weiß nicht/keine Angabe	7	7	5	9	4	6	4	10	7	6
Summe	100	100	100	100	100	100	100	100	100	100

		Parteipräferenz				
	Ges.	SPD	CDU/CSU	B90/Grüne	FDP	PDS
richtig	54	42	68	45	44	11
nicht richtig	39	50	27	49	55	87
weiß nicht/keine Angabe	7	8	5	6	1	2
Summe	100	100	100	100	100	100

		Mitglied einer christlichen Konfession			
	Ges.	bin kath.	war kath.	bin evang.	war evang.
richtig	54	78	40	54	30
nicht richtig	39	17	49	40	58
weiß nicht/keine Angabe	7	5	11	6	12
Summe	100	100	100	100	100

		Kirchgangshäufigkeit						
	Ges.	Mehrm. die Woche	1x die Woche	Mind. 1x im Monat	Mehrm. im Jahr	1x im Jahr	Selt. als 1x im Jahr	Nie
richtig	54	71	79	71	62	52	47	29
nicht richtig	39	26	16	22	33	42	44	62
weiß nicht/keine Angabe	7	3	5	7	5	6	9	9
Summe	100	100	100	100	100	100	100	100

Frage 58: An vielen deutschen Schulen werden inzwischen auch Kinder muslimischen Glaubens unterrichtet. Sollten muslimische Kinder islamischen Religionsunterricht in deutscher Sprache erhalten, sollten Sie keinen islamischen Religionsunterricht erhalten, oder ist Ihnen das egal?

		Deutschland		Alter in Jahren					Geschlecht	
	Ges.	West	Ost	16-24	25-34	35-44	45-59	60+	männl.	weibl.
sollten islamischen Religionsunterricht in deutscher Sprache erhalten	53	57	38	51	52	51	53	56	54	52
sollten keinen islamischen Religionsunterricht erhalten	20	19	26	13	18	21	23	20	20	20
egal	24	22	33	34	29	26	21	20	24	25
weiß nicht/keine Angabe	3	2	3	2	1	3	3	4	2	3
Summe	100	100	100	100	100	100	100	100	100	100

		Parteipräferenz				
	Ges.	SPD	CDU/CSU	B90/Grüne	FDP	PDS
sollten islamischen Religionsunterricht in deutscher Sprache erhalten	53	60	52	72	45	59
sollten keinen islamischen Religionsunterricht erhalten	20	15	26	11	24	15
egal	24	23	21	17	31	12
weiß nicht/keine Angabe	3	2	1	–	–	14
Summe	100	100	100	100	100	100

		Mitglied einer christlichen Konfession			
	Ges.	bin kath.	war kath.	bin evang.	war evang.
sollten islamischen Religionsunterricht in deutscher Sprache erhalten	53	65	54	50	46
sollten keinen islamischen Religionsunterricht erhalten	20	16	20	22	27
egal	24	17	23	25	25
weiß nicht/keine Angabe	3	2	3	3	2
Summe	100	100	100	100	100

		Kirchgangshäufigkeit						
	Ges.	Mehrm. die Woche	1x die Woche	Mind. 1x im Monat	Mehrm. im Jahr	1x im Jahr	Selt. als 1x im Jahr	Nie
sollten islamischen Religionsunterricht in deutscher Sprache erhalten	53	59	50	57	56	47	54	51
sollten keinen islamischen Religionsunterricht erhalten	20	28	22	25	21	17	14	21
egal	24	5	24	16	21	35	27	26
weiß nicht/keine Angabe	3	8	4	2	2	1	5	2
Summe	100	100	100	100	100	100	100	100

Frage 59: Und nun einige Fragen zum Verhältnis zwischen Christentum und Islam. Stimmen Sie den folgenden Aussagen eher zu oder lehnen Sie diese Aussagen eher ab?

		Deutschland		Alter in Jahren					Geschlecht	
	Ges.	West	Ost	16-24	25-34	35-44	45-59	60+	männl.	weibl.
Islam und Christentum vertreten die gleichen Werte										
stimme eher zu	39	40	34	36	37	38	42	39	44	34
lehne eher ab	46	47	43	56	48	47	47	40	45	47
weiß nicht/keine Angabe	15	13	23	8	15	15	11	20	11	19
Summe	100	100	100	100	100	100	100	100	100	100
Die christliche Religion ist der islamischen Religion überlegen										
stimme eher zu	14	14	16	14	13	15	14	15	13	15
lehne eher ab	69	70	61	80	74	70	69	60	75	63
weiß nicht/keine Angabe	17	16	23	6	13	15	17	25	12	22
Summe	100	100	100	100	100	100	100	100	100	100
Alle Menschen, unabhängig von ihrem Glauben, sind vor Gott gleich										
stimme eher zu	91	93	84	90	93	94	86	93	90	92
lehne eher ab	5	4	10	8	5	5	8	2	6	4
weiß nicht/keine Angabe	4	3	6	2	2	1	6	5	4	4
Summe	100	100	100	100	100	100	100	100	100	100

		Deutschland		Alter in Jahren					Geschlecht	
	Ges.	West	Ost	16-24	25-34	35-44	45-59	60+	männl.	weibl.
Das Christentum ist tolerant, der Islam nicht										
stimme eher zu	43	44	40	37	38	40	47	48	43	43
lehne eher ab	43	44	37	58	52	46	41	33	47	39
weiß nicht/keine Angabe	14	12	23	5	10	14	12	19	10	18
Summe	100	100	100	100	100	100	100	100	100	100

		Parteipräferenz				
	Ges.	SPD	CDU/CSU	B90/Grüne	FDP	PDS
Islam und Christentum vertreten die gleichen Werte						
stimme eher zu	39	43	39	44	29	41
lehne eher ab	46	42	47	44	44	30
weiß nicht/keine Angabe	15	15	14	12	27	29
Summe	100	100	100	100	100	100
Die christliche Religion ist der islamischen Religion überlegen						
stimme eher zu	14	14	16	4	12	5
lehne eher ab	69	72	66	89	69	81
weiß nicht/keine Angabe	17	13	17	6	18	14
Summe	100	100	100	100	100	100
Alle Menschen, unabhängig von ihrem Glauben, sind vor Gott gleich						
stimme eher zu	91	91	92	95	96	83
lehne eher ab	5	4	4	3	3	12
weiß nicht/keine Angabe	4	5	4	2	1	5
Summe	100	100	100	100	100	100

	Ges.	SPD	Parteipräferenz CDU/CSU	B90/Grüne	FDP	PDS
Das Christentum ist tolerant, der Islam nicht						
stimme eher zu	43	40	50	25	51	22
lehne eher ab	43	49	35	69	38	61
weiß nicht/keine Angabe	14	11	15	6	11	17
Summe	100	100	100	100	100	100

		Mitglied einer christlichen Konfession			
	Ges.	bin kath.	war kath.	bin evang.	war evang.
Islam und Christentum vertreten die gleichen Werte					
stimme eher zu	39	41	44	34	38
lehne eher ab	46	47	41	48	46
weiß nicht/keine Angabe	15	12	15	18	16
Summe	100	100	100	100	100
Die christliche Religion ist der islamischen Religion überlegen					
stimme eher zu	14	16	7	15	14
lehne eher ab	69	65	83	68	68
weiß nicht/keine Angabe	17	19	10	17	18
Summe	100	100	100	100	100
Alle Menschen, unabhängig von ihrem Glauben, sind vor Gott gleich					
stimme eher zu	91	96	79	95	90
lehne eher ab	5	2	8	4	6
weiß nicht/keine Angabe	4	2	13	1	4
Summe	100	100	100	100	100

		Mitglied einer christlichen Konfession			
	Ges.	bin kath.	war kath.	bin evang.	war evang.
Das Christentum ist tolerant, der Islam nicht					
stimme eher zu	43	42	38	47	45
lehne eher ab	43	48	50	36	38
weiß nicht/keine Angabe	14	10	12	17	17
Summe	100	100	100	100	100

	Ges.	Kirchgangshäufigkeit						
		Mehrm. die Woche	1x die Woche	Mind. 1x im Monat	Mehrm. im Jahr	1x im Jahr	Selt. als 1x im Jahr	Nie
Islam und Christentum vertreten die gleichen Werte								
stimme eher zu	39	26	29	32	39	40	45	43
lehne eher ab	46	63	56	58	45	40	40	42
weiß nicht/keine Angabe	15	11	15	10	16	19	15	15
Summe	100	100	100	100	100	100	100	100
Die christliche Religion ist der islamischen Religion überlegen								
stimme eher zu	14	55	22	16	14	12	9	12
lehne eher ab	69	28	47	71	67	73	74	75
weiß nicht/keine Angabe	17	17	31	13	19	15	17	13
Summe	100	100	100	100	100	100	100	100
Alle Menschen, unabhängig von ihrem Glauben, sind vor Gott gleich								
stimme eher zu	91	95	91	96	95	92	91	83
lehne eher ab	5	1	4	3	3	6	6	9
weiß nicht/keine Angabe	4	4	5	1	2	2	3	8
Summe	100	100	100	100	100	100	100	100

		Kirchgangshäufigkeit						
	Ges.	Mehrm. die Woche	1x die Woche	Mind. 1x im Monat	Mehrm. im Jahr	1x im Jahr	Selt. als 1x im Jahr	Nie
Das Christentum ist tolerant, der Islam nicht								
stimme eher zu	43	60	57	40	47	40	43	34
lehne eher ab	43	36	28	46	41	45	41	51
weiß nicht/keine Angabe	14	4	15	14	12	15	16	15
Summe	100	100	100	100	100	100	100	100

Frage 60: Wenn Sie jetzt an die in Deutschland lebenden Muslime denken. Welcher der folgenden Aussagen würden Sie eher zustimmen und welche Aussage würden Sie eher ablehnen?

		Deutschland		Alter in Jahren					Geschlecht	
	Ges.	West	Ost	16-24	25-34	35-44	45-59	60+	männl.	weibl.
Die in Deutschland lebenden Muslime sollten ihre Religion ohne Einschränkungen ausüben können										
stimme eher zu	64	66	59	61	60	62	68	66	67	62
lehne eher ab	31	30	35	36	34	35	27	28	31	31
weiß nicht/keine Angabe	5	4	6	3	6	3	5	6	2	7
Summe	100	100	100	100	100	100	100	100	100	100
Die in Deutschland lebenden Muslime sollten bei ihrer Religionsausübung auf die deutsche Bevölkerung stärker Rücksicht nehmen										
stimme eher zu	67	66	73	60	66	59	67	77	71	64
lehne eher ab	27	28	20	35	30	33	27	17	24	29
weiß nicht/keine Angabe	6	6	7	5	5	8	7	5	5	7
Summe	100	100	100	100	100	100	100	100	100	100

		Deutschland		Alter in Jahren					Geschlecht	
	Ges.	West	Ost	16-24	25-34	35-44	45-59	60+	männl.	weibl.
Deutschland ist ein christliches Land. Muslimische Gebräuche haben hier nichts zu suchen										
stimme eher zu	19	17	26	14	15	17	16	25	15	22
lehne eher ab	76	78	68	83	82	77	78	66	81	71
weiß nicht/keine Angabe	5	5	6	3	3	6	6	9	4	7
Summe	100	100	100	100	100	100	100	100	100	100

			Parteipräferenz			
	Ges.	SPD	CDU/CSU	B90/Grüne	FDP	PDS
Die in Deutschland lebenden Muslime sollten ihre Religion ohne Einschränkungen ausüben können						
stimme eher zu	64	64	61	73	66	83
lehne eher ab	31	31	34	21	34	16
weiß nicht/keine Angabe	5	5	5	6	–	1
Summe	100	100	100	100	100	100

		Parteipräferenz				
	Ges.	SPD	CDU/CSU	B90/Grüne	FDP	PDS
Die in Deutschland lebenden Muslime sollten bei ihrer Religionsausübung stärker Rücksicht nehmen						
stimme eher zu	67	70	70	43	77	61
lehne eher ab	27	27	24	50	15	29
weiß nicht/keine Angabe	6	3	6	7	8	11
Summe	100	100	100	100	100	100
Deutschland ist ein christliches Land. Muslimische Gebräuche haben hier nichts zu suchen						
stimme eher zu	19	20	20	3	11	9
lehne eher ab	76	76	77	95	81	89
weiß nicht/keine Angabe	5	4	3	2	8	2
Summe	100	100	100	100	100	100

	Ges.	Mitglied einer christlichen Konfession bin kath.	war kath.	bin evang.	war evang.
Die in Deutschland lebenden Muslime sollten ihre Religion ohne Einschränkungen ausüben können					
stimme eher zu	64	71	58	63	60
lehne eher ab	31	26	34	31	33
weiß nicht/keine Angabe	5	3	8	6	7
Summe	100	100	100	100	100
Die in Deutschland lebenden Muslime sollten bei ihrer Religionsausübung auf die deutsche Bevölkerung stärker Rücksicht nehmen					
stimme eher zu	67	60	64	70	73
lehne eher ab	27	35	26	23	21
weiß nicht/keine Angabe	6	5	10	7	6
Summe	100	100	100	100	100
Deutschland ist ein christliches Land. Muslimische Gebräuche haben hier nichts zu suchen					
stimme eher zu	19	16	13	20	24
lehne eher ab	76	77	84	74	72
weiß nicht/keine Angabe	5	7	3	6	4
Summe	100	100	100	100	100

		Kirchgangshäufigkeit						
	Ges.	Mehrm. die Woche	1x die Woche	Mind. 1x im Monat	Mehrm. im Jahr	1x im Jahr	Selt. als 1x im Jahr	Nie
Die in Deutschland lebenden Muslime sollten ihre Religion ohne Einschränkungen ausüben können								
stimme eher zu	64	63	64	62	66	61	69	62
lehne eher ab	31	33	27	34	29	34	28	34
weiß nicht/keine Angabe	5	4	9	4	5	5	3	4
Summe	100	100	100	100	100	100	100	100
Die in Deutschland lebenden Muslime sollten bei ihrer Religionsausübung auf die deutsche Bevölkerung stärker Rücksicht nehmen								
stimme eher zu	67	80	62	76	65	62	66	68
lehne eher ab	27	16	28	19	29	31	27	26
weiß nicht/keine Angabe	6	4	10	5	6	7	7	6
Summe	100	100	100	100	100	100	100	100

	Ges.	Kirchgangshäufigkeit						
		Mehrm. die Woche	1x die Woche	Mind. 1x im Monat	Mehrm. im Jahr	1x im Jahr	Selt. als 1x im Jahr	Nie
Deutschland ist ein christliches Land. Muslimische Gebräuche haben hier nichts zu suchen								
stimme eher zu	19	13	24	20	16	21	18	19
lehne eher ab	76	78	68	76	78	75	77	76
weiß nicht/keine Angabe	5	9	8	4	6	4	5	5
Summe	100	100	100	100	100	100	100	100

Frage 61: Würde es Sie stören, wenn in Ihrer Nachbarschaft eine Moschee gebaut würde oder würde Sie das nicht stören?

		Deutschland		Alter in Jahren					Geschlecht	
	Ges.	West	Ost	16-24	25-34	35-44	45-59	60+	männl.	weibl.
würde mich stören	33	32	38	26	29	31	32	42	32	35
würde mich nicht stören	64	65	60	73	69	66	64	55	64	63
weiß nicht/keine Angabe	3	3	2	1	2	3	4	3	4	2
Summe	100	100	100	100	100	100	100	100	100	100

		Parteipräferenz				
	Ges.	SPD	CDU/CSU	B90/Grüne	FDP	PDS
würde mich stören	33	29	42	12	31	11
würde mich nicht stören	64	66	55	87	69	87
weiß nicht/keine Angabe	3	5	3	1	–	2
Summe	100	100	100	100	100	100

	Mitglied einer christlichen Konfession				
	Ges.	bin kath.	war kath.	bin evang.	war evang.
würde mich stören	33	30	34	37	40
würde mich nicht stören	64	68	65	59	59
weiß nicht/keine Angabe	3	2	1	4	1
Summe	100	100	100	100	100

		Mitglied einer christlichen Konfession				
		Ges.	bin kath.	war kath.	bin evang.	war evang.
würde mich stören		33	40	37	36	32
	35	31	33	würde mich nicht stö-ren	64	60
	56	59	67	61	66	65
weiß nicht/keine Angabe		3	–	7	5	1
	4	3	2	Summe	100	100
	100	100	100	100	100	100

Frage 62: Wohnen in Ihrer näheren Umgebung Muslime?

		Deutschland		Alter in Jahren					Geschlecht	
	Ges.	West	Ost	16-24	25-34	35-44	45-59	60+	männl.	weibl.
Ja	41	48	14	47	51	43	40	33	46	37
Nein	54	47	82	49	45	51	56	62	49	60
weiß nicht/keine Angabe	5	5	4	4	4	6	4	5	5	3
Summe	100	100	100	100	100	100	100	100	100	100

		Parteipräferenz				
	Ges.	SPD	CDU/CSU	B90/Grüne	FDP	PDS
Ja	41	52	36	59	21	29
Nein	54	43	60	40	76	53
weiß nicht/keine Angabe	5	5	4	1	3	18
Summe	100	100	100	100	100	100

	Mitglied einer christlichen Konfession				
	Ges.	bin kath.	war kath.	bin evang.	war evang.
Ja	41	45	40	43	33
Nein	54	51	51	53	65
weiß nicht/keine Angabe	5	4	9	4	2
Summe	100	100	100	100	100

	Kirchgangshäufigkeit							
	Ges.	Mehrm. die Woche	1x die Woche	Mind. 1x im Monat	Mehrm. im Jahr	1x im Jahr	Selt. als 1x im Jahr	Nie
Ja	41	62	50	46	37	40	40	38
Nein	54	37	46	53	59	56	53	55
weiß nicht/keine Angabe	5	1	4	1	4	4	7	7
Summe	100	100	100	100	100	100	100	100

Frage 63a: Fühlen Sie sich dadurch gestört?

		Deutschland		Alter in Jahren					Geschlecht	
	Ges.	West	Ost	16-24	25-34	35-44	45-59	60+	männl.	weibl.
Ja	4	4	5	6	5	2	1	6	5	3
Nein	95	95	95	94	92	98	98	94	95	96
weiß nicht/keine Angabe	1	1	–	–	3	–	1	–	–	1
Summe	100	100	100	100	100	100	100	100	100	100

Frage 63b: Würde es Sie stören, wenn Muslime in Ihrer Nachbarschaft wohnen würden?

		Deutschland		Alter in Jahren					Geschlecht	
	Ges.	West	Ost	16-24	25-34	35-44	45-59	60+	männl.	weibl.
Ja	8	7	10	4	8	6	7	12	7	9
Nein	87	88	85	94	87	92	90	82	88	87
weiß nicht/keine Angabe	5	5	5	2	5	2	3	6	5	4
Summe	100	100	100	100	100	100	100	100	100	100

	Ges.	Parteipräferenz SPD	CDU/CSU	B90/Grüne	FDP	PDS
Ja	4	1	4	–	14	3
Nein	95	99	95	100	86	97
weiß nicht/keine Angabe	1	–	1	–	–	–
Summe	100	100	100	100	100	100

	Ges.	Parteipräferenz SPD	CDU/CSU	B90/Grüne	FDP	PDS
Ja	8	9	8	2	1	1
Nein	87	86	88	98	97	97
weiß nicht/keine Angabe	5	5	4	–	2	2
Summe	100	100	100	100	100	100

		Mitglied einer christlichen Konfession			
	Ges.	bin kath.	war kath.	bin evang.	war evang.
Ja	4	4	9	4	3
Nein	95	95	91	96	97
weiß nicht/keine Angabe	1	1	–	–	–
Summe	100	100	100	100	100

		Mitglied einer christlichen Konfession			
	Ges.	bin kath.	war kath.	bin evang.	war evang.
Ja	8	8	4	8	9
Nein	87	91	93	86	86
weiß nicht/keine Angabe	5	1	3	6	5
Summe	100	100	100	100	100

	Kirchgangshäufigkeit							
	Ges.	Mehrm. die Woche	1x die Woche	Mind. 1x im Monat	Mehrm. im Jahr	1x im Jahr	Selt. als 1x im Jahr	Nie
Ja	4	–	10	4	5	2	7	1
Nein	95	100	90	95	95	98	93	96
weiß nicht/keine Angabe	1	–	–	1	–	–	–	3
Summe	100	100	100	100	100	100	100	100

	Kirchgangshäufigkeit							
	Ges.	Mehrm. die Woche	1x die Woche	Mind. 1x im Monat	Mehrm. im Jahr	1x im Jahr	Selt. als 1x im Jahr	Nie
Ja	8	–	10	9	6	6	12	10
Nein	87	95	87	87	91	88	87	83
weiß nicht/keine Angabe	5	5	3	4	3	6	1	7
Summe	100	100	100	100	100	100	100	100

Frage 64: Würden Sie andere Ausländer, zum Beispiel Italiener oder Griechen, in Ihrer Nachbarschaft auch stören oder würden Sie sich durch diese nicht gestört fühlen?

		Deutschland		Alter in Jahren					Geschlecht	
	Ges.	West	Ost	16-24	25-34	35-44	45-59	60+	männl.	weibl.
würde mich auch stören	16	11	29	16	20	11	28	13	13	19
würde mich durch diese nicht gestört fühlen	78	82	66	83	76	88	72	75	80	75
weiß nicht/keine Angabe	6	7	5	1	4	1	–	12	7	6
Summe	100	100	100	100	100	100	100	100	100	100

		Parteipräferenz				
	Ges.	SPD	CDU/CSU	B90/Grüne	FDP	PDS
würde mich auch stören	16	13	11	25	9	56
würde mich durch diese nicht gestört fühlen	78	83	88	75	91	31
weiß nicht/keine Angabe	6	4	1	–	–	13
Summe	100	100	100	100	100	100

	Ges.	Mitglied einer christlichen Konfession: bin kath.	war kath.	bin evang.	war evang.
würde mich auch stören	16	26	2	6	5
würde mich durch diese nicht gestört fühlen	78	66	98	87	90
weiß nicht/keine Angabe	6	8	–	7	5
Summe	100	100	100	100	100

	Ges.	Kirchgangshäufigkeit: Mehrm. die Woche	1x die Woche	Mind. 1x im Monat	Mehrm. im Jahr	1x im Jahr	Selt. als 1x im Jahr	Nie
würde mich auch stören	16	–	29	4	12	18	18	20
würde mich durch diese nicht gestört fühlen	78	–	50	96	88	52	77	78
weiß nicht/keine Angabe	6	–	21	–	–	30	5	2
Summe	100	100	100	100	100	100	100	100

Frage 65: Gibt es in Ihrem Bekanntenkreis Ausländer?

		Deutschland		Alter in Jahren					Geschlecht	
	Ges.	West	Ost	16-24	25-34	35-44	45-59	60+	männl.	weibl.
Ja	71	78	43	81	77	78	71	59	76	67
Nein	28	21	57	19	23	22	28	40	24	33
weiß nicht/keine Angabe	1	1	–	–	–	–	1	1	–	–
Summe	100	100	100	100	100	100	100	100	100	100

		Parteipräferenz				
	Ges.	SPD	CDU/CSU	B90/Grüne	FDP	PDS
Ja	71	69	73	90	83	58
Nein	28	30	27	10	15	42
weiß nicht/keine Angabe	1	1	–	–	2	–
Summe	100	100	100	100	100	100

	Mitglied einer christlichen Konfession				
	Ges.	bin kath.	war kath.	bin evang.	war evang.
Ja	71	78	77	71	65
Nein	28	21	23	29	35
weiß nicht/keine Angabe	1	1	–	–	–
Summe	100	100	100	100	100

	Kirchgangshäufigkeit							
	Ges.	Mehrm. die Woche	1x die Woche	Mind. 1x im Monat	Mehrm. im Jahr	1x im Jahr	Selt. als 1x im Jahr	Nie
Ja	71	68	70	74	76	68	75	63
Nein	28	32	27	25	24	32	25	36
weiß nicht/keine Angabe	1	–	3	1	–	–	–	1
Summe	100	100	100	100	100	100	100	100

Frage 66: Sind unter diesen ausländischen Bekannten auch Türken?

		Deutschland		Alter in Jahren					Geschlecht	
	Ges.	West	Ost	16-24	25-34	35-44	45-59	60+	männl.	weibl.
Ja	64	68	37	67	71	64	67	54	68	60
Nein	36	32	63	32	29	36	33	46	32	40
weiß nicht/keine Angabe	–	–	–	1	–	–	–	–	–	–
Summe	100	100	100	100	100	100	100	100	100	100

			Parteipräferenz			
	Ges.	SPD	CDU/CSU	B90/Grüne	FDP	PDS
Ja	64	63	60	72	81	44
Nein	36	37	40	28	19	56
weiß nicht/keine Angabe	–	–	–	–	–	–
Summe	100	100	100	100	100	100

	Ges.	Mitglied einer christlichen Konfession bin kath.	war kath.	bin evang.	war evang.
Ja	64	62	66	66	56
Nein	36	38	34	34	44
weiß nicht/keine Angabe	–	–	–	–	–
Summe	100	100	100	100	100

	Ges.	Kirchgangshäufigkeit Mehrm. die Woche	1x die Woche	Mind. 1x im Monat	Mehrm. im Jahr	1x im Jahr	Selt. als 1x im Jahr	Nie
Ja	64	74	60	66	63	62	58	68
Nein	36	26	40	34	37	38	42	31
weiß nicht/keine Angabe	–	–	–	–	–	–	–	1
Summe	100	100	100	100	100	100	100	100

Frage 67: Hätten Sie gerne mehr Kontakt zu Türken?

		Deutschland		Alter in Jahren					Geschlecht	
	Ges.	West	Ost	16-24	25-34	35-44	45-59	60+	männl.	weibl.
Ja	24	26	16	33	26	30	26	13	26	22
Nein	62	61	69	50	57	54	63	76	57	68
weiß nicht/keine Angabe	14	13	15	17	17	16	11	11	17	10
Summe	100	100	100	100	100	100	100	100	100	100

		Parteipräferenz				
	Ges.	SPD	CDU/CSU	B90/Grüne	FDP	PDS
Ja	24	25	21	33	41	39
Nein	62	62	68	46	44	47
weiß nicht/keine Angabe	14	13	11	21	15	14
Summe	100	100	100	100	100	100

		Mitglied einer christlichen Konfession			
	Ges.	bin kath.	war kath.	bin evang.	war evang.
Ja	24	22	36	22	19
Nein	62	64	50	65	67
weiß nicht/keine Angabe	14	14	14	13	14
Summe	100	100	100	100	100

				Kirchgangshäufigkeit				
	Ges.	Mehrm. die Woche	1x die Woche	Mind. 1x im Monat	Mehrm. im Jahr	1x im Jahr	Selt. als 1x im Jahr	Nie
Ja	24	16	14	25	24	25	24	26
Nein	62	66	69	65	64	56	63	62
weiß nicht/keine Angabe	14	18	17	10	12	19	13	12
Summe	100	100	100	100	100	100	100	100

Autorenverzeichnis

Dr. Christoph Böhr, Vorsitzender der Wertekommission der CDU Deutschlands, stellvertretender Vorsitzender der CDU Deutschlands, Vorsitzender der rheinland-pfälzischen CDU.

Emine Demirbüken, Ausländerbeauftragte in Berlin-Schöneberg.

Dr. Stephan Eisel, Leiter der Hauptabteilung Politische Bildung und Kommunalpolitik der Konrad-Adenauer-Stiftung.

Dr. Johannes Christian Koecke, wissenschaftlicher Referent im Bereich Politik und Beratung der Konrad-Adenauer-Stiftung.

Dr. rer. pol. Hermann Kues, Mitglied des Deutschen Bundestages, Beauftragter der CDU/CSU-Bundestagsfraktion für Kirchen und Religionsgemeinschaften.

Pater Dr. Hans Langendörfer SJ, Sekretär der Deutschen Bischofskonferenz.

Prof. Dr. Manfred Spieker, Professor für Christliche Sozialwissenschaften am Institut für Katholische Theologie der Universität Osnabrück seit 1983.

Dr. Bernhard Vogel, Ministerpräsident des Freistaates Thüringen a.D., Vorsitzender der Konrad-Adenauer-Stiftung.